U0826055

浙江海洋大学著作出版基金资助出版
浙江省舟山市社会科学联合会资助出版
浙江省海洋科学与技术学会课题立项

# 解密“里斯本丸”
# Lisbon Maru Declassified

唐洪森　沈　健　著

海洋出版社

2019年 · 北京

**图书在版编目（CIP）数据**

解密“里斯本丸”/唐洪森等著. —北京：海洋出版社，2019. 11
ISBN 978-7-5210-0439-7

Ⅰ. ①解… Ⅱ. ①唐… Ⅲ. ①第二次世界大战-船舶遇难-历史事件-研究-1942
Ⅳ. ①K152②U676. 8

中国版本图书馆 CIP 数据核字（2019）第 228990 号

责任编辑：白　燕
责任印制：赵麟苏

**海洋出版社　出版发行**

http://www. oceanpress. com. cn
北京市海淀区大慧寺路 8 号　邮编：100081
北京新华印刷有限公司印刷　　新华书店北京发行所经销
2019 年 11 月第 1 版　2019 年 11 月第 1 次印刷
开本：787 mm×1092 mm　1/16　印张：18. 75
字数：436 千字　定价：90. 00 元
发行部：62132549　邮购部：68038093　总编室：62114335
**海洋版图书印、装错误可随时退换**

# 序 言

This book is dedicated to all my comrades who were on the Lisbon Maru when it was torpedoed and to all of the Chinese Fishermen and their families, who so bravely came to our aid and rescued us from the sea.

We will be forever in your debt.

Dennis Morley

2RS. 3054454

2nd Battalion Royal Scots

本书献给所有在“里斯本丸”事件中的战友，以及所有中国渔民及其家人，当货船被鱼雷击中后，渔民英勇地把我们从海上拯救出来。

恩情永志不忘

丹尼斯·莫利

2RS。3054454

皇家苏格兰（军团）第2营

注：丹尼斯·莫利先生生于1919年，1935年加入英军皇家苏格拉军团第2营，为军乐团法国号乐手，驻守香港。1941年12月25日被俘，1942年9月25日在香港深水埗集中营登上“里斯本丸”，为侥幸生还者之一。现定居于英国，是位尚在人间之“里斯本丸”事件见证人，今年整100周岁。

# Foreword

The carnage that took place during the *Lisbon Maru* Incident was not only a horrendous war crime, it was also unnecessary and the reasons for it remain puzzling. The ship stayed afloat for more than 24 hours after being torpedoed; the Japanese army managed to evacuate their own troops and also had plenty of time to take the British prisoners of war off the ship. Such a rescue would have caused them some inconvenience, but this hardly justifies what seems to have been a policy to let all the prisoners of war go down with the ship when it sank, and when this failed, attempts to slaughter all those who managed to escape the sinking ship and jump into the sea. Apart from the ruthless and heartless cynicism shown by the Japanese soldiers, their decision to abandon or massacre the prisoners of war is strange because these men were potentially assets for the Japanese economy. The reason they were being transported to Japan was to work as slave labour in the docks and various industries, thus freeing up Japanese workers to join the armed forces and help their war effort.

After the War, when the prisoners of war had returned home, several wrote accounts of their experiences and a number of books on the subject were published. For example, 2nd Lieutenant Geoffrey Hamilton of the Royal Scots wrote *The Sinking of the "Lisbon Maru"*, published by Green Pagoda Press Limited, Hong Kong. Tim Carew's book *The Fall of Hong Kong* published by Pan Books included an account of the incident. Inevitably, with limited access to official records, these works were unable to give a comprehensive overview of the whole episode. In the UK and in Hong Kong, memories of the War began to fade, especially for those not directly involved. Life moved on and the geopolitical landscape changed. For decades China and the West moved apart; there was little official communication and contact between Chinese and British people at a personal level was virtually non-existent. These and other factors helped to ensure that the general public in the UK and Hong Kong had forgotten—or had never known about—the *Lisbon Maru* Incident. Only the survivors and relatives and friends of the victims remembered the 828 whose remains still lie on the seabed of the East China Sea.

As relations between China and the UK began to thaw interest in the *Lisbon Maru* incident was gradually renewed. The first comprehensive account was Tony Banham's book, *The Sinking of the "Lisbon Maru": Britain's Forgotten Wartime Tragedy*, published by Hong Kong University Press in 2006. This work was the result of meticulous and comprehensive research and included eye-witness accounts by survivors, describing in detail everything that the prisoners of war had experienced. The following year the *Lisbon Maru* Association of Hong Kong produced a book in the Chinese language compiled under the leadership of their Chairman, the late Nelson Mar, BEM, (马乃光): "實錄里斯本丸事件" (*A Faithful Record of The "Lisbon Maru" Incident*). This was based on interviews with some of the Zhoushan fishermen who had taken part in the rescue as well as Chinese newspaper articles and previously unpublished Chinese official documents. For the first time here was an account of the incident seen from the perspective of these fishermen and the villagers who had looked after the men who had been rescued and had helped three of them to escape to the mainland and to freedom. I later translated this book into English for the benefit of English language readers and the translation was published by Proverse Hong Kong in 2017 as, *A Faithful Record of The "Lisbon Maru" Incident*.

This latest version of events, "*Lisbon Maru*" *Declassified*, sheds entirely new light on the story. Kent Shum (沈健), Secretary of The *Lisbon Maru* Association of Hong Kong, has unearthed through research volumes of previously classified material from the Japanese War Archives and similar Chinese and British sources. After having the non-Chinese papers translated, Professor Tang Hongsen (唐洪森), a scholar of modern Chinese history, used his knowledge and experience to rewrite the history of the *Lisbon Maru* Incident incorporating this material. As a professor of Zhejiang Ocean University and Honorary President of the Society of Modern and Contemporary Chinese History and with a wealth of published papers on China's wartime history, especially on the War of Resistance Against Japan, he is uniquely qualified to present this updated work.

Official log books of the Japanese ships involved in the incident and other official Japanese naval records have been used to show who gave the key orders as the incident developed. Entries from the log book of USS *Grouper* as well as Chinese and British official documents now no longer classified have helped Professor Tang to produce this comprehensive picture of the incident as seen at the time by officials from all the nations involved: Japan, China, the UK and the USA.

Major (Ret'd) Brian Finch

March 2019

# 前　言

在“里斯本丸”事件期间发生的屠杀，不仅是一场可怕的战争罪行，其原因仍然令人费解，也是个不必要发生的惨剧。被鱼雷击中后，该船漂浮超过 24 小时以上，日本军队设法撤离自己的军队，并有足够的时间把英国战俘从船上撤走。这样的救援或许给他们带来一些不便，但这很难证明是一项命令。让所有战俘在沉没时随船一起沉下去，当这个计划败露时，日军又企图屠杀所有那些逃离沉船并跳入海中的战俘。日本士兵除了表现出冷酷无情和玩世不恭之外，他们放弃或屠杀战俘的决定很奇怪，因为这些英国人是日本经济的潜在资产。他们被运往日本的原因是充当奴隶，在码头和各个行业中劳动，从而释放日本工人加入武装部队开赴战场。

战争结束后，当战俘返回家园时，有几个人写下了他们的经历，并出版了许多关于这个问题的书籍。例如，皇家苏格兰（军团）的少尉杰弗里·汉米尔顿写了由香港绿塔出版社出版的《“里斯本丸”的沉没》。泛丛书（Pan Books）出版由添·卡鲁（Tim Carew）著的书《香港陷落》中也包含了对此事件的描述。不可避免的是，由于访问官方记录的存取有限制，因而上述这些著述中无法全面概述整个故事。在英国和香港，战争的记忆开始淡忘，特别是那些没有直接参与的人。生活依然继续，但地缘政治格局起了变化。几十年来，中国和西方分道扬镳；中、英双方几乎没有官方沟通，在个人层面上的接触几乎不存在。这些综合因素导致英国和香港的民众忘记—或者从未知道—“里斯本丸”事件。只有幸存者和受害者的亲属和朋友才记得 828 具遗体仍然留在东海的海底。

随着中英关系开始解冻，各方对“里斯本丸”事件的兴趣逐渐萌芽。第一个全面的报道是彭东尼的著作书《沉没的“里斯本丸”：英国被遗忘的战时惨剧》，由香港大学出版社于 2006 年出版。这本著作是细致而全面的研究成果，当中包括幸存者的目击记录，详细描述了战俘所经历的一切。次年，在香港“里斯本丸”协会已故主席 Nelson Mar，BEM（马乃光）的领导下，编写了一本中文版书籍：《实录“里斯本丸”事件》。这是基于对参与救援的一些舟山渔民的采访以及中国报纸文章和以前未发表的中国官方文件为蓝本。也是第一次从这些渔民的角度了解这一事件，他们照顾了那些获救英军并帮助其中 3 人逃到大陆抵达重庆。为了方便英语读者，我后来将这本书翻译成英文，译本于2017年由Proverse Hong Kong出版，作为“里斯本丸”事件的忠实记录。

这个最新版本《解密“里斯本丸”》，为这个故事带来了全新的亮点。香港“里斯本丸”协会通过研究日本战争档案馆及类似中英文资料的研究成果被挖掘出来。在翻译成中文数据后，现代中国历史学者唐洪森教授与香港学者沈健合作，利用自己的知识和经验，细心整合了不同材料，把“里斯本丸”事件的历史重大细节重新还原。作为浙江海洋大学教授，中国近现代史史料学学会名誉会长，研究了关于中国战争史，特别是抗日战争的大量论文，唐教授具有独特的资格，可以展示这一最新作品。

涉及事件的日本船只、官方日志和其他日本官方海军记录，已显示出事件发生时的关键命令。现在不再对美国潜艇“鲈鱼”号（USS Grouper）的日志以及中国和英国官方文件中的条目进行分类，这些数据为唐教授提供了当时所有相关国家官员所看到的事件的全面情况：包括日本，中国，英国和美国等。

费因祺少校（退役）

2019年3月

注：费恩祺少校，1960年毕业于英国桑德赫斯特皇家军事学院，获少尉军衔，服役于英军密德萨斯军团第1营，先后随该军团派往远东马来西亚及香港服役，1980年代退役后，转调英国外交部，担任香港中英谈判英方小组分组秘书。现定居于英国。（该营官兵曾在防守香港战斗失败之后，登上“里斯本丸”被送往日本做工。）

# Speech of Mr. Arthur Gomes MBE (1917—2007)

(Chairman, Hong Kong Prison of War Association)

Distinguished guests. Ladies and Gentlemen.

By September 1942, those of us in the Hong Kong garrison who had fought to defend our homes, families, and friends, had already been prisoners of war for ten months. There was little food, but much disease. Many had died since our surrender.

When word came that some prisoners were to be shipped to Japan, some of us envied them. We thought that wherever they were going, they would be better off than we were starving in Shamshuipo Camp.

We were wrong. Within days of the sailing of the Lisbon Maru, rumours started. We heard that the ship had been lost, and hundreds drowned. It was only after the war ended that we learned the truth of our comrades suffering and also heard how so many had been saved by Chinese fishermen who had pulled them from the sea under the very noses of the Japanese.

Many of those survivors believed that without the courageous actions of these Chinese civilians, all would have been left to drown. Their intervention had averted a far larger disaster, and on behalf of all the Hong Kong Prisoners of War Ⅱ would like to take this belated opportunity to give the fishermen and people of Zhoushan our personal and heartfelt thanks.

# 高美氏先生MBE（1917—2007）序*

香港战俘协会主席

各位贵宾、诸君：

1942年9月，我们曾参与保卫香港的任务，当时各军团的官兵已经做了10个月的战俘。集中营内，食物供应很少，但疾病却很多。自从投降后，死去的人也不少。

当有传言说有部分战俘将被送往日本时，我们都羡慕他们的幸运。我们相信不论他们被送往何处，总比我们在深水埗集中营里忍饥挨饿的好。

但我们想错了。当“里斯本丸”启航后数天，谣言开始传播。我们听到船已经沉没了的消息，溺死的人数以百计。直到战后，我们才知道战友遇难的真相，亦得悉他们很多是被勇敢的中国渔民当着日军面前冒险救起的。

很多生还者都相信，如果没有那些中国平民的果断勇敢行为，全部的战俘就会随船沉入海底。他们的插手救人，最终避免了更大的人命牺牲。现在本人谨代表当时全香港的战俘，借着这个迟来的机会，向舟山的渔民和群众，致以最衷心恳切的谢意。

注：高美氏是澳门葡裔人士，在香港长大及参加工作，后加入香港政府义勇军（兼职），香港投降后在深水埗集中营囚禁至日军投降，当时日本人有优惠政策给欧籍人士，只要签署不反抗皇军协议书就可以获得释放，但高美氏不肯就犯，因此一直在集中营。战后组织香港战俘协会，直至2007年去世。

---

* 照原件转录——编者注。

# 莫利先生与我

梁 庆 全

在2017年10月，我非常荣幸被邀请前往中国浙江省舟山市莲花岛广场参与“里斯本丸”沉船75周年纪念及献花活动仪式。英国的莫利先生正是当年“里斯本丸”事件生还者之一。

莫利先生现和女儿居住于英国伦敦北部斯特劳斯郡，那是一个非常宁静、悠闲、舒适的居住地方。我于2019年3月曾亲自前往探望他们。莫利先生虽然年事已高，已届99岁高龄，但在女儿悉心照顾下，他仍然十分健康，神采奕奕，活力充沛，为人开朗，脸上常挂着笑容。他亦有着很好的记忆力和充满幽默感。最难能可贵的是，他仍然惦念着逝去的战友，记挂着当年拯救战俘的舟山渔民。莫利先生保持着一贯军人本色和风范，挺直胸膛认真地跟我说：“如若没有他们见义勇为的举动，便没有我今天可以和家人一起颐养天年。”莫利先生还嘱咐我向所有渔民及其家人问好祝福，努力过好每一天。

我与唐洪森教授也有一面之缘，得悉唐教授和我的朋友沈健先生合作重新整理及出版《解密“里斯本丸”》一书，十分感谢唐教授和沈健先生能为这段悲壮史实留下吉光片羽，令世人警惕战争的可怕以及赞誉中国人民英勇的壮举，让中英两国人民友谊长青。

梁庆全

退役陆军上尉

2019年4月

注：梁庆全上尉于1969年加入驻港英军“香港军事服务团”，先后在香港陆军医院、教育部、小型武器训练队、兽医部队及军事练靶场任职。1983年，被委任为英国宪委级陆军军官军衔，直至1995年退休，军龄26年，军阶为陆军上尉。

# 作者序

“里斯本丸”原本是一艘7 000余吨的普通运货船，自其被绑上日本发动对外侵略战争的戎船，先是跑中国上海、东南亚菲律宾、南亚次大陆印度航线，后泊靠台湾之澎湖、香港之九龙维修，接着运载1 816名英联邦军队战俘赴日本做工。这些来自英联邦不同国籍的英国人、加拿大人、澳大利亚人、新西兰人，正值青壮年，绝未料到会经历如此噩梦般的航程。1942年10月2日上午，“里斯本丸”行驶至浙江省定海县东极乡以东海域时，因被美国潜艇“鲈鱼”号击成重伤而沉没。中国渔民冒着枪林弹雨，奋勇拯救落难的战俘，由此演绎出一曲千古绝唱，举世震撼。

该船遇袭时，船尾损伤颇为严重，导致动力系统瘫痪，船体基本原地打转。当日，驻防舟山之日本海军第13炮舰队司令矢野美年大佐，率领十余艘舰艇和运输船陆续赶到出事现场，首先决定撤离船上的换防回国的日军778名官兵以及受伤的船员，接着由“丰国丸”拖航“里斯本丸”，一夜拖行25.35海里，中间3次断绳，沉船危险最终不可避免。午夜时分，警卫队指挥官和田秀男少尉在船上日军最高指挥官杉山中尉支持下，一意孤行封闭关押所有战俘船舱的舱门，致使战俘们陷入绝境，仅第1号船舱即有两名战俘病亡，其他船舱也有死亡现象。纵观日军发动亚洲太平洋战争期间，也发生过类似的运载战俘船遭遇海难之事，但封闭船舱压实战俘生存悖律，则唯有“里斯本丸”个案。

1942年10月2日上午8时20分起，眼见救船无望，救援船队指挥官矢野美年大佐随即两次向“里斯本丸”发出指令。第一次发出准备弃船的信号，即是“船上所有人准备弃船”；25分钟之后，矢野美年大佐第二次发出弃船信号，将第一次命令修正为“把军人和船员转移到‘里斯本丸’船边的一艘船上”。据此，一部分警卫队员和船员转移到“第一黄埔丸”上，余皆跳海被附近舰艇救起。值此危急关头，战俘们奋起反抗，冲出舱门，抢在船沉之前的10多分钟，大部分人成功跳海逃生，一部分人未及出舱遇难。然而，日军非但不救已经落水的千余名战俘，反而有恃无恐的开枪射杀船上和海里的落难战俘，上演了一场海上“围猎”，因处茫茫大海无人现场目睹见证而愈发肆无忌惮。

就在战俘们万分绝望之际，附近海岛的中国渔民闻讯即自告奋勇纷纷撑船下海，数十艘小钓木帆船竟然敢于闯进庞大的日军舰艇群阵，且于日军眼皮子底下奔走呼喊救人，实在出乎日军意料之外。震惊于中国人的气场，日军不得不改变“灭口”

的想法，900 余名战俘终于得救。被渔民冒死营救上几个海岛的 400 多名英军战俘，即刻得到了淳朴的全体海岛渔村民众的善待，尽管次日即被日军重新抓走，但是仍然有伊文思等 3 名英军战俘成功逃脱，由中国抗日军民逐步转移至大后方重庆，移交给英国驻华大使馆接收。

此一罕世奇迹，永载史册。

战后，英国政府和幸存者知恩图报，几次急欲馈赠东极海岛渔民群众，直到在香港举行隆重的官方馈赠仪式方才作罢。然其后绵延数十年，世间仍旧传颂不止。现在幸存老兵仅余 2 名，每每忆及沧桑往事，唯念念不忘中国人患难相助，成永世佳话。

2015 年 10 月，中国国家主席习近平访问英国时，重提这段中英往事，及至世界盛传为佳话。

本书作者均是从事“里斯本丸”事件研究工作的学者和社会工作者，十多年来坚持不懈地跟踪前沿研究、学术动态、舆论宣传、社会普及等活动，心中固执着一份信念，始终认定“里斯本丸”沉船事件的厚重历史与人文社会价值，特别是凸显人性价值。是此，本书于细致研判历史文献档案资料的基础上，竭力还原其历史真实面貌，奉献给读者一部有价值的作品，且能经得起时间的检验。

愿立此存照，永续人性真知灼见！

# 目 录

# 一、日军攻占香港，驻港英军投降

战前英国防卫政策，判断香港弹丸之地，估计驻港英军能固守半年之久，以期待新加坡之援军增援，但太平洋战争开始，日军同时进攻东南亚各处目标，致使各个战线被分割，不得不各自为战。所以当日军猛攻香港时，仅经18天攻防战，以驻港英军宣告弹尽援绝投降，香港就此沦陷。翌年9月开始，日军分四批将白人战俘押运至日本各地工厂做苦工，顶替日本工人上前线。“里斯本丸”即是其中一艘运俘船，经历了噩梦般航程，充满了凶险、博弈，可谓惊世骇俗，最终因遇袭葬身大海。

1938年10月12日，日军开始向华南发动进攻，21日占领广州，至29日完全控制广州周围地区。广州失守，不但使中国失去了一条重要的国际物资运输线，而且也意味着毗邻的香港成了“孤岛”。1939年，欧战爆发，驻港英军主力部队逐渐抽调回英国参战。而随着日军“南进”作战意图愈益明显，香港迟早会落入日军之手。为避免祸及平民，减轻军事防御和维持社会经济运转，港英当局事前曾强力疏散大批居民，包括华人和英国公职人员及其眷属妇孺等。

实际早在1939年8月间欧洲战争爆发之前，因日军进占深圳，即引发香港市民大面积恐慌，各国侨民曾一度纷纷撤离。1940年夏季，香港疏散侨民工作即已经着手进行了。当年6月底，代理总督史美爱特正式宣布香港已经进入非常紧急状态，强制疏散外籍妇孺，既使是非公职的英国人也一并离港，至于一般居港华人，则未在强制疏散之列。6月30日，第一艘英轮载运英国军官妇孺600余人撤走，取道菲律宾，转赴澳大利亚。港英当局还“封用太古、渣甸、德忌利士等轮船公司船艘，准备载侨民离港。各轮船公司接得政府命令后，即通知各货客，尽将已落船之货物起卸。渣甸轮船公司之和升轮原定7月1日开赴海防，现将更改航班。又有数艘轮船，准备开往上海者，自接得当局命令后，即行停止开沪，以备政府征用开赴马尼拉”①。此次决策先行撤离定居香港的英国侨民妇孺，港英当局态度异乎寻常地坚决，除了特许居留本港外，不论其是否登记，一概均须遵命撤退。疏散地点是：第一站为菲律宾的马尼拉，尔后便分赴加拿大、澳大利亚等国。各国居港侨民，则由

① 《英籍妇孺被强迫疏散，华人也纷纷大批离港》，载香港《工商日报》1940年7月1日第2张，第1版。

该国领事协助办理离港手续。如荷兰领事已将荷兰籍侨民 50 名、荷属侨民 100 名办妥离境手续，于 7 月上旬乘船离去。其他欧美国家居港侨民，也在短时间内快速撤走。唯华人富贵者选择乘船前往美洲、澳洲，家境一般者多数取道陆路或澳门回内地，或前往上海（此时太平洋战争尚未爆发，上海租界尚得安宁），或奔往云、贵、川大后方避难。

同时动员留下来的英籍男士，包括自内地疏散到港的津沪租界警员、公司职员等，编组成准军事单位——志愿义勇军、陆海军志愿预备役等，负责协助英联邦军队守备及战地救护任务。而按照英军军事体制，这一部分人员当时也算作军人，授予相应的军衔。所以，从“里斯本丸”海难中逃脱被中国渔民救护的 3 名英军战俘，战前曾经分别在天津租界、上海租界和企业任职。如法勒斯曾任天津警察局前总督察，约翰斯通曾任上海市警察局前会计师，伊文思则供职于英美烟草公司，他们均是自内地疏散到香港的，之后再参加志愿义勇军、海军志愿预备役组织的。至日军进攻香港前夕，在港的绝大部分欧美白人已经撤离疏散出港，仅剩下极少部分随军家属，包括老人、妇女、孩童等，后被日军强行收入赤柱集中营。

当然，日军占领香港之后，主要针对英国、美国、荷兰等国籍的男女老少实施抓捕，却放过葡萄牙籍等国人群。

尽管驻港英军有所准备，并于战前建筑起醉酒湾防线，还从加拿大调来 2 个营，从印度调来 2 个营，但是毕竟防御兵力有限，难以抗击兵力数倍之日军立体式攻击。至太平洋战争爆发时，驻港部队诸多作战和后勤辅助单位计有：

皇家炮兵第 8 海岸巡防兵团，537 人；

皇家炮兵第 12 海岸巡防兵团，403 人；

皇家炮兵第 5 防空兵团，588 人；

香港新加坡皇家炮兵第 1 香港兵团，874 人；

皇家炮兵第 965 防卫小队，147 人；

皇家苏格兰团第 2 营，769 人；

密德萨斯团第 1 营，764 人；

（加拿大）温尼伯掷弹兵部队，92 人；

皇家加拿大步兵队，912 人；

（印度）罗介普部队第 7 团第 5 营，892 人；

（印度）庞遮普部队第 14 团第 2 营，1 005 人；

皇家通信兵部队，1 759 人；

皇家陆军军需部队，132 人；

皇家陆军补给与运输勤务队，197 人；

皇家陆军兽医队，5 人；

皇家陆军医疗队，172 人；

皇家陆军牙医队，10 人；

皇家陆军财务队，28 人；

皇家印度陆军补给与运输勤务队，13 人；

香港骡马运输队，253 人；

印度医疗队，60 人。

香港志愿义勇军，1 947 人；

再加上防卫司令部幕僚和勤务人员在内，总计 11 559 人。①

另有海军陈旧驱逐舰 1 艘、鱼雷炮艇 8 艘，飞机 5 架。

这些官兵当中，除正规军人较具实力外，其他辅助军事单位，训练并非充足，实难组织起有效的防御作战。然而即便如此，驻港英军司令莫尔特比少将（1941 年 8 月到任，接替原驻港三军司令贾乃锡少将。）仍然希望坚守九龙半岛以北连接大陆的防线，进行 7 天至 10 天的迟滞战斗。实际香港攻防仗打了足足 18 天之多，这对于毫无外援及战线宽广腹地的弹丸之地来说，已经确属非常不易了。

正是预见到日军迟早会对香港动手，此地难以固守，早晚会陷落敌手，因之港英当局便提前做些准备，如加紧疏散社会名流、白人家眷，转移重要物资，组建民众准军事单位协防等。而战前撤退大批市民，尤其是英欧籍妇孺大部分离港，使得驻港英军部队减少后顾之忧。这一事实，间接证实了后来发生的“里斯本丸”海难悲剧，船上 1 800 多名英军战俘并无女性在内，而且全部系白人种族。有鉴于此，中国内地有些影视戏剧及文学艺术作品，罔顾事实，凭空想象，主观臆断加入了少数女性人物故事，逻辑思维极不严谨。因为整件事情来龙去脉，是一个很严肃的政治与历史话题，不应该掺杂一些并不靠谱的“娱乐”元素。

1941 年 12 月 8 日（星期一）拂晓，与日本联合舰队袭击珍珠港的同时，日军第 23 军司令官酒井隆②指挥第 38 师团也开始从大陆一侧向香港发动海陆空一体总攻击，首先出动 35 架轰炸机空袭九龙启德机场，炸毁英军 5 架飞机以及泛美航空公司的“香港快航”号。12 日，英军撤离大陆，渡海退至香港岛。14 日，日军攻占九龙半岛的大部分，英军被压缩至维多利亚港口附近及香港本岛。17 日，日军出动

---

① 转引自香港“里斯本丸”协会编著：《实录：“里斯本丸”事件》，共和媒体有限公司 2007 年 7 月 25 日出版，第 22 页表格。

② 1946 年 8 月 27 日，中国南京军事法庭判处酒井隆死刑，9 月 13 日下午被押赴雨花台执行枪决，就地埋葬。

“决死扫雷艇队”清除英军水雷区，掩护海军陆战队实施阵前登陆。[①] 24 日，日军相继占领发电厂，切断了电力、淡水供应，守军被逼到岛屿的尽头，部队最后溃散，丧失了抵抗能力。

25 日下午 3 时 30 分，英军挂出了白色降旗。英国殖民总督马克·杨慕琦爵士由莫尔特比少将陪同，渡过维多利亚港至九龙半岛酒店，向日军第 23 军司令官酒井隆中将正式签署了投降书，香港至此全部沦陷。是役，1 555 名英联邦军人死亡，大批英军包括加拿大、澳大利亚、新西兰、印度、中国等国籍官兵被俘。据日本陆军第 23 军《香港攻略战经过概要》记载：

“战斗间捕获的俘虏 1 452 人，其中英国人 377 名、印度人 713 名、加拿大人 130 名、支那人 189 名、葡萄牙人 3 名、不明国籍人 40 名。

投降俘虏 9 495 人，其中英国人 4 695 名、加拿大人 1 559 名、印度人 3 116 名、其他国籍人 125 名。

如上包含 1 746 名因战伤入院人员。

总计 10 947 人”[②]。

这些被俘人员主要集中在九龙前深水埗军营。作为主要战俘集中营，由于靠近海岸线，日后数批战俘装船起运日本，即是从此地出发的。英国派驻香港总督马克·杨爵士则被送入中国大陆的沈阳市特设盟军战俘监狱关押，直到日本战败投降才重获自由。而对日本来说，意味着首次占领一个欧洲国家的海外殖民地，极大地鼓舞其大举“南进战略”方针的继续实施。因此，12 月 28 日，日军第 23 军和海军舰队举行占领香港入城式，由酒井隆中将和海军新见中将两人亲自带领阅兵。

后因深水埗战俘营过于拥挤，1942 年 1 月间，分出 2 000 名战俘转移到北角原难民营关押。4 月，深水埗集中营专门关押士兵，将全部军官转移至亚皆老街的集中营囚禁。印度籍战俘则单独关至码头涌集中营，不久便全部释放遣散。

日军占领香港后，原关东军参谋长矶谷廉介被委任日治香港第一任总督[③]。从 1942 年 9 月中旬开始，为缓解国内工矿企业劳动力不足，即着手将南方战场俘获的美英军白人战俘，分批乘船递解到日本国各地做工。香港英军战俘即是在此情况下，在矶谷廉介任期内，被分批转送到日本国内或者中国东北地区继续关押并罚做劳役。

---

① ［日］大本营海军报道部编纂：《大东亚战争海军作战写真记录》，朝日新闻社出版 1942 年 11 月 20 日印刷，12 月 1 日发行，第 28 页。

② ［日］波（23A）集团军司令部：《香港攻略战经过概要》，1941 年 11 月 30 日至 12 月 25 日。

③ 矶谷廉介于 1942 年 2 月 20 日正式上任，至 1944 年 12 月 24 日离任转职台湾行政司长，在这期间强力推行驱逐香港居民回内地、分批次押运白人战俘到日本做工、日化教育等。1947 年 8 月，中国南京军事法庭审判矶谷廉介，以其构成“军事战领期间连续放逐非军人罪”为主要理由，判处其无期徒刑。1949 年转交东京法庭，关押于东京都附近的巢鸭监狱，1952 年 8 月被假释，死于 1967 年。

香港深水埗集中营内部布局草图（1944 年）

此时，在香港的战俘们生存状况很差，深水埗集中营和亚皆老街军官集中营里已经人满为患，必备的日常生活食物供给严重不足，缺乏必要的医疗保障条件，尤其是白喉病流行蔓延，经常发生非正常死亡情况。随着东南亚地区被日军逐一占领，战俘们寄希望于获得外界营救破灭。起初集中营管理比较松懈，随即发生战俘逃跑现象，随着戒备加强，有些尝试逃跑的人重新被抓住后，受到日军极其野蛮方式的惩罚，以至到后来无人再敢出逃。日军为确保严密控制香港社会秩序，清理积压在集中营中的交战国战俘和侨民，将一批批白人男性战俘装船海运日本国，尔后分散至各地做苦工。至 1945 年 8 月日本战败投降时止，总数近 4 万名在南亚、东南亚、太平洋诸岛盟军战俘被拘禁在日本国内各地做劳役。“里斯本丸”即是当时被日本陆军征用的一艘运输船，因其运送 1 816 名在香港被俘的英军战俘去日本，航行至东海遭遇美军潜艇伏击而最终沉没，800 多名战俘死难溺毙大海，遂使其闻名于世。

战后，盟军专设香港军事法庭，由英国主导审判日军战犯，“里斯本丸”船长和押运警卫队翻译官均受到严格审判。

# 二、“里斯本丸”由来，船员及承运货物状况

日本大力用兵亚洲及太平洋战争，必须大量征召国内工矿企业工人和农民上前线，致使本国劳动力严重缺口，遂从南方各个战场所俘获的盟军战俘分批运回日本做劳役。而利用香港一地被关押的七八千名白人战俘（印度籍、葡萄牙籍及华籍战俘除外），把他们送往日本各地工厂做工，则是极为便利之事，也是第一批自香港起运日本的战俘。因此，按照日军首任驻香港占领地总督矶谷廉介的命令，先后分四批运载战俘前往日本本土。第一批战俘由“福州丸”负责起运，共计登船621名白人战俘（该船系菱亚航运所属，总重2 558吨）。至于为何单单要英籍白人战俘，而不是通常像内地掳走大量被俘中国军民到日本工矿企业做苦役，香港则是个例外。这是因为日军以“解放者”姿态挑起太平洋战争，特别针对英、美两国。这一点疑问，在矶谷廉介的命令文件中有明确的记载。

1942年9月1日15时，日军驻香港占领地总督矶谷廉介签发香港作战命令丙第44号，指定田中中尉押运“福州丸”英军战俘到日本。全文如下：

“极密　　陆亚密受第八四四五号　　陆军省　　大臣办公厅　　昭和十七年九月五日

陆军省俘虏管理局十七年九月九日

香督作命丙第四四号

香港占领地总督部命令

九月一日一五时

香　港

1. 香港俘虏收容所所长向东京输送的白人俘虏621名和作为与前文中输送指挥官同附属的将校（田中中尉），下士官中的卫生下士官，翻译，九月四日乘坐“福建丸”从香港启航。

2. 香港防卫队队长为前项俘虏护送事宜，将下士官中的兵□三受田中中尉指挥。

3. 田中中尉依照第一、第二项指挥下士官以下人员，运送俘虏至东京。

具体细节与各相关部门协定。

香港占领地总督　矶谷廉介

下达方法：印刷交付。

分配地：香港防卫队　香港俘虏收容所　香港宪兵队

交送地：陆军省俘虏管理部　大町支队　二遣支

提出地：大本营　陆军省”①

上文在负责押送卫兵数目方面缺少一个字，应该在两位数之内，因后续第二批“里斯本丸”押送卫队才 26 人。

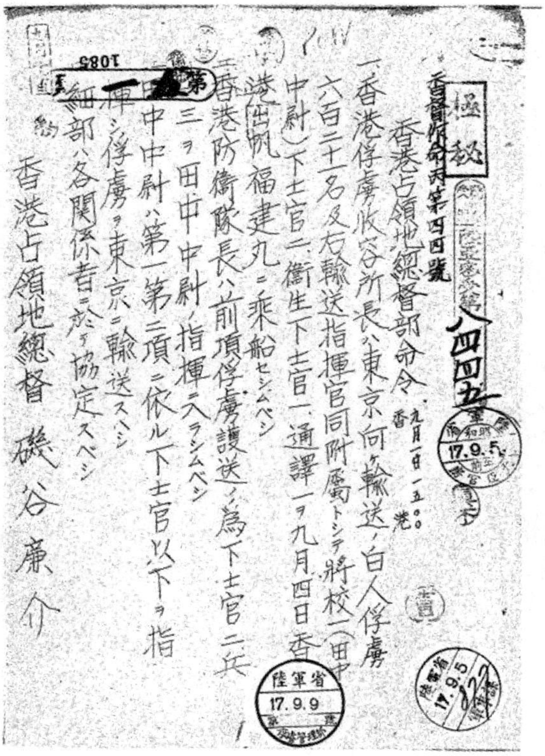
極秘

香督作命丙第四四號

香港占領地總督部命令　九月一日一五〇〇　香港

一、香港俘虜收容所長ハ東京向ケ輸送ノ白人俘虜六百二十一名及右輸送指揮官同附屬トシテ將校一（田中中尉）下士官二、衛生下士官一、通譯一ヲ九月四日香港出帆福建丸ニ乗船セシムベシ

二、香港防衛隊長ハ前項俘虜護送ノ為下士官二兵三ヲ田中中尉ノ指揮ニ入ラシムベシ

三、田中中尉ハ第一第二項ニ依ル下士官以下ヲ指揮シ俘虜ヲ東京ニ輸送スヘシ

四、細部ハ各關係者ニ於テ協定スヘシ

香港占領地總督　磯谷廉介

アジア歴史資料センター

矶谷廉介关于“福州丸”向东京运送白人俘虏的命令

① ［日］香港占领地总督矶谷廉介：《关于“福州丸”运送白人战俘到日本的命令》，作战命令丙第 44 号，1942 年 9 月 1 日 15 时。

经过几天的准备，“福州丸”启航的具体时间为9月4日，载有621名白人俘虏，数天后抵达东京俘虏收容所，实到616名英军战俘，这也是太平洋战争爆发之后第一批运送盟军战俘到日本①。因之，“福州丸”既是自香港起运到日本的第一艘战俘船，也是日军大本营从太平洋战场掳回日本的第一艘战俘船，意义非同寻常。至于“福州丸”抵达目的地时，明显少了5名战俘，极有可能因患病被抛尸大海。

顺便提下三个月之后，“福州丸”被击沉。1942年12月29日大约7点30分，“福州丸”于海南岛西北岸兵马角北东北方向的海上被鱼雷击中沉没，11名船员死亡。

从香港承载第二批战俘赴日本的是“里斯本丸”，亦自九龙之亚皆等地汇集到深水埗集中营，会合那里的战俘一起出发登船，实际最后留置船上共计1 816名战俘，系从香港押送日本四批战俘中人数最多的一批。这批战俘全部都是英联邦籍男性白人，年龄大部分正当青壮年，登船之前经过一般性身体检查，准备运往日本各地工矿企业及码头做工。

“里斯本丸”原属客运货船，船长135.64米，安装有2台往复式主机，最大马

① 参见日本陆军省俘虏情报局：《俘虏输送船“里斯本丸”遇难事件》，1942年。

力为 4 684 马力，航速 12 节，总吨数为 7 053 吨，船主为日本邮船株式会社。1919 年 10 月 15 日，该船在日本横滨码头建造，1920 年 5 月 31 日下水，正式命名为“里斯本丸”，至出事时船龄共计 22 年。当年 7 月 8 日之后，首航美国纽约往返日本横滨之线，载运大宗商品。1940 年至 1941 年期间，“里斯本丸”主要航行于上海、香港、新加坡以及锡兰、印度之孟买等地。1941 年 11 月 1 日，“里斯本丸”被日本陆军省征用，指定为帝国陆军第 972 号船舶，改装后主要用于运输作战兵员和军需物资，太平洋战争爆发后往返东南亚菲律宾航线。

该船究竟是被日本海军省还是陆军省征用？以前存在着是被海军省征用的说法，这里却认定该船是被陆军省征用。佐证之一，战后香港审判法庭审讯该船船长经田茂，明确其身份为“曾服务于大日本帝国陆军”①；佐证之二，当该船出事之后，也是由陆军省船舶输送司令部、俘虏情报局等单位，向外务省提供的海难经过资料，供其对外交涉参考使用。因此，可以肯定“里斯本丸”归属于日本陆军省使用，也就相应地承担起己方战争罪责，这点毫无疑问。

依据有关资料记载，太平洋战争爆发前后，“里斯本丸”活动轨迹主要在东南亚、南亚次大陆海域。1941 年 2 月 10 日，“里斯本丸”停靠中国上海。12 日，南下抵达香港。14 日，再驶往新加坡，21 日抵达目的地。26 日，离开新加坡，前往科伦坡港（今属斯里兰卡），该地系印度洋重要港口，原英属锡兰的首都。这说明“里斯本丸”跑过东海、南海、马六甲海峡航线，比较熟悉所经海域一般情况。

当年 12 月 17 日，日军大本营实施陆海军联合进攻菲律宾吕宋岛南部的拉蒙湾作战计划，陆军 11 个师团由南方军总司令官寺内寿一大将率领的“南部远征军”组成，征用了陆军的 20 艘轮船运兵，“里斯本丸”即是其中的一艘。是日 15 时，南征船队离开琉球群岛的奄美岛（今属鹿儿岛县），向菲律宾进发，“里斯本丸”随同行动。24 日，日军抵达拉蒙湾，顺利抢滩登陆，旋即与美军开战。仅半年时间，日本南方军即迅速占领了新加坡、马来西亚、印度尼西亚、菲律宾等一大片区域，盟军节节败退。“里斯本丸”遂又返回中国东海、黄海，停靠山东省青岛码头。

1942 年 1 月 26 日，“里斯本丸”随同舰船编队自青岛出发，南下菲律宾群岛。31 日，船队抵达澎湖，分拨一部分继续前往马尼拉。2 月 2 日，“里斯本丸”离开马尼拉驶往越南的海防市，满载日本陆军第 21 师团官兵、马匹、装备等，鱼雷艇“鹊”等护航。但在海港入口处通过反潜网后，因“里斯本丸”使用了错误的航线，

---

① 参见《香港军事法庭审判经田茂记录》，卷首综述表格。

船腹触到一颗日军布下的水雷，船身受损无法航行，19 名乘员遇难或受伤。由于船只有下沉的危险，所有人都被命令放弃船只。之后，一艘海军操作的拖船抵达现场，将正在漂流的"里斯本丸"拖航，并停留在台湾澎湖岛南岸的浅滩。之后，船员返回并卸下了大量在船上的部队物资和运输物品。19 日，救援船"鬣"从马尼拉开回台湾，协助收回"里斯本丸"。3 月 24 日，"里斯本丸"修复之后再次使用于陆军行动。5 月在台湾的澎湖县县治马公市港口附近触碰到水雷，船体严重损坏，不得不停靠马公市警备府抢修，"预计在 5 月末应急修理结束"。"里斯本丸应急修理在马公警备府的经费由海军负担"，尔后再转移至香港九龙修船所的太古码头继续维修，"从马公到九龙修船所的搬运由海军担任，拖船由船舶输送司令部派送"①。具体由辅助巡逻艇"鹰扬"（OYO）和 ROYO MARU 护送，并由"第一吉田丸"（YOSHIDA MARU 1 号）牵引到香港之九龙。至 9 月 18 日，"里斯本丸"才最后在香港之九龙船厂完成修理，立即配备一批救生艇、舢板、救生筏、救生衣等，随即担负运送人员和物资返回日本的航行任务。

安排"里斯本丸"承担运载战俘和日军官兵前往大阪、神户任务的，是驻香港的日军港务运输司令局，这份详细指令保密，唯有船上军队指挥官杉山中尉和船长经田茂两人知晓。行前，隶属于港务运输司令局的船舶检查员来到"里斯本丸"上验查，大副、二副及 3 名初级船员全程陪同，按例"检查了救生艇、舢板、信号设备和舱壁以及船舶安全法所规定的其他各种事项，并允许这艘船离开港口"②。根据国际航运惯例和日本"船舶安全法"规定，船上乘客和船员数量超过救生艇所能承载的限度时，该船是不能擅自离开港口驶入海洋的。"里斯本丸"上救生设备除了救生衣之外，明显严重不足，这若是在和平年代是绝对不允许的，只是战争时期约束不了了，亦要了众多战俘们的年轻生命。至于船舶检查员是否事先知道即将登船人员数量，远远超过救生艇等设备应承载极限，就不得而知了。

该船于 9 月 27 日由香港之深水埗启程赴日本时，全体船员的基本情况是：

船长：经田茂。

一等（大副）运输兵，新冈源太郎；二等（二副）运输兵，荒木要（枢）；三等（三副）运输兵，桧山清之进。

轮机长：山口末次。

一等轮机兵，后藤乙五郎；首席二等轮机兵，土屋四郎；次席二等轮机兵，住田寿夫。

---

① ［日］《陆亚给西贡宇品船舶输送参谋长的密电》，1942 年 4 月 20 日。

② 《证人荒木枢在香港军事法庭审判经田茂的证词》，1946 年 10 月 26 日。载《香港军事法庭审判经田茂记录》，第 140 页。

执职事务长：高桥信治。

首席通信兵，石川一男；次席通信兵，菅原正生。

以上 12 人为工作人员。

甲板部 22 人。

甲板长：西田俊宪。

船匠：渡边正臣。

甲板仓库管理员：植松菊次。

操舵手：六川正雄，柴藤次，平冈荣吉，矢部暎三。

甲板员：增田八郎，中村贞雄，堀部尚男，川畑义雄，八木一王，上野吉男，吉田九，胁坂嵩之辅，浦口三善，杉崎弘，栗原整，有我平五郎。

甲板员代理：岛山义喜。

甲板实习员：松本正，山田年穗。

轮机部 26 人。

司炉长：根田清。

轮机仓库管理员：胜浦。

司炉工：甘粕训三，小林军，藤谷进作，谷口清吉，吉村高一，返脚君太郎，新井由血。

轮机员：德丸武彦，宫田金男，三部信英，落合进，井户川贞胜，佐藤里治，桥本敬三，保田秀雄，宫崎义家，高桥荣一，小山田荣，宫里诚德。

轮机员代理：吉田卡，东海直人，祖田秀雄，松木森三。

轮机实习员：山崎卯之吉。

事务部 17 人。

厨师长：村上义春。

厨师：若山清次郎。

炊事员：大九保正一，新仓三郎，益田秀三郎，松下繁，神代寿雄，川合德三，志村勇次。

实习炊事员：前泽吉宗，长谷川末松，佐藤富士雄，岩田德一，伊藤义德，渡边正夫，胁屋源二。

以上船员共计 77 人。①

其中，船舶指挥管理人员 12 名。主要职责如下：

大副在船长指挥下负责甲板上的航行和管理；

---

① 日本邮船株式会社：《日本邮船战时船史》，1971 年出版。

二副在船长的指挥和指示下，负责有关航行的所有事务；

三副是大副的助手；

总轮机长负责轮机舱，他全权负责有关轮机舱的所有事务；

第一轮机手在总轮机长的指挥下负责轮机舱的管理工作；

第二轮机手、第三轮机手在第一轮机手的指挥下，负责船舶引擎的维护；

事务长在船长的指挥下，负责管理、总务以及账单；

无线运营员在船长的指挥下，负责船上无线设备的发送、接收以及维护；

无线运营员助理协助总无线运营长；

船员长（类似于英国商船的水手长），在大副的指挥下，指示和命令船员的其他成员进行甲板上的有关工作，比如清洗甲板及其设备、公共卫生等。①

经田茂船长于1921年12月1日自日本航海学校毕业，进入邮船会社工作，擅长游泳。1939年11月第一次被任命为船长，拥有A级船长资格证书，适用于蒸汽船和帆船，可以开船至世界任何一个港口和国际航线。1942年9月中旬，经田茂临时被委派到“里斯本丸”接任船长②，级别相当于尉级军官。9月15日，经田茂登船正式接管船长工作，大副、二副等管理人员陪同他察看了全船结构。他曾经担任过“加尔各答丸”船长，5个月之前该船遭受鱼雷攻击沉没时，欲图自杀与船同归于尽，当时的轮机长山口末次也是后来的“里斯本丸”轮机长知晓此事。所以，当“里斯本丸”沉没时，经田茂也想到自杀谢罪，轮机长山口末次则紧紧盯住他，经田茂一度自杀未遂最终跳海逃生。

该船还搭载第8610部队自内地归途部队以及随行将校、下士官兵和便装乘客，共计778名，由杉山中尉指挥。另有一支负责押运监视俘虏的士兵25人，由和田秀男少尉指挥。全船人员在海上航行活动，统一服从杉山中尉的命令。

---

① 《证人荒木枢在香港军事法庭审判经田茂的证词》，1946年10月26日。载《香港军事法庭审判经田茂记录》，第81页。

② 《经田茂在香港军事审判法庭被询问答辩》，1946年11月13日。载《香港军事法庭审判经田茂记录》，第263页。

随船装载的物资品种较多，主要卸货目的地是大阪、东京。具体情况参见下表：

| 卸货地 | 产品丨舱号 | 第 1 号舱 | 第 6 号舱 | 第 7 号舱 | 合计 |
| --- | --- | --- | --- | --- | --- |
| 大阪 | 钨矿 | 131 捆 | | | 131 捆 |
| | 锰矿 | 1 101 | | | 1 101 |
| | 铋矿 | 53 | | | 53 |
| | 黄铜 | 17 390 | | | 17 390 |
| | 型铜 | 3 886 | | | 3 886 |
| | 铅锡 | 3 246 | | | 3 246 |
| | 硬铅 | 1 098 | | | 1 098 |
| | 铁屑 | | 400 吨 | | |
| | 亚铅 | 1 999 | | | 1 999 |
| | 青铜铝 | 707 | | | 707 |
| | 铜币 | 563 | | | 563 |
| | 锦布干皮等 | 6 443 | | 2 731 捆 | 9 174 |
| 东京 | 五英寸高射炮等 | | | 49 | 49 |
| | 合计 | 36 617 | 400 吨 | 2 780 | 39 397 |
| | 吨数 | 1 031. 116 | 400 吨 | 245. 350 | 1 676. 466 |

总计各种货物：1 676. 466 吨。①

这份货运清单，大多数为金属材料成品、半成品，乃是工业制造业亟需的原材料，应该置于舱内押重。另有棉布干皮若干吨，成捆重量比较轻一些，一部分放置在甲板上，符合船体倾斜时自动溜入海中的原理，也与舟山渔民们第一时间发现并撑船下海捞取成捆棉布的基本事实相吻合；大部分存于第 1 号舱、第 7 号舱，而位于船尾的第 7 号舱最先被鱼雷破损，导致货物泄漏出舱，漂浮于海面。此点，原来只有渔民们的单方面证词，缺乏相应史料佐证，现在可以明确无误地证实了。该船所运物资，总体价值并不高，均为一般性工业用原材料。

此处特别强调的是，“里斯本丸”虽然是一艘运输船，但从其承运启航服务于军方使命来看，至少与普通商船存在着三点差异：

其一，该船已经过改装，并且安装了一些军事设备，如前后甲板各安装一门火炮，各有专门的炮手和炮弹，有别于普通商船或是客轮。所以事发时，在船尾火炮

① ［日］矢野美年：《“里斯本丸”事故始末报告》，1942 年 10 月。见《香港军事法庭审判经田茂记录》，第 532 页。

被美军潜艇发射鱼雷损毁情况下，仍能使用船头火炮开火 98 发炮弹，打爆来袭鱼雷。如此，该船具有一定的武装自卫能力。

其二，1929 年 7 月 27 日在瑞士日内瓦签订的关于战俘待遇的国际公约（以下简称“日内瓦公约”），虽然日本政府后来并没有批准这一公约，但是仍受此公约精神制约，这一点在日本外交大臣与瑞士、阿根廷等国大使签约时多次表明了态度。既然“里斯本丸”用来运载战俘，在战时情况下理应悬挂相关旗帜或者明显标志，以便提醒处于交战状况下的敌对方不要伤害它。遗憾的是，“里斯本丸”并未有任何这方面的标志，这种做法本身就已违反了“日内瓦公约”，导致数天后遇袭沉船惨剧发生。

其三，该船竟然用来运兵，顺便搭载了 700 多名军人，具有十分明确的军事用途。这些军人主要起居活动于甲板及后舱上，活动自由度比战俘大得多，也极易暴露目标，使其遭到军事攻击的危险性大为增加，这就必然连累到被关押在船舱里毫不知情的大批无辜的战俘们。

这些因素的客观存在，足以说明“里斯本丸”此次航程充满了凶险，如果连续赋予该船同样的使命，既使这次侥幸躲过了美军潜艇袭击，那么下次的下次也难逃覆没之厄运。毕竟“里斯本丸”属于战时征用的商船军用性质，自身缺乏完备有效的军事防护能力，一旦成为被打击的海上移动“活靶”，则必定在劫难逃，损失惨重。

基于前述因素，5 天之后，美国海军潜艇“鲈鱼”号发现并攻击“里斯本丸”的军事举动，看起来并无过错，一切过程似乎顺理成章，尤其是在战争年代紧张状态下。就实际情况而言，美军潜艇“鲈鱼”号指挥官根本无法知道“里斯本丸”船舱里装运有 1 800 余名盟军战俘，将其当作敌国武装商船予以打击，自然是在情理之中。而应当明确地承担战争罪责的，则是日本方面。

上述三点说法，无论是在历史档案还是当事人回忆，都能找到印证。例如，“里斯本丸”不是一般的普通商船，它的确装备了一些军事设施，最主要的常规武器是在前后甲板上各安置了一门小口径火炮，用以防御来自海面任何方向的攻击。事实证明，这种看似“薄弱”的船载火力配备，在与美军潜艇“鲈鱼”号周旋中，尽管发挥战斗作用有限，却最大程度地降低了“鲈鱼”号连续攻击能力，不但击中了最后一枚鱼雷，而且为乙方空军飞机和海军舰艇先后赶来增援争取了十分宝贵的时间，迫使“鲈鱼”号未能实现当场击沉“里斯本丸”的作战目标。如若“里斯本丸”只是一味地被动挨打，以美军潜艇“鲈鱼”号自身所携带 24 枚鱼雷的压倒性进攻能力，完全有把握将其打沉海底，结果灾难更重，这也是不幸中的万幸。

像“里斯本丸”这样搭载着大批军人（包括战俘在内）和物资的商船，竟然没有护航舰艇伴行，其实也并不为奇，这与日本军事战略方针布置有很大关系。太平洋战争之初，日本主要目标是占领东南亚地区，主要目的是掠夺并保障基本原料来源，为此动员大量商业船队将西太平洋诸群岛盛产的原料运回日本国内，制造成品后再重新支撑战争。1941 年 12 月，日本拥有的商业船队登记总吨位为 610 万吨位，加上依靠战争夺取的 82 万吨位，共计 692 万吨位。除了 285 万吨位用以维持日本国内人口生存最低需要外，其余 400 多万吨位皆被军方征用。而由日本陆军、海军分别独立掌控的这些船只，却“互相之间不能流通使用”[①]。尤其是被陆军征用的商船只，更谈不上周密的武装护航计划。因此，美军太平洋舰队的潜艇部队得以放手攻击敌方运输船只，致使日本方面损失惨重，日本从海外获取大量资源的交通运输航线受到严重威胁。仅在 1941 年日本商船损失 55 159 吨位，1942 年损失多达 977 927 吨位，[②] 这一状况持续到 1943 年 8 月，日本军方决策机构才下令所有的商船都必须有护航条件作保障。11 月间，日本组建了专门的护航指挥部，起初下辖 2 个水面护航分队，后来增至 4 个水面护航分队，仍旧捉襟见肘，穷于应付。尽管如此，美军潜艇部队仍然三五成群或者单独渗透至中国东海、南海海域活动，寻找一切机会捕捉日军舰船，给日军海上运输航线造成极大的麻烦。

美军潜艇“鲈鱼”号即是其中之一，多次神出鬼没于东海海域，屡屡偷袭得手，终于盯上“里斯本丸”，后者噩梦般地跌入海底。

---

① ［英］伯纳德·爱尔兰著，李雯、刘慧娟译：《1914—1945 年的海上战争》，上海人民出版社 2005 年 12 月第 1 版，第 154 页。

② ［日］日本船舶运营会：《丧失船舶一览表》，1948 年 11 月汇编。

# 三、“里斯本丸”运载1 816名英军战俘，赴日本做劳工

1942年9月25日早晨，1 800多英军战俘和极少数平民（以下为叙事方面，统称战俘）。被集合在香港深水埗集中营地的阅兵场上，战俘当中最高军衔密德萨斯团第1营指挥官斯图尔特中校告知大家将要去日本，“你们将去一个不同的国家，气候非常不同，所以注意你的健康”①，并介绍这批主管英军战俘的日军军官名叫和田秀男（又译和田义雄）少尉。斯图尔特在战俘当中颇有威望，被战俘们戏称“猴子”。和田秀男通过翻译新森源一郎声称：“你们将被带离香港”，“去一个你们将被好好照顾和善待的美丽国家。我将率领队伍照顾你们的健康，记住我的脸。”② 据新森源一郎描述，这是一个性格固执的人，“有一种固执的态度”③。战俘们即刻明白了自己将被送往日本国，情绪反映复杂。有些人对此抱有种种幻想，认为日本人不会在自己国家对战俘不人道，而目前集中营生活水平很低，白喉、痢疾、脚气病（干湿为主）等疾病流行，还时常遭受日本和朝鲜狱警殴打，所以寄希望于出去会得到更好的生存待遇。但更多的战俘对此心存异议，倾向于留在香港，因为日后获救或者脱逃的机会能更多一些，这一切也只不过私下里议论罢了，行动上则要顺从日军的意愿，听天由命而已。登船之前，战俘均被“注射疫苗”④。也是在阅兵场，战俘们被告知每个人上船时进入的舱号。据幸存战俘约瑟夫·希尔回忆：“在阅兵场时，我们就已被告知自己所在的底舱，而我们就去了那些底舱。登上船舶时，我们就去了那些底舱”⑤。

还有一种说法，此次登船的1 800多名白人战俘，“是由斯图尔特中校从深水埗

---

① 《证人新森源一郎在香港军事法庭审讯经田茂的证词》，1946年10月18日。载《香港军事法庭审判经田茂记录》，第338页。

② ［英］杰弗里·卡佐·汉密尔顿著：《“里斯本丸”的沉没》，香港绿塔出版社1966年印制。

③ 《证人新森源一郎在香港军事法庭审讯经田茂的证词》，1946年10月18日。载《香港军事法庭审判经田茂记录》，第338页。

④ 《证人伊文思在香港军事法庭审讯经田茂的证词》，1946年10月31日。载《香港军事法庭审判经田茂记录》，第183页。

⑤ 《证人希尔在香港军事法庭审讯经田茂的证词》，1946年11月1日。载《香港军事法庭审判经田茂记录》，第189页。

集中营关押的4 000名战俘中选出的。”① 稍加理性分析，不难看出从集中营抽出第二批战俘乘船前往日本，肯定不是随意盲目的要人，身强力壮者优先选拔，事先日军会利用战俘当中较高级军衔者有组织地选人。所以，斯图尔特熟悉英军指挥体制，指定豪威尔、波洛克、彼特等中下级军官带队上船，并在其后航行途中以至海难发生时，处处显示出服众的权威性，便可理解了。例如：登船之后，斯图尔特立即与和田秀男协商自我管理事项，委派专人购买食品和饮料补充战俘们体力；航行途中，点名、用餐、饮水、如厕、放风、休息等一系列环节，秩序井然；遭到鱼雷攻击后，临危不乱，指挥全体战俘始终保持镇静；最后关头，决断冲出底舱，从而最终保留了700多名幸存者平安地回家。

1930年，英军在深水埗军营操场操练

上午9时30分，经过很简单的身体检查后便登船，更多的是仅仅具有象征性意义，如给每名战俘的肛门处插进一根玻璃管检查。一些病员有意识地混上船，为的是尽快摆脱集中营苦难生活，寄希望于到日本能够得到很好的治疗。据当时进入第1号舱的海军志愿预备队员伊文思回忆说：“我们在两名日本医生面前行进，这也意

① 《证人巴克在香港军事法庭审判经田茂提供的证书》，1946年1月23日，于英国威斯敏斯特城宣誓。载《香港军事法庭审判经田茂记录》，第569页。

味着如果能从医生身边走过，那就会被认为是适合去航海的。这是我所知唯一一次的检查。有些人病得几乎走不动了，但他们听说这个分队要去日本，他们觉得在那里会得到比在香港更好的治疗，所以他们特别努力让自己能走路，从而通过测试登上船舶。”① 这些在集中营已经苦熬9个月的战俘们，每50人为一组，每组由一名军官带领，由深水埗营地出发到附近码头乘座驳船，转移停在昂船洲外的“里斯本丸”上，这一段路大约1英里。整个队伍由英军密德萨斯团第1营司令官斯图尔特负责，包括遭到鱼雷袭击时与日军看守卫兵交涉、强行突破甲板等行动，均由其发号施令，一些军官则协助其指挥，每个中级军官负责管理一定数量的官兵。抵达码头岸边准备登船时，每个人都被要求停下来转两圈，2名日军防疫兵手里各拿着喷枪朝战俘喷射消毒剂，算是最后消毒可以上船了。

另有日军和田秀男少尉率领的25人警卫队，全部携带步枪、刺刀和轻便型机关枪，负责监控全体战俘。这支警卫队有2名医务兵、2名中士（负责给养）、2名下士、18名士兵，加上和田秀男和翻译官新森源一郎，合计26人。② 和田秀男本人则带着翻译新森源一郎，从9月26日至10月1日，每天早晨7点下到各个底舱监督点名，每50人一组，简单核实战俘情况，确实让战俘们都记住了他的严肃脸面。大约用1小时点名一遍，然后上午8时许开饭用早餐。

登船的英军战俘来自各个战斗单位，包括皇家海军陆战队、炮兵部队、信号军团、陆军工程兵（189人）、密德萨斯团、海军防卫团、皇家苏格兰团、皇家陆军军医队官兵。此外，还有一些英国侨民组成的志愿义勇军队员也被驱赶上船。至于身体状况，总体而言，表面上“他们所有人都有长达9个月的异常饮食，大部分人健康状况都不是非常正常，但绝大多数人都没有什么严重的健康问题，因为他们都做了一些检查”③。其实严格来讲，许多人还是患有脚气病、糙皮病、痢疾、腹泻、白喉等病症，在人群密集的地方极易流行开来。开船之前就有战俘自动向自己的军医报告病情，有的被带下船送往医院，有的被随意安置在甲板上舱口、绞车周边，至少能通风良好，不似底舱痛苦。再往后遇到数天船上底舱生活，这些病症便逐一显露出来。

“里斯本丸”共有7个货仓。所有战俘被安排住进前4个货舱，都由港口船舶

---

① 《证人伊文思在香港军事法庭审讯经田茂的证词》，1946年10月31日，载《香港军事法庭审判经田茂记录》，第183页。

② 《新森源一郎在香港审判法庭被询问答辩》，1946年11月18日。载《香港军事法庭审判经田茂记录》，第338页。

③ 《证人豪威尔在香港军事法庭审判经田茂的证词》，1946年10月24日。载《香港军事法庭审判经田茂记录》，第49页。

运输司令局的“指挥官和大副开会决定那些在船上的人的住宿”。船舱通风设备主要有：“第 1 船舱有 4 个罩式的货舱通风机。第 2 船舱、第 3 船舱有 6 个这样的通风机。第 4 船舱有 4 个这样的通风机。在第 1 船舱有两个鹅颈式的通风机，高约 3 英尺。在第 4 船舱有两个这样的鹅颈式通风机。第 4 船舱有两个吊杆柱，被跟货舱通风机一样的用途。”① 如果气象条件尚好，只要天不下雨，船上各个舱门会一直开着，便于通风换气。

除了 1 800 多名战俘之外，还有 700 多名日军官兵搭船回国。最初，经田茂从港口船舶运输司令局获知将有 300 名日军登船，后来人数逐渐增多，直至达到 780 人，挤占了船舱空间。这七八百名日军基本入住船尾第 6 号舱、第 7 号舱，军官则进驻船桥下面客舱。而船尾最先被鱼雷击中，致使海水灌进这两个舱，导致船舶行动迟缓，官兵略有伤亡。

根据事先分配，入驻各舱单位及其人员数额如下：

由波洛克中尉指挥的皇家海军官兵 362 人，包括一名海军军医，入住距船首最近的第 1 号舱中间二层甲板，航行前因病下船 6~10 个人之间②。第 1 号舱内二层甲板空间不大，长约 50 英尺，宽平均有 40 英尺，高 9 英尺。该层舱内装满了人，躺下后几乎无翻身的余地。再往下的底舱还装满了货物和沙子，作为压舱物。

斯图尔特指挥的皇家苏格兰团第 2 营、密德萨斯团第 1 营以及工程兵、通信兵和他小队散兵 1 077 人，入住船桥前部的第 2 号舱、第 3 号舱内（即主船舱）中间二层甲板和底舱，大部分皇家苏格兰团战俘安置在第 2 号底舱，斯图尔特带领密德萨斯团等战俘进入第 2 号舱二层住下。第 2 号舱的二层柜通往甲板须经由木制台阶，通往底舱则须依靠一条垂直晃荡的木梯，仅容一个人上下通行。问题是这条木梯既使是在最佳状况下也不好使用，以至于关键时刻木梯底部坏掉，影响了出逃速度。底舱空气本来就流通不畅，加之船行期间封舱断电，导致患病人数众多，无法攀援而上出舱。

第 2 号舱、第 3 号舱的二层甲板合计长约 100 英尺，宽约 56 英尺，高约 9 英尺；两个底舱合计长约 100 英尺，宽约 56 英尺，高约 23 英尺；这是同一底舱的延续，有两个舱口开口通向这个底舱。通过上下层高度对比可知，上层可以站直身板，下层只能弯腰曲膝了，所有的二层材料都有粗糙的圆木组成。以往战俘们搞混了船舱，将第 2 号舱、第 3 号舱误以为是第 2 号舱，第 4 舱误以为是第 3 号舱，即战俘

① 《经田茂在香港军事审判法庭被询问答辩》，1946 年 11 月 13 日。载《香港军事法庭审判经田茂记录》，第 263 页、第 268 页。

② 《证人伊文思在香港军事法庭审判经田茂证词》，1946 年 10 月 31 日。载《香港军事法庭审判经田茂记录》，第 159 页。

们只入驻前3个舱，没有第4号舱的概念。

由彼特少校指挥的皇家炮兵团355人入驻第4号舱，使用船桥下空间和二层甲板，再往底下是备用煤舱，底舱没有煤时，可以存入货物，这时未放任何物资。4号舱二层甲板长约50英尺，宽约56英尺，高约9英尺。其上便是日军军官和士兵的房间，位于一层甲板之上，再往上便是船桥了。

第6号舱和第7号舱的底部装满了货物和沙子，只使用中间二层甲板部分，给日军官兵入驻。部分底舱装填沙子，容积达到底舱的三分之一，用作压舱物。

所有沙子都用麻袋装填，臭烘烘的，闻起来有腐烂蔬菜与尿液的味道，许多麻袋裂开了。

因第1号舱过于拥挤，已经塞满了人，遂分出十来个海军战俘挤进第2号舱。第3号舱也因人满为患，也临时分出一部分人挤进第2号舱。站在舱口清点人数的斯图尔特眼见第2号舱驻人太多，不时地抱怨着，却也无可奈何。如若没有那么多日军上船，战俘们入住环境相对宽松多了。

自10时30分登船至当日15时许，全部战俘登船完毕，各支部队均有相对独立活动区域，自行安排睡觉休息位置等事宜。

综合全船装载人员和货物分配情况：第1号舱二层住战俘，底舱装满了货物；第2号舱、第3号舱二层和底舱，全部入住战俘；第4号舱舰桥下面空间入住军官和卫兵，二层入住战俘；第6号舱、第7号舱二层入住部队，底舱均装满了货物，唯第5号舱不住人。所有二层甲板通往舱口的楼梯都有扶手，往下通往底舱的楼梯都没有扶手。

为最大限度地运送方便，前面3个船舱都分隔成两层，每层使用两排木头搭成。舰桥下面是餐厅，主要供给日军军官使用。每个船舱内空间非常狭窄，空气混浊闷热，异味难闻。大部分人身着汗衫、短裤，所有人都是肩并肩地拥挤坐在一起，根本就不能同时躺下来休息，如果谁想躺下来就必须将腿放到别人身上才行。尤其是许多人患有痢疾、白喉、脚气病，自登船第一天起，便发生了腹泻严重现象，病人被卫兵安置在厕所附近的井型甲板上，夜晚则较冷。这种不通风的船舱塞入了密集人群，混浊空气使人无法入睡。可以想象到，这样连自由呼吸都颇觉困难的生存空间，还要在海上连续颠簸航行6天时间，战俘们的境遇是多么地残酷。另有大约10名伤病比较严重的战俘，有幸被安排在甲板上，至少不像舱内人们那样受罪。所以，幸存者将其比喻为"奴隶运输船"，并不为过。

当天16时至17时，和田秀男召集斯图尔特、豪威尔等在船上大会议室磋商，新森源一郎担任现场翻译。这次会议当场决定了几件事：

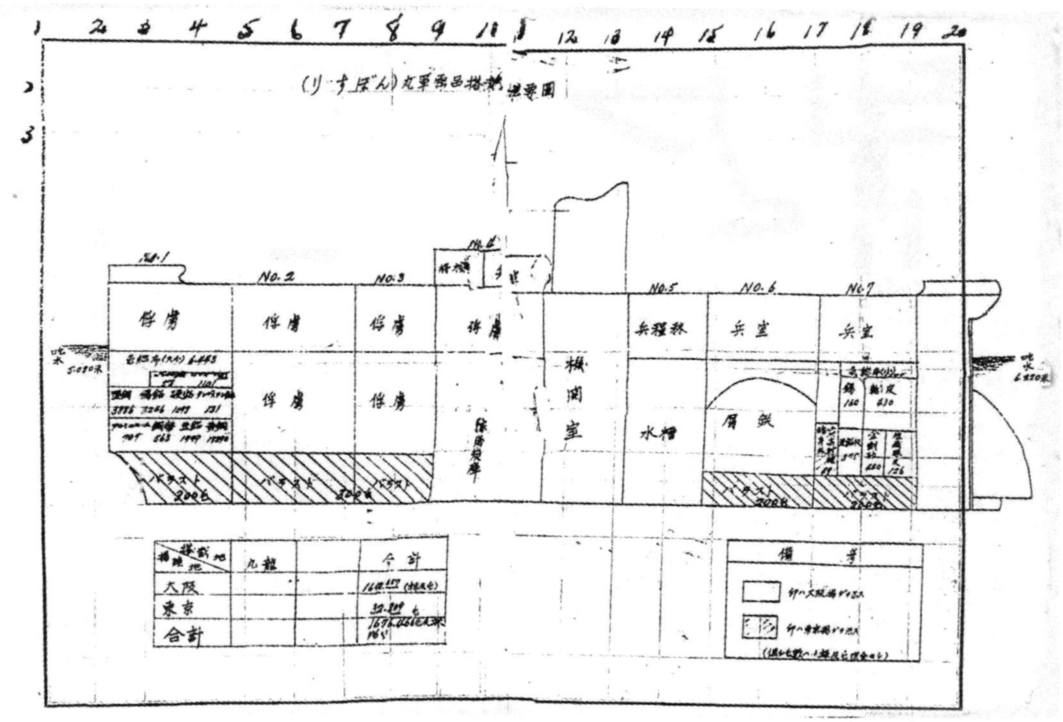

“里斯本丸”运载英军战俘和日军部队驻舱内部结构图

一是食物保管和分配工作分工，豪威尔负责组织人力购买食物携带上船[①]，卫兵小岛中士负责给战俘提供充足的给养；

二是抽出 40 名战俘专事烹煮这些食物，这 40 人佩戴红色臂章，他们可以自由地走动；

三是一次允许 400 人上到甲板放风 2 个小时，然后再换上 400 人轮流放风，按照日军指定的甲板范围走路绕圈；

四是战俘的水壶要灌满淡水，上午 10 时至 12 时，下午 2 时至 4 时，为灌水时间；

五是第 3 号船舱比第 2 号船舱更拥挤，和田秀男决定从第 3 号船舱转移大约 150 人到第 2 号船舱；

六是明确每个船舱都有救生衣，“应该给每个人保管，不能被用作枕头，而且

① 作者注：主要用于补充食物不足以及饮食习惯，如自备茶叶、咖啡、糖及其他食品等，系战俘自行采购备用。

救生圈的长绳不能剪断，或用作别的东西”[1]。

其后，类似战俘管理方面的问题，又开了几次这样的专题会议，布置诸如早点名、就餐、排队放风、休息等作息事项，另有一名战俘军官在旁边负责打字材料。

由于一些战俘的确患白喉病了，遂自动向警卫队报告病情，恐怕难以经受住远航颠簸折磨。因此在26日、27日（临开船之前）两天，这些患者陆续被送下船就医，未再返回船上。而患痢疾和腹泻者，则被带出底舱，暂时安置于甲板上通风。

9月26日下午，778名日本军人和乘客包括伤兵登船，入驻船尾第6号舱、第7号舱房间。在这些军人当中，约有150名军官，救生船主要配给他们的。入驻船尾第7号舱日军已知名字的有一等兵伊东锐藏以及寺四清次郎以及衫原实等，巧合的是，这3人在海难发生时，或者当场被砸死，或者跳海溺亡，或者失踪。与底层的英军俘虏沮丧情绪相比，也许是即将回国的缘故，日军官兵显得十分高兴，互相谈笑打趣。在接下来等候开船的两天之内，有近20名战俘因身体条件差被淘汰下船，至启航时总计1 816名英军战俘留在船上。最后留置船上的战俘数字，当时便多次出现在日本陆军省、外务省有关事项文件中，用来与英国方面进行交涉。

统计最初登船的战俘来自作战单位和人数，以及战后幸存自日本解救回家的人数是：

皇家苏格兰团第2营，登船373人，回家196人；

密德萨斯军团第1营，登船366人，回家158人；

皇家工程部队，登船172人，回家58人；

皇家信号部队，登船129人，回家59人；

皇家海军，登船379人，回家151人；

皇家炮兵团，登船380人，回家118人；

皇家医疗部队，登船22人，回家14人；

皇家军械部队，登船2人，回家2人；

皇家牙医部队，登船2人，回家0人；

皇家军事勤务部队，登船1人，回家1人；

皇家香港警察部队，登船5人，回家3人；

平民，登船5人，回家3人[2]。

总计初始登船1 836人，淘汰病弱20人，净剩1 816人，最终幸存活下来回家763人，一多半人死亡、失踪。这些逝去的青壮年英联邦军人，或病死在船上，或

① 《新森源一郎在香港审判法庭被询问答辩》，1946年11月18日。载《香港军事法庭审判经田茂记录》，第339页。

② 平民其中一人系香港邮政局员工，后来出现在香港军事法庭审判翻译新森源一郎的证人席上。

溺亡大海，或被折磨死于日本工厂、医院。可叹其人生，一大悲哀！

这里仍需指出英联邦军队官兵，既以英国人为主，又包括加拿大人、澳大利亚人、新西兰人等不同国籍的军人。在防守香港战斗时，他们一同作战，一块被俘，一起登船，可谓生死与共。

例如：幸存者澳大利亚人内维尔·卡瓦纳，皇家海军水兵，时年22岁，来自澳大利亚新南威尔士威尔拉沃林。据其回忆，除了他之外，还有3名澳大利亚军人同在船上，其中一人出事时溺亡。1946年1月17日，他的家乡举行隆重欢迎仪式，欢迎内维尔和当地其他参战军人回家。内维尔娶了当地的一个女孩，弗雷达·梅克登（Freda McCudden），这对夫妇在澳大利亚南部的阿德莱德（Adelaide）安了家。内维尔于1960年去世，年仅40岁。[①]

居住于澳大利亚昆士兰州图文巴（Toowoomba）的威廉·爱德华·考克斯，也经历了“里斯本丸”噩梦般的事件。

香港保卫战中来自加拿大籍官兵不少，成建制的部队就有（加拿大）温尼伯掷弹兵部队92人，皇家加拿大步兵队912人。已知的加拿大籍幸存战俘资料有一人：亨利·约瑟夫·埃弗拉德，皇家海军，二等水兵，1916年1月15日出生于加拿大纽芬兰岛东南阿瓦隆半岛北部城市圣约翰斯，系纽芬兰省的首府及最大城市、重要港口，后加入英国国籍。1941年12月25日，埃弗拉德在香港被俘，关押在深水埗集中营，1942年9月25日登上“里斯本丸”，1945年9月8日在日本大阪集中营获释回国。

仍然健在仅剩几名幸存者之一的威廉·贝南菲尔德（William Beningfield），1920年英国出生，现居住在加拿大不列颠哥伦比亚省魁斯内尔镇。

另如：已知的新西兰籍战俘资料有3人，他们分别是一生两死：

约翰·亚瑟（John Arthur），1922年3月25日出生于新西兰奥塔戈区的首府但尼丁（Dunedin），新西兰皇家志愿预备队电报员。1941年12月25日，亚瑟在香港被俘，关押在深水埗集中营，1942年9月25日登上“里斯本丸”，1945年9月8日在日本大阪集中营获释回国。

罗斯·勒纳伯格（Ross Lenneberg），新西兰皇家海军二等水兵。1941年12月25日，勒纳伯格在香港被俘，关押在深水埗集中营，1942年9月25日登上“里斯本丸”，生死不明。

默多·斯图尔特（Murdo Stewart），1920年10月11日出生于新西兰旺加努伊地区马顿岛（Isle of Marton），新西兰皇家海军二等水兵。1942年12月25日，斯图尔

① 海上无线电历史协会：《时事通信》，2014年2月出刊。

幸存者，澳大利亚人内维尔·卡瓦纳

特在香港被俘，关押在深水埗集中营，1942 年 9 月 25 日登上“里斯本丸”，9 月 28 日在船上病死，遗体随船沉没消失。

上述所举诸人事例，在于证实战俘系英联邦多国籍人士组成。

所有登船人员入驻舱位，均由港口船舶运输司令局排定，亦即“决定的权利是登船办公室”，“登船办公室是负责军队和货物的运输，也管理海员”[①]。具体地说，该机构负责往来进出港口运输船只货物、航线安排，以及船舶设备维护等，包括船上的客货容量、卫生设备、食物配给、急救装备、淡水供应、救济设施。按照经田茂船长的估算说法，“里斯本丸”最多可以承载 300 名军人、700 名战俘，合计 1 000 人，结果却大大超出 1 600 多人，实乃人满为患。如此导致所有战俘入驻的底舱都非常拥挤，尤其是船舶水线以下部分住人，极为不利于人的身体健康，哪怕是连续数天的海上航行，能够确保新鲜空气顺畅流通绝非易事，而后来发生的主要问

① 《经田茂在香港军事审判法庭被询问答辩》，1946 年 11 月 13 日。载《香港军事法庭审判经田茂记录》，第 264 页。

题恰恰就出现在这方面。

**“里斯本丸”装载人员和货物位置表**

<table>
<tr><td rowspan="2">1</td><td rowspan="2">2</td><td rowspan="2">3</td><td colspan="2">4</td><td rowspan="2">5</td><td rowspan="2">6</td><td rowspan="2" colspan="4">7</td></tr>
<tr><td>军官房间</td><td>士兵房间</td></tr>
<tr><td>俘虏</td><td>俘虏</td><td>俘虏</td><td colspan="2">俘虏</td><td>粮草</td><td>士兵房间</td><td colspan="4">士兵房间</td></tr>
<tr><td>五彩棉布（大小）</td><td rowspan="3">俘虏</td><td rowspan="3">俘虏</td><td rowspan="4">预备炭库</td><td rowspan="4">机舱</td><td rowspan="4">水槽</td><td rowspan="3">铁屑</td><td rowspan="2"></td><td colspan="3">五彩棉布（小）</td></tr>
<tr><td>型铜 锡锆 硬铅 钨矿</td><td>锡</td><td colspan="2">干皮</td></tr>
<tr><td>青铜铝 铜币 亚铅 黄铜</td><td>五英寸高射炮</td><td>亚铅板</td><td>金箔</td><td>盐腌猪皮</td></tr>
<tr><td>压舱物</td><td>压舱物</td><td>压舱物</td><td>压舱物</td><td colspan="4">压舱物</td></tr>
</table>

转引自［日］矢野美年：《“里斯本丸”事故始末报告》，1942年10月。见《香港军事法庭审判经田茂记录》，第533页。

另需说明的是，船上2 000多人的食物供给，“是船舶的事务长，但实际分配食物的是主厨”，“船长是首要负责人”①。每个底舱各指定几名战俘帮厨，负责将食物放到甲板上和底舱内，分发战俘食用。至于卫生及其监督工作，则没有专门的管理人员去做，难以想象如此密集封闭的底舱，如果一旦暴发流行疫情，后果将非常可怕。由于船体本身结构的原因，原系运输货物的船只被改装成运兵船，关键的通风设备显得格外重要，直接关系到战俘群体的生存状况，而直接负责通风设备的管理人员则是船上的大副。当然，前面已经介绍过，日方允许战俘们自己采购一些食物和饮品上船，专门留作自用，以满足西方人生活习惯需要。

为基本保障安全运送战俘以备发生沉船时自救，该船管理人员虽然采取了一些必要措施，却未配备专职军医和足够的医药品，仅仅预备了一些简单的数量很少的医疗药品和器械等，例如，甲氧甲酚和石炭酸（消毒剂）以及一些人力喷雾器，且利用战俘中医务人员近距离观察舱内情况，实施简单救护。这样做极其不负责任，简直视众多战俘如同儿戏，可以说灾难是致命的。据日军翻译新森源一郎回忆：战俘中“有大约48名医疗看护人”（作者注：算上牙医，只有24名医务人员，所以

① 《证人荒木枢在香港军事法庭审判经田茂的证词》，1946年10月28日。载《香港军事法庭审判经田茂记录》，第92页。

新森源一郎说法不准。)，其中只有五六名医生；警卫队有2名医务兵[1]。船上预备了足够数量的救生衣（亦称救生带），基本上人均一件，但分配到战俘手中则不足数，达不到人均一件，实质也未一对一的发放救生衣，干脆堆积船舱内。如第2号“舱内的救生带只够一半人使用”，并且“是成堆的堆积在一起”[2]。起初船上准备的救生设备严重不足，经由船长经田茂向船舶运输司令部交涉，最后“拿到2 700个救生衣，够所有人使用。这些救生衣是新的而且质量很好，它们是军队装备的一部分”，再加上“4艘救生船和6艘救生艇”[3]，实则为4艘救生艇、2艘小舢板、6艘木筏、2 700件救生衣，全部救生设备就这些了。救生艇、救生筏、救生衣是由九龙修船所制造的，大副事先订购数量，二副到船厂全部领回，将救生艇固定在甲板上。另在甲板两侧各有一艘小舢板，固定于吊艇柱上，便于能摆动并降入海中，每只舢板总长度12英尺左右，最宽的空间也就3英尺或4英尺，大约可容纳10个人左右。救生筏也置于救生艇附近的甲板上，相互交叉用绳子拴在一起。23日，大批救生衣搬运上船后，由大副负责验收保管并依次分配这些救生衣，先分给船员每人一件，尔后将其交给率领日军部队登船回国的指挥官杉山中尉分配，再将战俘们的救生衣交给和田秀男分配。24日下午，和田秀男登船协商时，大副即把战俘的救生衣交给他分配。次日战俘们上船时，和田秀男并没有当场按照人均发放，而是随意堆放在角落里、二层柜子上，任凭战俘随便取走或者当作枕头使用。因突发海难，加之随船负责看守的日军蓄意要置战俘们于死地，迫使未有丝毫思想准备的战俘集体逃生，绝大多数人未能穿戴上救生衣，许多体质虚弱的人因此淹死于茫茫大海。

这里特别说明：整条船上的指挥官为杉山中尉，负责统一调度全船人员；负责战俘管理的指挥官为和田秀男少尉，有权决定战俘任何起居行为；船长经田茂则负责掌握安全航行及全体船员操作管理。

700多名日军官兵登船当天，日军香港运输司令局即通知经田茂船长，命令“里斯本丸”于27日早8时出港，开往目的地日本的宇品港（今广岛港）、东京等地，连同大致航线一并下达之，却未明细规定之。

还有一个细节有必要提一下，即英国驻东非塞舌尔群岛前总督兼总司令塞尔温（Sir Selwyn Selwyn-Clarke）这时也在香港。他了解到日本人即将从深水埗把战俘们

---

① 《新森源一郎在香港军事审判法庭被询问答辩》，1946年11月18日。载《香港军事法庭审判经田茂记录》，第338页。

② 《证人汉密尔顿在香港军事法庭审讯经田茂的证词》，1946年11月3日。载《香港军事法庭审判经田茂记录》，第215页。

③ 《经田茂在香港军事审判法庭被询问答辩》，1946年11月13日。载《香港军事法庭审判经田茂记录》，第264页。

押送至日本，因而他曾试图将“里斯本丸”的具体航行日期和路线提供给美国军方，以确保其安全通过。这在他的回忆录中写道：“我曾见过日本船舶为了修复因美国船舶或飞机所造成的损坏而进入香港港口，所以我决定通过我们自己，设法把‘里斯本丸’——战俘运输船的详细情况以及开船日期告知美国司令部，以确保这艘船不受攻击，这是我的职责范围内。以前我在澳门传递信息，以争取获得国际红十字会在香港的代表权时，我使用了秘密通信手段。现在，我进行了第二次，也是最后一次尝试，使用同样的路线，但可惜这次没有成功。”① 尽管此事未成，毕竟“里斯本丸”塞满了这么多英联邦战俘，当然引起人们的牵挂。

9 月 27 日上午 8 时 10 分，“里斯本丸”搭载着 77 名船员、778 名日本军人和乘客、1 816 名英联邦军队战俘、26 名警卫队以及 1 676 余吨货物，以船首吃水深度 5.30 米，船尾吃水深度 6.10 米过关，正式离开香港启航北上。初始拟朝着东北方向，沿福建、浙江海岸线单独驶往上海以东海面之后，再折往朝鲜的济州岛北面航行，目的地是日本九州的门司港（今福冈县东北部港口，区内联通火车）、经田港、宇品港，最后抵达竹子岛②。船行台湾海峡和东海海域，尽量靠着海岸航行，防备盟军潜艇袭击。实际上这次出航也有其他船只，属于一队船团同行，虽有少量护卫舰艇，只不过是间接护送，“里斯本丸”则单独航行。离港之前，“里斯本丸”并未接收到日本陆军港务局有关航线的明确细致指示，所以出港之后的航行路线全由船长经田茂一个人决定，偏偏此人患病了，而且病得不轻。

总之，“里斯本丸”在人员严重超载、救生设备严重不足的情况下驶向大海，命运叵测。

当日下午 4 时多，“里斯本丸”通过大星簪岩西南偏南 6 英里海域，傍晚采取“之”字形行船走法。28 日，“里斯本丸”顺利通过东引岛灯塔，30 日通过北鱼山岛灯塔。在前 4 天航行途中基本平安无事，天气也很好。战俘们每天两顿饭，包括米饭、一点罐头牛肉、少量蔬菜等，在船上吃到的食物较之深水埗集中营待遇确实稍好一些。早餐供应米饭和加了糖的茶水，晚餐增加点罐头牛肉、一小勺蔬菜，白天分发一点香烟，③ 上午 9 时许排队装满一小瓶淡水，维持全天饮水需要。这种装淡水的瓶子，系英军配备的物品，几乎人人都有。因缺乏淡水，每天只能用海水清

① 塞尔温-克拉克：《足迹：塞尔温-克拉克之塞尔温先生的回忆录》（Sir Selwyn Selwyn-Clarke），香港，中美出版有限公司，1975 年出版。转引自安德鲁 · 萨尔曼　克里斯汀 · 亨德森：《记住我的面孔——“里斯本丸”沉船的真实故事》，1997 年。

② 竹ノ子島（たけのこじま）は、山口県下関市の南西端にある島。中文中无此地名的定译，暂且称为竹子岛，位于山口县下关市西南端。

③ ［英］杰弗里 · 卡佐 · 汉密尔顿著：《“里斯本丸”的沉没》，香港绿塔出版社 1966 年印制。

洗自己的餐具。关押战俘的船舱底部仿佛变成人间地狱，混浊的汗臭味和排泄物，以及晕船令人难以忍受，日军不得不允许战俘们分组（每舱 50 人）轮流上到甲板透气、上厕所。战俘们以小组为单位上甲板放风时争先恐后如厕，厕所就搭建在甲板的右舷侧面，为一排悬空的小木棚，供 2 000 多人使用。如第 1 号舱～第 3 号舱战俘使用前排 8 个厕所。船舱内规定不得抽烟，战俘们可以借放风之际到甲板上吸烟放松。每当这时，同样放风的日军官兵会故意把烟头丢弃在甲板上，看着战俘们争抢烟头，开心地哈哈大笑，嘲弄起战俘来。

值得一提的是，船行次日即发生了“登革热”① 等疾病的流行，船长经田茂和二副、三副等人也未能幸免。鉴于在狭窄的空间，人群密集发生各种疾病，随船战俘医务人员尽力使用仅有的抗生素治疗病人，无奈杯水车薪，在旁束手无策干着急。

经田茂于开船的当天下午便患“登革热”病，除了拍板决策改变航线之外，大部分时间只能委身于船长室内沙发上，懒懒散散地昏睡着，浑身无力支撑。

由于人群拥挤密度过大，仍有人熬不住而不幸病故。如隶属于皇家信号兵连队的军士长威格泽尔染病之初，还组织周围战友采取互助措施，没挺多久便死去了。更困难的是，分给战俘们的饮用淡水很少，也未实行配给。由此可见船上战俘们的命运悲惨程度，以至于多年后生存下来的英军官兵对船上每一个生活细节仍记忆犹新，可谓刻骨铭心。

现在有一种说法，如果“里斯本丸”一直靠大陆海岸线航行的话，也许就不会遭遇设伏的美军潜艇，至少能逃过一劫。但 9 月 30 日晚间下了一场大雨，迫使“里斯本丸”为避开离岸不远的岛礁不得不远离海岸航行，顶风冒雨驶向外海。是日晚 8 时许，“里斯本丸”驶过北鱼山岛灯塔东南约 7 英里海域，正值暴雨骤至，海面浊浪翻滚，周围能见度极差。此刻，船长经田茂患有“登革热”病情加重，持续高烧使他难以继续在驾驶室指挥。考虑到近海岸地形复杂、海面能见度低、值班的二副荒木枢眼睛近视等综合因素，经田茂船长遂决定暂时驶离海岸航行，待次日天明涨潮后，再靠近岸航行，且以每小时 3 英里的航速驶离该片海域。10 月 1 日凌晨 2 时 45 分，当“里斯本丸”驶抵东汀岛 8 英里海域，用肉眼能看到东汀岛灯光，经田茂船长决定改变路线，向东航行，前往浙江省舟山群岛以东外侧，调整罗盘东偏北 60 度，随后便自行离开了驾驶室，第一次下到船长室休息。这时的二副荒木枢也患了“登革热”，三副患有轻微一些“登革热”但不是很严重。

10 月 1 日晨 5 时 42 分，“里斯本丸”航行了 27 海里之后，又将罗盘变更为东

---

① 登革热，是登革病毒经蚊媒传播引起的急性虫媒传染病，登革病毒感染后可导致隐性感染、登革热、登革出血热。典型临床表现为起病急骤，高热，头痛，肌肉和骨关节剧烈酸痛，甚至出现皮疹、出血倾向、淋巴结肿大、白细胞计数减少、血小板减少等症状。

偏北 10 度。此时，“里斯本丸”径直向北，已经驶入浙江省定海县东部海域，拟经朝鲜半岛南部的济州岛附近北上日本九州。早晨 7 时之前，像往常一样，战俘们准备点名过后用早餐，早起的战俘上到甲板如厕及喝水。和田秀男和翻译官新森源一朗下到各个舱口例行点名，各个带队军官当面汇报。经田茂并未完全睡着，仅仅打了个盹，待清醒过来时已经“错过了命令大副进行曲折航行的机会。我觉得如果进行了曲折航行，我们应该可以避免鱼雷的攻击，我深感责任重大。”① 阴差阳错之中，就好像一定会出大事似的。实际打开东海海图，舟山群岛以东最外侧一大片海域一直到朝鲜的济州岛附近，基本没有什么像样的成群岛屿或者岛链可以用作掩护，几条纵横国际航线正当其冲，非常适合潜水艇埋伏，无论“里斯本丸”规避与否，迟早都会撞上美军潜艇的。所以，经田茂的事后想法并不符合实际情况。

① 《经田茂在香港军事法庭审判被询问答辩》，1946 年 11 月 14 日。载《香港军事法庭审判经田茂记录》，第 294 页。

# 四、美军潜艇“鲈鱼”号出击，“里斯本丸”损伤严重

自从1941年10月太平洋战争爆发之后，美国太平洋舰队潜艇部队配合水面舰艇作战的同时，还分散潜入各个战区海域，放胆靠前袭击日本商船队，给其造成恐慌。“鲈鱼”号潜艇正是在这种交战背景下，潜行至中国东海活动，偶然发现并当场重伤“里斯本丸”的。

日本军队自偷袭珍珠港得手起，即凭借海空军优势，采取速战速决战法，接连不断地攻占了香港、缅甸、新加坡、马来西亚、菲律宾等地，控制了印度洋大部分、南中国海、中国东海的制海权，形成了日本本土防卫圈。美国海空军虽然一度处于劣势，仍旧积极反击，尽力扭转被动局面。

1942年4月18日，詹姆斯·杜立特中校率领16架B-25型中程轰炸机从“大黄蜂”号航空母舰上起飞，首次空袭东京，炸毁了90余座房屋建筑物，予日本国民心理沉重的打击。杜立特中队完成任务后继续飞行，15架轰炸机飞至中国迫降，另1架在苏联境内降落。5月7日，日美双方在珊瑚海海战中几乎打成平局。6月，美军取得中途岛海战胜利，恢复了太平洋上美日海军力量大体平衡的态势。尔后盟军开始在新几内亚进行反击，在争夺所罗门群岛的瓜达尔卡纳尔岛血战中全胜，扭转了太平洋总体局势。正是在这种战争角色相互转换的背景下，美军太平洋舰队潜艇纷纷向日本海、中国东海渗透，频繁出没于日本后方航线，袭扰、打击日本船队，牵扯日军“南进战略”。

1942年8月28日，隶属于美国太平洋舰队潜艇部队第81分队的“鲈鱼”号潜艇，由海军上尉R·R·麦克格雷格尔指挥，离开珍珠港基地执行第二次海上巡逻任务，奉命前往中国东海海域。有关该潜艇的基本参数是：排水量，水面1 526吨，水底2 424吨；吃水深度16英尺10英寸；航速，水面20节，水底9节；艇长，311英尺。武器装备：1门舰炮，备弹50发；6具船首鱼雷管，4具船尾鱼雷管，携带24枚21英寸鱼雷。动力装置为水下使用电力发动机，水面采用柴油机推进。定员80人。“鲈鱼”号潜艇属于“小鲨鱼”级别，由美国康涅狄格州格洛顿市电子船舶公司制造，赞助人艾伯特F·丘奇夫人（海军少将丘奇的夫人）。1940年12月28日，该艇实施龙骨安放。1941年10月27日，丘奇夫人随同“鲈鱼”号下水。1942年2月12日，“鲈鱼”号潜艇在新伦敦正式服役，指挥官为海军上尉C·E·杜克。

“鲈鱼”号潜艇在长岛湾试航之后，于3月30日前往夏威夷州珍珠港，编入太平洋舰队潜艇部队第81分队，即被派往中途岛参加防御，经受了初上战场的考验。6月12日，“鲈鱼”号潜艇在中途岛接受补给后，奉命出海进行第一次远程作战巡逻。25日，在日本南方的小笠原群岛以东海域（北纬28.46°，东经136.36°），“鲈鱼”号潜艇发射鱼雷击伤了日本“第三都南丸”油船。7月30日，“鲈鱼”号潜艇结束首次远程作战巡逻任务，安全返回珍珠港整补。

9月21日，“鲈鱼”号潜艇在中国东海（北纬31.18°，东经123.27°）发射鱼雷，一举击沉了日本“托恩丸”4 070吨商船，是为该潜艇首次击沉敌方船只。值得注意的是，仅仅过了10天，“鲈鱼”号也是在这一片海域击中了日本运输船“里斯本丸”，并最终导致其沉没，是为该潜艇第三次击沉或重伤敌方船只。

9月30日晚，“鲈鱼”号潜艇潜伏在上海南部海域侦察，是夜明月当空，海面清晰度较好，十分便利观察分辨敌对舰船。自太平洋战争爆发，日本陆海空军与美英等国盟军作战可谓节节胜利，迫使盟军逐步远离中国东海、南海，这一大片海域对日本来看是相当安全的，几乎如同自家后院的“池塘”。因此，美海军“鲈鱼”号潜艇独自悄无声息地溜至该片海域隐蔽起来，能捕捉到战机的概率也就比较大。10月1日凌晨4时许，“鲈鱼”号潜艇发现了“里斯本丸”及9艘小舢板，迅即判明对方为敌国船只，唯不知晓舱内装满盟军战俘。但是潜艇指挥官麦格雷戈认为即刻发动攻击“里斯本丸”，月光实在太亮，恐对己不利，遂决定减慢潜艇速度，锁定目标，与其保持一定距离，密切监控“里斯本丸”动向。于是“鲈鱼”号潜艇继续潜入海中，以4 000码的低速前行，超过两艘渔船，驶往“里斯本丸”前方预定水域守候等待天明。天亮后约在早晨6时多，“里斯本丸”突然调转了50度改变航向，“鲈鱼”号潜艇及时发现情况有变，立即潜入水下准备发起攻击。7时04分，“鲈鱼”号潜艇在最近的3 200度位置，近距离连续发射了3枚Mark 14型号鱼雷：

7时10分，第1枚鱼雷冲到右舷船首70度方向约300米距离处，才被船桥上右侧瞭望员发现了踪迹，想要船舵右转避开鱼雷攻击，但已经来不及了。这枚鱼雷冲向了本船舰机舱附近的位置，击中了船只右舷，也就是机舱室，幸运的是鱼雷并未发生爆炸，因而没有造成任何伤亡，“里斯本丸”仍继续行驶。

紧接着第2枚鱼雷、第3枚鱼雷从同一方向朝着右船头射去，驾驶员快速向右转弯，仍未击中。

第4枚鱼雷也冲向右舷船首30度方向，在约1 200米距离处被发现鱼雷踪迹，船舵立即右转。7时25分，该枚鱼雷命中船尾右舷附近爆炸，当时鱼雷踪迹与船首构成角度约10度。“里斯本丸”上响起了巨大的爆炸声，船尾右舷推进器附近被鱼雷击中，随即向右转50度突然停止前进，正在船尾操作的4名船员负伤，安置于船尾的火炮亦严重损伤。由于“隧道”机舱进水、船舵破损而无法航行，其后船首朝着东南方向漂流。因船尾被炸开了洞，大量海水立刻涌入第6号底舱、第7号底舱，注满后流向锅炉室、常备煤库等处，继之预备煤库和装满战俘的第4号舱也开始涌进了海水。

“鲈鱼”号潜艇当即抵近通过潜望镜观察情况，紧接着将正弦转向调整至“里斯本丸”的右舷，准备再次发动攻击。“里斯本丸”因遭数次鱼雷攻击，已不能正常行驶，向东南漂流

“里斯本丸”突遭美军潜艇袭击，先是挂出一面类似不要伤害它的旗帜，继之前甲板上武装日军向潜艇开枪发炮射击，“大约有百发炮弹以打击敌人的士气为目标”①。由于船尾火炮受损，只能使用船头火炮时不时地向大致方向射击，实际发射了98发炮弹，虽然盲目射击对潜艇构不成多大威胁，但至少表明日军已从最初的遭受打击下反应过来。若不是安装了这门火炮，恐怕“里斯本丸”早已被击沉。

8时45分，“鲈鱼”号潜艇瞄准船只右舷发射第5枚鱼雷，很快擦过了船体中央的底部，并没有对船只造成很大损害，即是没有打中。“鲈鱼”号潜艇旋即做好0度回转、80度轨迹，在1 000码之间进攻的准备。正当“鲈鱼”号潜艇在水下6英尺处调整好位置，准备发射第6枚鱼雷时，“里斯本丸”恰好向右边轻微地倾斜一下，躲过“鲈鱼”号潜艇鱼雷预定攻击线路。“鲈鱼”号潜艇不得不再次调整位置，开到“里斯本丸”的舷窗边，拟向船尾部发射鱼雷。

9时37分，“鲈鱼”号潜艇在180度回转、80度轨迹、1 000码之间的水平面开火，发射出第6枚鱼雷，直奔船体中部的左舷飞去。前甲板上的炮手发现后立即开炮，在距船只一二百米处将鱼雷击落，鱼雷当即爆炸。

“鲈鱼”号潜艇发射出6枚鱼雷，重创“里斯本丸”船尾，使其丧失了继续航行的动力。这时，日本空军一架轻型轰炸机赶到出事地点上空，接连向疑是潜艇位置投掷深水炸弹约半少时，迫使“鲈鱼”号潜艇立刻潜入海中100英尺躲藏，并未远远离开这片海域，继续寻找战机。

此时“里斯本丸”所处地理位置为中国东海舟山群岛的东福山岛以东大约25英里，即是东经123°13′、北纬30°17′。

由于“里斯本丸”自出事后，日军舰和飞机相继赶到事发地点增援，“鲈鱼”号潜艇虽然一整天蛰伏在周围海域观望寻找战机，但苦于日海空军干扰，只能潜伏不敢再有动作。直至19时05分，趁海面能见度变差，“鲈鱼”号潜艇才浮出水面，

① 《经田茂在香港军事法庭审讯的辩词》，1946年11月13日。载《香港军事法庭审判经田茂记录》，第273页。

尔后急速驶离该片海域。从"里斯本丸"被炸表面上损失状况来看，起初船体并未左右摇摆，上午9时开始略为向左舷倾斜5度，11时船体再次恢复平衡。一整天，"里斯本丸"呆立海中等待救援。

10月9日，"鲈鱼"号潜艇返回珍珠港，顺利结束第2次远程作战巡逻任务。在这次远航巡战中，"鲈鱼"号潜艇共计击沉2艘日本货船，起到了干扰破坏日军海上航运的作用。

顺便介绍"鲈鱼"号潜艇的最终命运。"鲈鱼"号休整约1个月之后，于11月12日离开珍珠港，实施第3次远航作战巡逻行动，时间4个月，主要活动海域为所罗门群岛。12月17日，"鲈鱼"号潜艇在所罗门群岛的布卡岛亨盘角海域发射鱼雷，击沉运送日军增援部队的客货轮船"万隆丸"（4 003吨）。31日，"鲈鱼"号潜艇抵达澳大利亚的布里斯班靠岸，结束了此次巡逻作战。1943年1月21日至3月18日，"鲈鱼"号潜艇第4次出海巡逻，在所罗门群岛的新不列颠岛海域活动，实施了几次小规模的行动，但无大的建树返回珍珠港。尔后连续3次出海巡逻，仍无战果。"鲈鱼"号潜艇第8次巡逻任务结束之后，遂即奉命开回本国进行大修，于10月19日驶抵旧金山。1944年1月7日，"鲈鱼"号潜艇大修基本完毕又开抵珍珠港，指挥官换上海军上尉F·H·瓦里格，潜艇在此进行检修。5月22日，"鲈鱼"号开始了第9次出海巡逻作战。6月24日，在日本横须贺以南海域（北纬34.45°，东经139.30°），"鲈鱼"号潜艇发射鱼雷击沉了日本运输船"熊之山丸"（2 857吨），这是该艇最后一次击沉敌船。接着进行的第10次、第11次、第12次巡逻作战，"鲈鱼"号潜艇均未捕捉到目标，无功而返。1945年4月26日，"鲈鱼"号潜艇完成第12次出海巡逻任务之后回到珍珠港修理。此后直至战争结束，"鲈鱼"号潜艇也无多大作为，因其在第二次世界大战中的表现，获得10颗战争之星。1950年3月5日至1951年1月2日，"鲈鱼"号潜艇在加利福尼亚州瓦莱约市迈里岛船坞改装成"猎杀者"潜艇，重新编号为SSK—214。1958年5月17日，"鲈鱼"号潜艇又被重新划分级别为辅助潜艇AGSS—214。

1968年12月2日，"鲈鱼"号潜艇正式退役，艇上装备全部拆除。1970年8月11日，该艘潜艇被出售或肢解，最后完成了其历史使命。

# 五、日本海军第13炮舰队赶到救援，拖航“里斯本丸”

驻防舟山群岛并负责警戒该片海域的日本海军作战单位，系隶属于支那方面舰队上海方面根据地队第6警戒队，以原第13炮舰队组成。“里斯本丸”出事之后，也是该舰队派出10艘舰船陆续赶到现场营救，一路伴随“里斯本丸”始终。一同参与救助的还有第1警戒队、第7警戒队、第8警戒队以及航空队，每支警戒队所辖舰艇数量基本相同，统归第6警戒队指挥，主要担任该片海域对潜艇搜索及海面警戒任务。如此看来，驻上海的日本海军一昼夜派遣几十艘舰艇赶到出事海域，一边扩大范围警戒，一边仔细搜索四散漂流俘虏。

第13炮舰队组建时间不长，几乎一半舰艇改装自货船，但颇有些来头。

1938年10月22日，日本横须贺镇守府组成特设炮舰队，番号第3炮舰队，舰队司令为畠山耕一郎大佐。1939年2月5日，舰队司令为秋山胜三大佐。10月5日，舰队司令为福田贞三郎大佐。

第3炮舰队初始下辖“正生丸”“百福丸”两艘炮艇。

“正生丸”原属兵库县尼崎轮船部货运船（尼崎毗邻大阪、神户），尼崎造船所1929年4月25日下水，1938年10月6日被海军省征用。22日，成为横须贺镇守府所管新编特设炮舰一员，舰长户川预备中尉。1939年11月15日，第3炮舰队改称为第13炮舰队。1941年10月15日，第13炮舰队编入支那方面舰队上海方面根据地队。11月21日，授予“正生丸”简称第133号炮舰。1944年7月8日，“正生丸”停泊于日本千叶县之馆山的海军航空基地。12月4日，“正生丸”远距离驶抵小笠原群岛的主岛父岛停泊，支援日本守军。12月20日，“正生丸”抵达塞班岛，刚一进港时（北纬13°32′，东经144°36′），突然遭受美国潜水艇（SS236）“银边”号发射的鱼雷轰炸而沉没。1945年3月10日，日本海军省解除征用的同时将“正生丸”除籍。

“百福丸”原属兵库县尼崎轮船部货运船，原田造船所1928年4月10日下水，8月竣工。

1937年9月9日，“百福丸”被海军省征用。1938年10月22日，“百福丸”与“正生丸”新编成第3炮舰队。后隶属于第13炮舰队、支那方面舰队上海方面根据地队。11月21日，授予“百福丸”简称第134号炮舰。1943年6月1日，改为横须贺镇守府所管特设的运输船（杂用船乙），6月10日至7月23日在横须贺海军工厂重新装备后调配至海军省。1944年6月22日，“百福丸”自横滨港出港后编入3 622船队，6月24日至7月7日在伊豆群岛的八丈岛中途停泊，之后往父岛方向航行支援那里的守军。7月30日，在小笠原群岛之聟岛（又称婿岛）西北80千米（28°20′N/141°23′E），突然遭受美国潜水艇（SS390）“比目鱼”号发射的两枚鱼雷攻击，“百福丸”最终沉没。同年8月10日，海军省解除征用并将“百福丸”除籍。

第3艘加入横须贺镇守府所管第3特设炮舰队的是“京畿丸”。1938年11月5日，“京畿丸”正式入编，不到一年便调出序列。

第4艘加入横须贺镇守府所管第3特设炮舰队的是“丰国丸”。1939年9月15日，“丰国丸”替换“京畿丸”入列。“丰国丸”也是货船改装的，由横滨市最东端的鹤见制铁造船所按照340番船（样式），于1936年8月9日开工，12月3日下水，29日竣工。1939年9月12日，“丰国丸”被海军省征用，15日编入第3炮舰队。1941年11月21日，授予“丰国丸”简称第131号炮舰。

1939年11月15日，第3炮舰队改称第13炮舰队，旋即调往中国战场。1941年10月15日，第13炮舰队编入支那方面舰队上海方面根据地队第6警戒队，主要担负长江下游之吴淞、崇明以迄长江，“从北纬33°至北纬29°30′的”① 中国大陆沿海防务战事，掩护海上交通运输航路，主要航路的扫雷、水路引导，封锁大陆中国，舰队司令万膳三雄大佐。1942年，舰队司令为矢野美年大佐。至“里斯本丸”事件发生时，舰队战斗序列及其各级指挥官如下：

第6警戒队兼第13炮舰队司令矢野美年大佐，以“丰国丸”炮舰为旗舰。司令部主要人员计有：机关长饭沼梅藏少佐，军医长佐藤忠久大尉，凿口静男中尉，主计长志义智中尉，副机关长河村百合人。

“丰国丸”炮舰，编号第131号，舰长兼分队长铃木清四郎准大尉，炮长船山丰曹长，参谋岩井勇一曹长。

“第十云海丸”炮舰，编号第132号，炮舰舰长兼分队长中村贞彦准大尉，炮长加藤贞三曹长，参谋大久保水曹长。“第十云海丸”，原属中村轮船货船。1941年8月22日，舰长为简章中村贞彦预备大尉。1944年7月14日，“第十云海丸”搭载1440小型器材类从馆山出港后，跟随所属3714船队向硫磺岛航行支援。17日23时左右，航行至父岛西北约280千米（28°58′N/139°04′E），遭受到美国潜水艇

① 参见日本海军第13炮舰队：《第13炮舰队战时日志》，1942年10月1日至31日，第13炮舰队机密第16号。

(SS245)发射的鱼雷攻击沉没，船员死亡 19 名。

“正生丸”炮舰，编号第 133 号，炮舰舰长兼分队长屿田末次准大尉，炮长源伍曹长，参谋鸭田胜二曹长。

“百福丸”炮舰，编号第 134 号，炮舰舰长兼分队长赤木毅准大尉，炮长菅原福松曹长，参谋小林冉曹长。

“栗”驱逐舰，舰长米井恒雄大尉（1942 年 9 月 15 日接任）。该舰系枞级驱逐舰（日语：枞型驱逐舰），是日本帝国海军所建造的二等驱逐舰，同型舰共有 21 艘。枞级建造数量众多，在建成后曾经长期充当第 1 舰队（战舰部队）的护卫任务。但因为建成时代较早，在第二次世界大战太平洋战争爆发时，大多已经被转为巡逻艇，或者作为杂物船或者练习船使用，也有数艘继续担任驱逐舰的任务。这些作为巡逻艇和驱逐舰使用的枞级舰艇，经常被用于运输船队的护卫警戒。正因为“栗”是较大型驱逐舰，兼具海空作战能力，所以成为第 13 炮舰队主力。该舰系 1919 年 12 月 5 日在吴海军工厂开工建造，1920 年 3 月 19 日下水，同年 4 月 30 日竣工。1945 年 10 月 8 日，“栗”在朝鲜半岛釜山港进行扫雷作业时触雷沉没。同年 10 月 25 日，该舰被正式除籍。

“莲”驱逐舰，舰型同上，后来编入上海方面根据地队第 8 警戒队。

“第一黄埔丸”，系扫雷艇。

“第二黄埔丸”，系扫雷艇。

特设炮艇 5 艘，编号第 206 号、第 212 号、第 215 号、第 217 号、第 219 号。[①]

以上为第 13 炮舰队主要战斗序列编成，在救援“里斯本丸”时，另有“第一真盛丸”“新兴丸”“利根丸”“笠岛丸”“早濑丸”等舰船驶抵现场协助。

“第一真盛丸”系特设军舰，原属货运船，与“里斯本丸”类似。

“新兴丸”原属日本海运系列船主桥本轮船所有的商船，总吨数 6 479 吨，性能是木材搬运船型的货船。1940 年 12 月 16 日，被海军省征用为特设布雷舰，同日指定其专门从事水雷敷设，因系货轮改装，故载运水雷较多，当时水雷搭载量为 700 颗左右。该船从太平洋战争开始到后期，一直从事着特设布雷舰的任务，1944 年 10 月 18 日，在吕宋岛西部遭受美军航空母舰攻击而沉没。

值得庆幸的是，美军潜艇“鲈鱼”号未再继续碾压“里斯本丸”，否则战俘们真的是难逃一场噩梦。这场突如其来的根本性变故，使船上的人们立刻陷入了绝望境地，既担心潜艇再来纠缠不死不休，又怕身处一望无际大海翻船了怎么办？所以

① 参见日本海军第 13 炮舰队：《第 13 炮舰队战时日志》，1942 年 10 月 1 日至 31 日，第 13 炮舰队机密第 16 号。

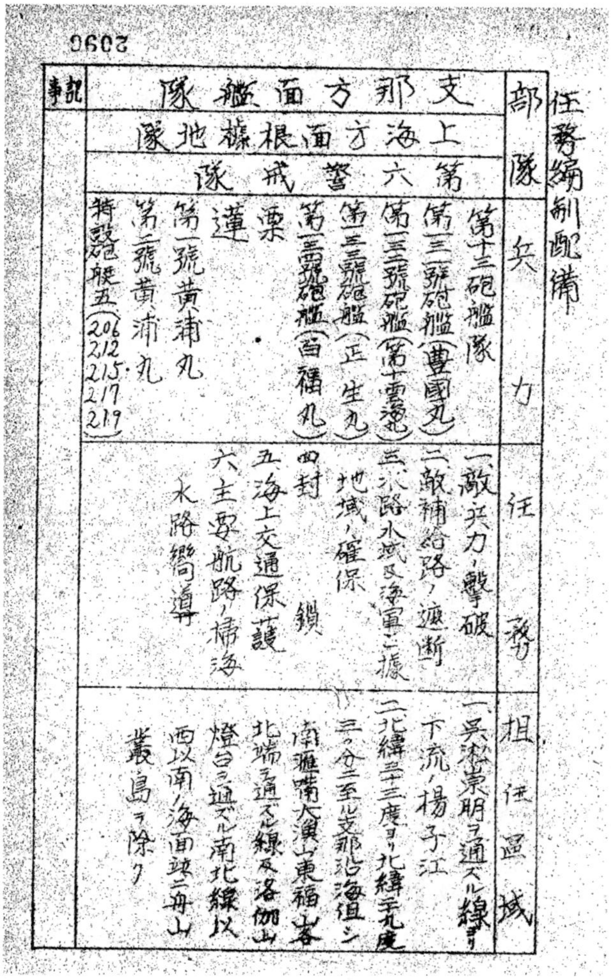

| 任務編制配備 | |
|---|---|
| 部隊 | 支那方面艦隊 上海方面根拠地隊 第六警戒隊 |
| 兵力 | 第十三砲艦隊 第三一號砲艦（豊國丸） 第三二號砲艦（第十雲丸） 第三三號砲艦（正生丸） 第三四號砲艦（西福丸） 栗 蓮 第一號黄浦丸 第二號黄浦丸 特設砲艇五（206 212 215 217 219） |
| 任務 | 一、敵兵力ノ撃破 二、敵補給路ノ遮断 三、水路水域及海軍ニ據ル地域ノ確保 四、封鎖 五、海上交通保護 六、主要航路ノ掃海 水路嚮導 |
| 担任区域 | 一、呉淞崇明ヲ通ズル線ヨリ下流ノ揚子江 二、北緯三十三度ヨリ北緯二十九度三〇分ニ至ル支那沿海道シ南滙嘴南大戢山東福山岩北端ヲ通ズル線及洛伽山燈台ヲ通ズル南北線以西以南ノ海面並ニ舟山叢島ヲ除ク |
| 記事 | |

日本海军第 13 炮舰队编制序列

几经辗转，“里斯本丸”同原出发地香港方面与日海军部联系上要求实施救援，并发送本船所在位置，后者则联系就近的驻上海海军部队派遣飞机和军舰前去救援“里斯本丸”。当时“里斯本丸”遭袭击之后，立即通过无线电传递了下列信息：

“7 时 15 分，我船在北纬 30°17′，东经 123°13′处被一枚鱼雷击中，船只有下沉危险。”但是由于失误，最后一句话竟然说成了“我们正在下沉”。于是尝试再次发送无线电：“一枚鱼雷击中我船的船尾附近，水正通过轴隧涌进发动机舱，船只无法航行，请速派拖船前来支援”①。

“里斯本丸”还向外界发出求救信号，告知附近海域的船只能来救援。由于船上发动机等主要设备都已停止运行，“里斯本丸”尝试通过备用设备联系相关站点，他方并没有响应，备用设备也出现了故障。

当天上午8时30分、10时05分，驻上海日本海军航空队陆续派出2架飞机前去进行侦察和联络，投掷深水炸弹，压制住美军“鲈鱼号”潜艇。见到第1架飞机，“里斯本丸”立即使用旗语发出应急信号：“速安排拖船事宜”。第2架飞机赶到之后，给“里斯本丸”发出信息，告知救援舰船已经出发正在赶来现场。只是“里斯本丸”船尾损坏情况已不容乐观，右舷电镀层外部有一个直径约2.5米深的大洞，也就是食品仓和艉尖舱所在之处，储藏食物和淡水罐船舱直接爆炸，海水从这个洞口涌入，通过轴隧进入了发动机舱，导致发动机舱、应急燃油舱被水淹了，淹没在发动机舱的海水又涌进了锅炉房和常备煤舱。虽然自香港出发时关闭了水闸门，海水还是通过水闸门渗进了备用煤舱。存放于第6号、第7号船舱的货物直接损坏，这两个船舱的水也迅即涨到了4.5英尺，问题是水还持续上涨，直到超过18英尺。

上午8时55分，日海军上海方面根据地队司令官电令第6警戒队及航空队，立即向左侧位置派出舰艇以及飞机，对敌方潜艇进行搜寻与击破。其地为东经123°13′，北纬20°17′。同时告知“我们将持续对遇难的‘里斯本丸’进行援助”。2分钟之后，根据地队参谋长又电告第6警戒队、第7警戒队、第8警戒队，“据陆军的通知，遇难的‘里斯本丸’上有780名士兵以及1 816名俘虏。”这是担任救援任务的日本海军第一次知道遇难船只人员情况。第6警戒队遂指令驱逐舰“栗”首先出动。8时45分，“栗”舰长电告第6警戒队及根据地参谋长：“我舰将立即出动，歼灭敌军潜艇。”9时48分，根据地队指挥官电令第1警戒队以及“竺岛丸”搭载救助医疗和食物出发；电令第7警戒队尽可能多地预备好炮艇后出发，协助救援工作②。实际已布置海军第1警戒队、第6警戒队、第7警戒队、第8警戒队和航空队出动，区分警戒、救援、战斗、后勤保障等多层次，对付美军潜艇和船舶遇难，之后陆续抵达出事海域的有几十艘舰船。

9时许，“里斯本丸”因船尾严重受损，遂转移舱内部队上甲板，封锁后部船舱口。9时45分，船只向左倾斜5度。10时30分，“里斯本丸”再次向上海方面发送

---

① ［日］矢野美年：《“里斯本丸”事故始末报告》，1942年10月。见《香港军事法庭审判经田茂记录》，第522页。

② 参见日本海军第13炮舰队：《第13炮舰队战时日志》，1942年10月1日至31日，第13炮舰队机密第16号。

无线电信息，告知发动机舱、第6号船舱和第7号船舱已完全进水，请速派救援船只转移部队、船员和战俘。同时还告知船上有“部队778人、俘虏1 800人”①。11时10分，驱逐舰“栗”终于出现在海平面上。这时出事海域天气多云，刮东北风，风力达到三级。11时20分许，驱逐舰“栗”首先赶到现场警戒，一面搜寻美军潜艇行踪，向可疑海域投放深水炸弹，一面预备救援行动。并且“栗”舰致电“里斯本丸”，询问船只受袭、受损、漏水等基本情况。

与此同时，日本长崎站也给“里斯本丸”发来电报，要求立即报告敌军潜艇信息、攻击情况和船只受损情况。偏偏“里斯本丸”备用无线电发射机又一次出现故障，只得请求“栗”舰帮助发送信息：“在7时10分到9时37分之间，有6枚鱼雷向我们袭来，其中一枚击中船尾。”“海水通过轴隧进入发动机舱，6号船舱、7号船舱也陷入逐渐浸水沉没的危险。”② 15时20分，“里斯本丸”向“栗”舰发送旗语，告知“船尾正在以每小时10英寸的速度下沉。6小时内水会淹没甲板。”2小时之后又告知“船尾正以每小时8英寸的速度下沉，发动机舱全部进水。4号船舱进水9英尺高，6号船舱进水10英尺高，7号船舱进水达11英尺高。7小时之内水会到达甲板”③。这种表述已相当严重了，需要救援船只立即采取果断措施，防止沉船人亡悲剧发生。

14时02分，上海方面根据地队指令工作船“早濑丸”于18时左右火速自上海港赶往“里斯本丸”附近，并携带有补给用的12枚深水炸弹；派遣陆军运输船“第一真盛丸”也于18时左右火速赶往事发地，收容“里斯本丸”上的人员，航速9节。同时鉴于“里斯本丸”受损严重以及附近海域仍旧可能埋伏着美军潜艇，上海方面根据地队指挥官于16时12分分别电令第6警戒队指挥官、航空队指挥官，要求各队“全力进攻并歼灭舟山岛东面海域出现的敌军潜艇”。其中，命令第6警戒队全力搜查以及监视敌军潜艇的动向，依照装备配置，在敌军潜艇上浮时进行捕捉，一举歼灭，搜索敌监视海域设置在敌军潜艇出现地点的中心周边大约30里范围内；命令第8警卫队“担任海域内警戒工作，并搜寻歼灭敌军潜艇。”④ 这时已经明确了由第6警戒队担任搜救任务，第8警戒队担任该片海域警戒任务，后者则派出

---

① ［日］矢野美年：《“里斯本丸”事故始末报告》，1942年10月。见《香港军事法庭审判经田茂记录》，第523页。

② ［日］矢野美年：《“里斯本丸”事故始末报告》，1942年10月。见《香港军事法庭审判经田茂记录》，第524页。

③ ［日］矢野美年：《“里斯本丸”事故始末报告》，1942年10月。见《香港军事法庭审判经田茂记录》，第525页。

④ 参见日本海军第13炮舰队：《第13炮舰队战时日志》，1942年10月1日至31日，第13炮舰队机密第16号。

驱逐舰“栂”前往东极海域。

傍晚18时左右，特设（改装）炮艇“丰国丸”“百福丸”兼程不停先后赶到出事海域。紧接着“第十云海丸”也抵达，该舰于11时45分从泗礁山出发，18时到达现场。之后“第一黄浦丸”“笠岛丸”“利根丸”等舰艇亦在夜间至次日清晨相继抵达“里斯本丸”附近，由日军第二舰船输送司令部派遣的“第一真盛丸”“新兴丸”夜间随后抵达东极海域。后两艘为运输船，其中的“第一真盛丸”类似于“里斯本丸”，主要承担转移战俘至上海、日本的任务。最后赶到的是“正生丸”，2日上午才从上海出发，深夜到达东极现场。“栗”“百福丸”“丰国丸”对船上日军部队以及随行人员实施了第一时间救助，尽快转移船上全部己方人员，并未考虑如何解救战俘。此时的东极海域，至少10艘以上的日军舰船簇拥在“里斯本丸”周围，表面看似形成了严密的保护圈，只不过主要是奔船上日军部队700多人和物资而来，并不管战俘们死活。在此期间，上海方面根据地指挥官鉴于多艘救援舰船陆续抵达现场处置，“第一真盛丸”“新兴丸”预计在深夜23时至次日清晨能够到达，遂命令第6警戒队、第8警戒队指挥官和航空队指挥官：“若‘里斯本丸’有沉没可能，则无须等待上述部队到达，迅速乘坐同船前往最近的曳航座礁”；“航空部队以潜艇出现地点中心周围60里范围内进行一整日的索敌歼灭行动”；“里斯本丸”的救难工作则交给“第一真盛丸”“新兴丸”①。这是做了最坏的打算。

再回到当天中午，日本海军驱逐舰“栗”赶到“里斯本丸”附近警戒救援时，即酝酿救助对象顺序及其处置办法。12时35分，“栗”舰长米井恒雄大尉乘坐摩托艇靠近“里斯本丸”，登船后径直上到船桥见到经田茂等人，“当面询问了船的受损程度，进水程度这些情况”②。米井恒雄本人刚刚于9月15日接任“栗”舰舰长，至援助“里斯本丸”时不过就职半个月。经田茂除了向米井恒雄报告船只受损情况外，希望负伤的4名船员能够得到及早救治。鉴于船舶受损情况严重，米井恒雄等即策划首先转移700多名日军腹案，以此确保日军部队的绝对安全，“以及半数左右俘虏可以救助”③。午后，摩托艇旋即返回“栗”舰，带来了一名军医上到“里斯本丸”，对受伤的4名船员进行紧急救治。该军医并未下到舱内实地观察战俘状况，尔后和舰长米井恒雄一同回到“栗”上。实际舱内病患人员众多，且有逐步恶化的

① 参见日本海军第13炮舰队：《第13炮舰队战时日志》，1942年10月1日至31日，第13炮舰队机密第16号。

② 《经田茂在香港军事法庭审讯的辩词》，1946年11月13日。载《香港军事法庭审判经田茂记录》，第273页。

③ 参见日本海军第13炮舰队：《第13炮舰队战时日志》，1942年10月1日至31日，第13炮舰队机密第16号。

趋向，从早到晚一整天都不允许战俘上来透气，也不给食物和淡水。对此，和田秀男和经田茂一干人等心知肚明，却不管不问，任其百般煎熬，实难逃脱虐待战俘罪干系。

在如何处理船上人员问题方面，船长经田茂和主管战俘押运的和田秀男意见有些相佐。和田秀男坚称：“万一发生沉船，若能救助，则对所有战俘进行救助；若出现战俘暴乱，则应对全部战俘加以杀死。”同时主张优先救护的是日本官兵和乘客 778 人。经田茂则认为：“作为我的立场，战俘必须安全送到，这是我的任务。”① 鉴于船体受损状况，为做最坏打算，14 时许，经田茂召集全体船员，明确告知“他们应该一直待到最后，并且一起工作，这是他们的职责”②。经田茂的意思是，一旦船沉，那么船员则是最后撤离的一批人员，此前一定要稳住众人心态，后来事态发展亦确实如此。

傍晚时分，船尾几个舱进水已不容乐观。17 时 10 分，“7 号底舱的水位有 11 英尺深，6 号底舱达至 10 英尺，4 号底舱达至 9 英尺”③。经田茂船长心中预计 7 小时内，水位会与甲板齐平。基于情势有恶化趋向，米井恒雄便决定马上实施转移部队计划。“栗”发出手持旗语命令杉山指挥官，立即准备部队撤离“里斯本丸”行动，把船上所有日军官兵和乘客转移到“栗”上去。17 时 20 分开始，首先是生病的日军士兵转移，接着跟上身体无大碍的士兵，均穿上救生衣乘坐“里斯本丸”右舷的两艘救生艇，来回 3 次被转移至驱除舰“栗”上甲板。

在转移日军部队时，“栗”舰长米井恒雄于 17 时 30 分据实电告根据地队指挥官和第 6 警戒队指挥官：

“1. 开始进行陆军收容工作。

2. 罐室、机械室已经充满水，第 6 舱室吃水 3 米，第 7 舱室吃水 4 米，左右倾斜零度，二次吃水增加量前后平均 1. 5 米。

3. 确认两艘特设炮舰到达，所有的陆军以及半数左右俘虏可以救助。准备工作完成后俘虏处置方法仍在研究中。”④

这一日苦等，让底舱战俘备受煎熬，滴水未进不说，还不让排队上到甲板透气。而为安抚舱内战俘情绪，警卫队于强行压制的同时，也曾经两次主动与战俘联络沟

---

① 日本邮船株式会社：《日本邮船战时船史》，1971 年出版。

② 《经田茂在香港军事法庭审讯的辩词》，1946 年 11 月 14 日。载《香港军事法庭审判经田茂记录》，第 290 页。

③ ［日］矢野美年：《“里斯本丸”事故始末报告》，1942 年 10 月。见《香港军事法庭审判经田茂记录》，第 525 页。

④ 参见日本海军第 13 炮舰队：《第 13 炮舰队战时日志》，1942 年 10 月 1 日至 31 日，第 13 炮舰队机密第 16 号。

“里斯本丸”船舱俯视图

通，目的是稳住战俘情绪。

第一次是在“栗”舰赶到之前的上午 11 时左右，和田秀男命令新森源一郎找斯图尔特沟通。新森源一郎来到第 2 号舱口，把头贴在舱门处叫出斯图尔特，传达和田秀男的指示，让战俘们保持安静，因为救援船马上会到了，届时会有办法解决的。显然，这是安抚战俘情绪，予其最大的希望，同时暗示此前不得闹事，老老实实在舱里待着。

第二次是在“丰国丸”赶到之前的下午 17 时左右，新森源一郎受命再次找斯图尔特，告知后面的救援船队快来了，要有耐心继续保持安静。斯图尔特便提出“我们饿了，不能给我们一些食物吗?”新森源一郎随即向和田秀男转达战俘意见。不料，和田秀男却说“我们自己已经没有食物，我们也很饿，所以战俘应该满足现状，在这种情况下尽力而为吧。”

新森源一郎把这个消息带给斯图尔特。后者当即提出：“我们自己买的食物不能给我们吗?”

新森源一郎再折回跟和田秀男报告，战俘请求发给自带食物。和田秀男回复：“数量很少，最好不要把他们自己带的食物给他们。”

新森源一郎又跟斯图尔特说明和田秀男拒绝把他们自己带的食物给他们。然后斯图尔特投诉说食物是他们自己带的，是属于他们的。强调“我自己去找掌管伙食的小岛中士，让他把战俘自己带的食物发给他们，因为那是私人财产”。新森源一郎则一再跟斯图尔特解释，和田秀男之前已经拒绝了这个要求，此事不能再提了。

斯图尔特只能表示无可奈何，战俘们依旧忍饥挨饿度过漫长的等待。[①]

据推测，和田秀男之所以拒绝了斯图尔特一再提出的还给战俘自带私人财产——食物，也是因为船上动力系统严重损伤导致厨房设备不能继续使用，日军部队和船员也需要补充给养，便蛮横占用了原属战俘自行采购的食物。

自当日中午驱除舰“栗”抵达现场起，至傍晚指挥舰“丰国丸”赶到之前，在此期间一些救助行动均由“栗”舰长指挥。直到指挥舰“丰国丸”驶抵“里斯本丸”附近，才全权接管救援行动。而以“栗”的运载能力，也难以容纳全部战俘。

是时，该船上总共有 4 艘救生艇、6 条救生筏以及其他若干救生设备，经田茂船长曾决定如果发生海事，则只留给战俘 2 条救生筏。正当两艘救生艇开始转运日军官兵时，18 时左右，日本海军第 13 炮舰队所辖“百福丸”和“丰国丸”也赶来救助，“丰国丸”是所有到场舰艇的指挥船，舰队司令官矢野美年大佐当即发出停止转移部队至“栗”的命令。大约在 18 时 30 分，矢野美年从旗舰“丰国丸”上乘坐小船摆渡到“里斯本丸”了解实际情况。此人是所有到现场救援舰船的最高指挥官，他在船上停留了三四十分钟，与杉山、和田秀男、经田茂、大副等会商如何处置的办法。当时讨论的主要问题是船只已经损坏，船尾和第 4 号舱进水的程度以及尽快排水、船舱里关押战俘的情况等，决定将剩下的日军转移到“丰国丸”和另一艘船“百福丸”上，而所有未负伤的船员、卫兵、战俘和杉山都留在“里斯本丸”，再将“里斯本丸”拖到浅滩。至于杉山指挥的部队都转移了，为何单单留下他？主要是杉山是运输船上最高指挥官，留下他也是为了统一指挥警卫队、船员、战俘，能临时有个拍板决策的人物。为保持“丰国丸”和“里斯本丸”及时联络，“丰国丸”派出一名海军信号员上到了“里斯本丸”桅杆，专门负责两船之间的旗语联络[②]。

从当时船体损坏实际情况来看，经田茂心中最为有数，恐怕时日无多，早晚会沉船的，至迟六七个小时的事。这一关键性判断，早在“丰国丸”抵达之前，经田茂便已经两次告知“栗”舰舰长。如 15 时 20 分，经田茂向“栗”发出信号：“6 小时后，水就会到达甲板”。17 时 10 分，经田茂又向“栗”修正报告：“这艘船的尾部以每小时 8 英寸的速度下沉。在 7 个小时内，水就会到达甲板”。[③] 既然如此，

---

① 《新森源一郎在香港军事法庭审判被询问答辩》，1946 年 11 月 18 日。载《香港军事法庭审判经田茂记录》，第 341 页。

② 《经田茂在香港军事法庭审讯的辩词》1946 年 11 月 13 日，载《香港军事法庭审判经田茂记录》，第 274 页。

③ 《经田茂在香港军事法庭审讯的辩词》1946 年 11 月 15 日，载《香港军事法庭审判经田茂记录》，第 309 页。

沉船危险极有可能就发生在六七个小时之内，那么早点做出转移战俘准备，以当时云集现场的10艘船舰实力来看，是可行的。可奇怪的是，面对矢野美年询问，经田茂却没有说出自己早就做出的真实判断，完全闭口无言。因此，矢野美年等几个人会商结果，决定实施拖航“里斯本丸”办法，根本就没有讨论如何救助战俘问题。经田茂为什么隐瞒了沉船将要发生的事实？也许矢野美年的军阶较高所显现的气场，或许经田茂抱着船舶不会很快沉没的侥幸心理。如果经田茂不顾一切说出真相，历陈撤走战俘的绝对理由，并不是危言耸听之，期望引起矢野美年的足够重视，也许会改变战俘的命运。总之，不管抱着哪一种心态，经田茂最有资格陈述沉船理由，提供给矢野美年以真实的判断决策参考，没有谁比他更清楚后果了。可惜他曾经两次告诉“栗”舰长米井恒雄，却没有勇气当面向矢野美年说出实话，因此错过了一次最佳拯救战俘的时机，经田茂难逃应当承担的历史罪责及其应有的法律惩罚。

这里还有一个情况值得交代。由于自从锅炉房流进辅助煤仓的海水，淹过煤仓一半，已经上升波及第4号舱，亟须抽水。经田茂当面告诉矢野美年，“里斯本丸”上的原有便携式水泵无法工作，第4号船舱进水了，亟须替换抽水设备。矢野美年当场下令抽调“丰国丸”上一个便携式水泵，交给“里斯本丸”使用。这台水泵主要用来给第4号船舱抽水，起初安装在左舷4号客舱甲板上的舱口由船员操作，因抽不上来水，和田秀男和大副便决定转移到船桥下面供战俘们使用，这时已经是19时以后了[①]。翻译官告诉战俘们事态发展的严重性，如果不连续用水泵抽水的话，那么就会全被淹死。尽管第4号舱战俘们拼命地踩水，然而抽到甲板上水量仍旧不多，船舱里水位继续上涨，乃至上涨速度快于人工抽水效率，从而导致木梁左右漂浮，锤击舱壁。黑暗中，几个不幸的人滑进下面黑色空隙中，从而被淹死或被横梁压死。

经田茂心里十分明白第4号舱漫水后果，便指令船上的大副负责掌握该舱所有事宜，指定船员每隔1小时便下去查看情况，持续到次日上午8时左右才停止。前3号舱则无此情况，看似相对比较安全一些。

其后，所有涉及“里斯本丸”陆续撤走日军官兵和船员、拖航，乃至于最后弃船、弃俘虏等一系列决策，据现有史料指向来看，都出自矢野美年之手。至于在矢野美年背后，当然是有更高级的上海方面根据地队指挥官下达指令。无论如何，矢野美年既然是第13炮舰队司令官，拥有现场处置权，也就不难理解“里斯本丸”战俘最后的遭遇。唯其不解的是，此人竟然逃脱了战后1946年香港国际军事法庭审

---

① 《经田茂在香港军事法庭审讯的辩词》1946年11月13日，载《香港军事法庭审判经田茂记录》，第275页。

判，一直活到1963年10月8日才死去，实际最应该绳之以法的是矢野美年①。

于是，矢野美年当场拍板决定了如下4件事：

一是即刻转移“里斯本丸”上剩余日军和乘客，安置在“丰国丸”和“百福丸”两船上，仍留置全部战俘及警卫队、船员等；

二是采取拖航措施，由“丰国丸”负责牵引“里斯本丸”向西航行，拟拖至舟山群岛靠岸；

三是针对船尾进水现象，决定使用水泵人工从4号舱抽水；

四是保持两船前后及时联络，“丰国丸”特派一名旗语手，上到“里斯本丸”桅杆工作。

待矢野美年返回指挥舰之后，“丰国丸”和“百福丸”则分别从左、右两边很快便靠近“里斯本丸”，“百福丸”接右舷，“丰国丸”接左舷，开始接续转移日军剩余部队。从18时40分至20时许，剩余乘客和日军官兵全部转移到后来的“丰国丸”“百福丸”以及随后赶到的“第十云海丸”船上。加上最早收容日军的“粟”舰，这4艘舰船分别接纳日军官兵计有：“丰国丸”207人，“第十云海丸”57人（其中士官6人，下士官兵51人），“百福丸”400人，“粟”舰102人，共766人，不足780人。这批日军被转移到北面的泗礁山集中，2日全部登上“第一真盛丸”赴上海。“丰国丸”还接收了6名操作救生船的船员和4名负伤船员，仅留下指挥官杉山、和田秀男和25名卫兵、67名船员和“丰国丸”信号兵，以及全体战俘待命。

当时计划将已失去独立航行能力的“里斯本丸”拖到陆地或者浅水区，同时设法把已经进入海水的船舱内实施抽水，并确定“丰国丸”与“里斯本丸”的联系方式。即白天，“里斯本丸”使用手持旗语与“丰国丸”取得联系，晚上则使用灯光通过摩斯电信号和“丰国丸”联系，一切行动均服从“丰国丸”指挥。“里斯本丸”发出的信号，从比船桥更高些的浮桥上发出的，需要发送信息时，将内容写在备忘录上，再传递给信号员手持旗语完成，这一切由“丰国丸”派过来的海军信号员操作。即是说，20时之前，船上最后一支日军官兵平安地撤离，6个船员帮助操作救生艇和4名负伤船员也撤走了，剩下约67名船员。待甲板上700多名日军官兵和乘客安全撤离之后，20时40分，一切拖航工作准备完毕。10分钟之后，由“丰

① 矢野美年：1914年12月任海军少尉候补生，1915年12月任少尉，1920年12月任第44潜水舰水雷长大尉，1924年5月任第33潜水舰长少佐，1929年3月任“春日”运用长兼教官，1932年12月任“榛名”运用长，1933年11月任“春日”兼“富士”教官中佐、航海学校教官，1936年12月任“那智”副舰长，1938年12月15日至1939年11月15日任“雾岛”副舰长，1939年11月15日任舟山岛警备队副司令大佐，1941年10月15日任第13炮舰队司令大佐，1963年10月8日死去。

国丸”实施对搁浅的“里斯本丸”进行正式拖航，“里斯本丸”随即被“丰国丸”拖拽蹒跚前行，向西北方向缓速曳航。具体操作方法是，从“丰国丸”船尾甩过来一条8英寸粗的马尼拉绳子[①]，拴住“里斯本丸”船头，这是“丰国丸”开始第一次拖航“里斯本丸”。尽管在海上以小吨位的船只牵引较大吨位的船只费力不小，却因后者船尾受损进水，实则超负荷前行，牵引力紧绷难以持久承受。

这之后还不到2小时蹒跚而行，就因失去动力的“里斯本丸”吨位较大，以至于拖绳终于断裂，时间定格在22时35分左右，地点在“二兄弟岛”东面2里。继由“里斯本丸”再抛给“丰国丸”同样一条8英寸粗的马尼拉绳子，这条粗绳是动用了全体甲板上船员费力从船尾搬过来的，因船头绳子已经老旧了。于是在海浪涌起的漆黑一团夜色中反复校正，瞄准“丰国丸”船尾，一直折腾到次日凌晨约1时35分才继续第二次前行，前后费时3个小时，拟向长涂山北侧再次进行曳航。不过“预计4小时后甲板将会浸水”，加剧沉船危险。恰在这期间，发生了极其野蛮的封闭前4个战俘船舱非人道行为。

鉴于船只损毁严重，亦不可能再冒险长途续航日本，唯有转向西方的舟山群岛寻找陆地就近靠岸，所以两船一前一后往西航行。又因“里斯本丸”吨位较重，拖航速度很慢，一夜才行进不过25余海里。在拖船的过程中，船尾有两个通风冒朝向船头，船头有两个通风冒朝向船尾，面对面的继续通风。航行速度，根据二副荒木枢当时“用罗盘检查船的进展时，它有2节。过了一会儿，船尾被水淹没了，变得越来越重，速度大约只有1节。”[②] 经田茂则认为“一开始是3.5海里每小时，最后是2.5海里每小时，平均大约是3海里每小时”[③]。由于“丰国丸”明显比“里斯本丸”吨位小，非常吃力地拖行船尾已经进水了的负重“里斯本丸”，导致牵引绳屡次扯断，直到2日早7时第三次换绳，最后用光了绳索，再也没有可利用的了为止。

---

① 马尼拉麻绳，是用原产于菲律宾的蕉麻纤维材料制作的。

② 《证人荒木枢在香港军事法庭审讯经田茂的证词》，1946年10月28日。载《香港军事法庭审判经田茂记录》，第118页。

③ 《经田茂在香港军事法庭审讯的辩词》，1946年11月16日。载《香港军事法庭审判经田茂记录》，第322页。

# 六、押船日军封闭舱门，战俘噩运降临

“里斯本丸”遇袭之际，船上的人们大部分刚刚从睡梦中醒来，战俘们在船舱里等待例行的早晨点名及用早餐。其中第2号舱的值班军官是皇家苏格兰团的G. D. 费尔贝恩中尉，他在早晨6时30分先查看了下层底舱，逐一唤醒战友，以便能赶在7时点名之前整理好衣褥。有几个人连忙爬起来，趁早高峰大家如厕之前，第一时间上到甲板木架子公厕方便，事后证明这是非常明智的选择。

当鱼雷击中船体时，一声巨响，运输船颤抖着慢慢停了下来，日军当即使用前甲板上小口径火炮、枪支予以还击。据经田茂回忆遭到潜艇袭击过程：“船在10月1日上午7点10分被鱼雷袭击。我被‘鱼雷袭击’的喊声吵醒，然后我跑出我的房间到甲板上。鱼雷击中右舷的中心，但没有爆炸。鱼雷击中了船，掉头朝船来的方向去了”。“几分钟后，同样的鱼雷又转过来，向着船的方向在水面上疾驶而过。鱼雷的速度很慢，因此船急转弯，就能避开它。几分钟后，第2颗鱼雷从右舷船首45度角方向来，这第二次袭击确切来说有2枚鱼雷。但船可以避开它们。然后在7时15分，第4枚鱼雷从右舷船首35度角方向来，距离船有1 200米。当我们发现第4枚鱼雷，我们急转弯，但是没能避开它。它击中了右舷船尾的螺旋桨。它爆炸并损坏了这艘船，因此船无法航行。大约8时50分，第5枚鱼雷从西边的方向来到船的右舷。这个鱼雷只是掠过船底，没有爆炸。大约9时37分，第6枚鱼雷到船的左舷，距离是大约1 200米”。炮手立即发射百余发炮弹，驱赶敌方潜水艇①。

正在挨舱逐个点名的和田秀男和翻译官等迅速走出底舱爬上甲板，召集卫兵将甲板上排队上厕所的战俘和约十多名患病俘虏，统统就近赶进1号、2号底舱，架设机关枪，把守住每一个货舱的入口处，严防舱里战俘出来。为确保甲板上病员安全，受斯图尔特指派，并经新森源一郎统一协调，战俘杰克逊（Jackson）立即上到甲板，帮助病员们回舱休息。早餐亦随之停止供应，此后任何人不得上到甲板。

经田茂得知遇袭第1枚鱼雷之后，当即抱病上到船桥驾驶室指挥操作，随身携带一只藤椅坐下。经田茂还当面指令三副“监视潜水艇，并调查船体渗漏情况”②。

---

① 《经田茂在香港军事法庭审讯的辩词》，1946年11月13日。载《香港军事法庭审判经田茂记录》，第272页至第273页。

② 《证人桧山清之进在香港军事法庭审讯的辩词》，1946年11月20日。载《香港军事法庭审判经田茂记录》，第388页。

这时甲板上及船桥执勤人员为：船长经田茂亲自坐镇驾驶室，当值人员大副新冈源太郎和操舵手平冈荣吉，驾驶室正面瞭望衫崎弘，右侧瞭望浦口三善，左侧瞭望有我平五郎；日军部署，船头瞭望 4 人，船尾瞭望 4 人，船桥瞭望 4 人，救生船兼甲板观察 2 人，船头炮手 1 人，船尾炮手 1 人。[①] 因船尾损坏，第 6 号舱、第 7 号舱二层入住的日军部队很快集中到甲板上待命。

这一天的天气状况为多云，偶有阵雨，刮起了东北风，风力转为四级，海浪随风翻涌。从早晨 7 时开始下起了小雨，原本舱门覆盖着帆布的，遭鱼雷攻击之后，大部分舱门掀开了帆布，待甲板上战俘入舱后，舱门仍然开放。但是傍晚 18 时又下起了小雨，19 时至深夜，雨水越下越大，卫兵再次将帆布盖住舱门口，并未封舱关门。

此后，“里斯本丸”与潜艇对峙期间，正是舱内所有战俘饱受煎熬之时，时间拖拉越长，战俘们的境况就越差。最难耐的是患病人员，一再提出到甲板上呼吸新鲜空气或者使用厕所的要求，全都被武装看守拒绝，无一例外。在接下来的漫长等待中，无人能上到甲板，同时停止了饮食与照明电的供应，舱内漆黑一团。即是从 9 月 30 日晚至 10 月 2 日上午弃船，整整两个夜间一个白天，没有任何食物和淡水供应给战俘，1 800 多人忍受着饥饿干渴，加之透不过气的种种困扰。事实的确是蒸汽炉坏掉了，船上所有的人都没有蒸熟的热饭吃，仅有少量食品罐头、鱼干等优先分配给日军以及船员，数量也不多。如翻译官新森源一郎自述“得到一块鱼干，但是太硬了，我咬不动”[②]。但是有一个情况需要指出，直到船沉之际，在甲板前部的储水槽仍然存有很多淡水，即使无法烹饪食物，至少应当可以给战俘们水喝，也不至于一昼夜让战俘们备受煎熬。

从甲板上被驱赶下第 1 号船舱、第 2 号船舱、第 3 号船舱、第 4 号船舱的病员，被战友们尽可能地安置在靠近舱口盖顶部的位置，照顾其方便上厕所，实际大家期望值全部落空了。船舱里既无灯光照明，又隔断了新鲜空气的流通，也不允许大家使用甲板上的公共厕所，大小便就地解决，让人感到异常闷热与窒息，恶臭气味令人十分作呕，大家只能相互依偎保持体力和意识。斯图尔特要求大家尽可能地躺着不动，安静保持体力，减少空气消耗，这一想法逐个传递到每一个人。显然，突如其来的变故，使得战俘们开始警觉起来，一些人从二层柜上找到救生衣，一个个传递，准备万一船沉时使用，但也不是人人都能拿到救生衣的。

---

① ［日］矢野美年：《“里斯本丸”事故始末报告》，1942 年 10 月。载《香港军事法庭审判经田茂记录》，第 530 页至第 531 页。

② 《新森源一郎在香港审判法庭被询问答辩》，1946 年 11 月 18 日。载《香港军事法庭审判经田茂记录》，第 341 页。

夜晚，这4个船舱里的人们想尽各种办法互通情况，甚至于模仿“摩尔斯密电码[①]，通过使用船用扳手敲击舱壁或者连接管道来传递信息，舱壁回音能传得很远。以往研究都认为是用手敲击，若没有借助铁制工具，是达不到音响效果的。运用此一特殊方法联系，只采取“点”和“划”两种简单的符号用手敲击即可，以敲击时间长度来辨别。首先是第1号舱战俘，通过敲打防水板先和第2号舱联系，“他们用摩尔斯密码来敲打，解释了我们两边的情况是相似的，说到舱内空气稀薄，没有厕所。他们报告昨天晚上他们舱内已经死了两个人，他们也征求了斯图尔特中校的该如何处理的命令”[②]。而据第1号舱的伊文思回忆，确实夜间病死了两个人，先死去的名叫比维斯（Beavis R. N），他出生于1886年，系退役海军中尉。伊文思在深水埗集中营时就和比维斯相识，登船后他又睡在伊文思旁边。间隔一两个小时后，又有一名上二利夫顿（Lifton）病死，也和伊文思同住底舱。[③] 利夫顿出生于1902年4月3日，家住英国吉林汉姆市，系皇家海军，曾在“燕鸥”号（燕鸥号炮舰）上服役，职位是造船工匠。战俘中的医务人员用毯子分别包裹住了他们的尸体，只能原地停放在人堆里，无法按照处理海上遇难者惯例行事，直到最后随同“里斯本丸”永远沉入海底。战俘们守望着近在咫尺的死难战友，只能一遍遍祈祷，别无良策。

第2号舱的皇家通信兵部队布特中尉接收到信息之后，马上告诉旁边的斯图尔特知晓。随后第2号舱的战俘也同样使用手敲式密码，与第1号舱、第3号舱取得了联系。此时舱内非常寂静，被隔离的战俘们模拟电码敲击声音传递很清晰，彼此大致了解了各自情况。第一次联络时，斯图尔特让布特回复第1号舱，他正期待着与日本人取得联系（指来自圣约翰急救协会的波特中尉正在向甲板上喊话）。第二次联络时，斯图尔特说他“会再尝试一下，而唯一做的事情是严镇以待、保持安静并等待着。”[④] 当时来看，这种方法很快奏效，一些看似简单却很重要的信息迅速传播开来。例如，各舱死了几个人，还有几个人快不行了，等等消息，也在4个船舱之间互相帮助敲击传递。当得知彼此处境一样，战俘们只能寄希望于日军能及早解救他们，亟待通风、补充食物、给水、上厕所等，然而久等无果。情况最糟糕的是

---

① 摩尔斯密电码是一种早期的数字化通信形式，发明于1837年，发明者有争议，是美国人塞缪尔·摩尔斯或者艾尔菲德·维尔发明。现因世界范围内通信科学技术大幅度进步，各国已于1999年停止使用摩尔斯码。

② 《证人汉密尔顿在香港军事法庭审讯经田茂的证词》，1946年11月2日。载《香港军事法庭审判经田茂记录》，第212页。

③ 《证人伊文思在香港军事法庭审讯经田茂的证词》，1946年10月31日。载《香港军事法庭审判经田茂记录》，第169页。

④ 《证人豪威尔在香港军事法庭审讯经田茂的证词》，1946年10月25日。载《香港军事法庭审判经田茂记录》，第56页。

第 4 号舱。由于货船尾部进水，加之停电，第 4 号舱里的战俘自动组织起来，采用自救的办法，人工操作水泵往外排水。在极度闷热缺氧的环境下，很多人渐渐昏厥过去，但在失去意识之前，每个人都尽力去踩 6 下水泵，以尽可能的维持生命之旅。第 3 号舱的人们也请示斯图尔特应当怎么办？“斯图尔特中校说除了保持冷静和等待看接下来会发生什么，当下他无法给出任何指示。”① 身处底层的战俘们的确想不出什么有效办法来，一切都显得无能为力，只有耐心等待奇迹发生。然而，似乎这一切努力都无济于事，轮船慢慢地向左舷倾斜，底舱战俘越来越明显感受着来自右舷的压力。船尾也在逐渐地下沉，船舱里 1 800 余名战俘已经危在旦夕，日军却仍无任何救助措施和举动。为随时能与日军接触，一整晚都有战俘轮流守在通往甲板的台阶上，眼睛紧紧盯着舱盖，期望某一时刻突然敞开见亮。

随着时间的推移，“里斯本丸”船舶本身的状况越来越糟糕。具体情况是，海水首先进入到轮机舱，导致断电，继而流入锅炉舱，再经锅炉舱和第 4 号舱口间的舱壁，海水终于流入第 4 号舱，最先受难的便是第 4 号舱内的战俘了。

当晚 19 时多，也就是矢野美年离开之后，和田秀男为防范舱内 1 800 余名战俘骚动，来到大副的舱室有要紧之事找经田茂船长办理，见只有大副一人在舱室休息，便邀其一块去找船长，两人遂一同出来找经田茂。恰好后者从船桥上下来走到船长室附近甲板上，双方碰面后又一块回到大副舱室面议。和田秀男用带有命令的语气，强硬要求经田茂立刻封闭所有被关押战俘的舱口，将其与甲板彻底隔绝，理由是自己“只有 26 名警卫，不可能看管 1 800 名战俘，战俘可能会反抗。”特别是第 1 号舱关押着 300 名海军，“这些海军人员有很好的船舶和航海知识，如果他们反抗，会非常严重，而且应该让船上的枪支失去作用”。经田茂头脑此时还算清醒一些，知道这样做的后果将会十分严重，便以附近有很多舰艇警戒，并不担心战俘反抗，一旦封闭舱门，“首先舱内空气的通风设备变得很差，其次可能会再有敌人袭击，如果这些舱口关闭了，船再被袭击，生命将会毫无用处地消失”，“告诉他估计船何时沉没是不可能的”为理由②，试图说服和田秀男放弃这一举动。和田秀男经此提醒，暂时被说服了，似乎想明白地便转身离开，封舱行动得以推迟 2 小时。这一插曲，正是“丰国丸”和“百福丸”靠近“里斯本丸”准备转移部队之际，船上剩余官兵尚未完全离开之前发生的。很快卫兵们便知晓了这个消息，引起了一些不满情绪。约 20 时许，一名卫兵径直找到经田茂质问为何不让关闭舱门？“我们这些警卫不想

---

① 《证人汉密尔顿在香港军事法庭审讯经田茂的证词》，1946 年 11 月 3 日。载《香港军事法庭审判经田茂记录》，第 213 页。

② 《经田茂在香港军事法庭审讯的辩词》，1946 年 11 月 13 日。载《香港军事法庭审判经田茂记录》，第 277 页。

被战俘杀死。”经田茂反问“你那么害怕战俘吗？你不是一名士兵吗？”① 该名士兵讪讪走开。

不久，和田秀男还是不死心，又向杉山请示，最终决定还是封闭前 4 个船舱舱门，防止出现战俘异常举动。杉山乃是“里斯本丸”最高临时指挥官，他的决定便是命令，所有人都必须服从，战俘从此危矣。这里有必要指明舱口位置，第 1 舱口、第 2 舱口、第 3 舱口位于舰桥前面，第 4 舱口介于舰桥和烟囱之间，第 5 舱口、第 6 舱口、第 7 舱口在船尾，从舰桥上肉眼能看到第 2、第 3 两个舱口。另从舰桥到第 1 舱口距离 100 米左右，中间置放有许多障碍物，因此瞭望视线不清，基本看不见第 1 舱口情况。这也是后来跟随豪威尔上甲板交涉时，其中的一名战俘趁机躲藏起来，借机能够顺利打开第 1 号舱口的因素。封舱后果必然影响底舱空气流通，“在 1 号底舱中，有一帆布通风筒设备，两个舱内通风设备。2 号底舱中，有两个帆布通风筒，4 个舱内通风设备。3 号底舱中，有两个舱内通风设备，而在 4 号底舱中，有 4 个舱内通风设备和一个帆布通风筒。”② 底舱通风设备经由甲板管道通向外面，直径约 2 英尺，高出甲板地面 7~8 英尺，顶端安装通风承槽，使通风设备的方向可以转动调整，避免雨水吹入。作为船舶一般设施，主要防备雨水灌入船舱，每个甲板上的顶层舱口都备有 3 块防雨水帆布用来蒙住舱口，平时两块帆布折叠起来放入储藏室，一块置于舱门附近方便使用的地方。

是夜 21 时，杉山在和田秀男陪同之下来到船桥室内的左舷角再次找到经田茂，这是杉山登船以来第一次上到船桥。和田秀男一见到经田茂，便以不容置疑的威胁口气，坚决命令关闭关押全部战俘所在的底舱舱口，无任何商量余地。当时在场的还有二副、三副、轮机长和 3 名舵手，他们站在船桥的中间位置，三副正在绘制船的行动轨迹图表。和田秀男力主封舱的理由是，自己率领卫兵负责管理战俘，“如果战俘反抗或者一些战俘逃跑了，这会是谁的责任？”他继续说：“这不是船长的责任，这是我自己的责任。在警卫这件事上，船长没有权力干涉。”③ 因杉山负全船指挥之责，虽然并未多说话，实际站台表明支持和田秀男的主张。经田茂见此情景未敢再与和田秀男理论，也没有向杉山说明封舱恶果，更没有请示矢野美年，哪怕是不惧风险“硬抗”到底，只是乖乖地执行命令，随手叫来船桥上的一名舵手去呼喊

① 《经田茂在香港军事法庭审讯的辩词》，1946 年 11 月 13 日。载《香港军事法庭审判经田茂记录》，第 277 页。

② 《证人荒木枢在香港军事法庭审讯经田茂的证词》，1946 年 10 月 28 日。载《香港军事法庭审判经田茂记录》，第 102 页。

③ 《经田茂在香港军事法庭审讯的辩词》，1946 年 11 月 14 日。载《香港军事法庭审判经田茂记录》，第 280 页。

在船头的大副，当面布置任务。假设经田茂能够承担起船长职责，勇于讲出合理的理由，试图说服杉山及和田秀男，实在不行再提请矢野美年拍板决定，不管结果如何，毕竟对战俘们安危尽了自己最大的努力，或许事情还有斡旋余地。十分可惜，经田茂面临这一重大抉择并没有这样做。对杉山而言，没有当面让经田茂说出自己真实的想法，也就失去了选择的机会。而当大副来到船桥面见经田茂时，后者便将杉山与和田秀男关于封舱的指令告知大副执行，大副遂准备派船员封闭战俘舱口。刚巧，这时发生了一件意外的事，以致封舱行动被延后了两三个小时。即是 22 时 35 分，“丰国丸”拖挂“里斯本丸”船头的绳子使用磨损严重断掉了，只好使用船尾的粗绳，又因这一堆粗绳分量沉重，大副不得不出动全体船员一块搬运，折腾了好长时间方才重新恢复前后两船正常牵引拖挂。一经换绳完毕，大副才开始指挥船员封闭战俘入驻的各个船舱顶部的舱口。

具体封闭舱门细节，仅以第 2 号舱口为例：舱盖上有 3 根移动的横梁，彼此位置适中，在横梁顶端约 2 英尺宽、8 英尺长、2 英寸半厚的木板放在横梁上。先是使用木板盖住底舱，在木板的顶端铺放三张防水油布盖住舱口，有一张防水油布的 1 个半英尺被留在舱口的每一边缘，之后在防水油布的末端放上压条，再用楔子楔入固定，拿绳子捆住。如下图所示：

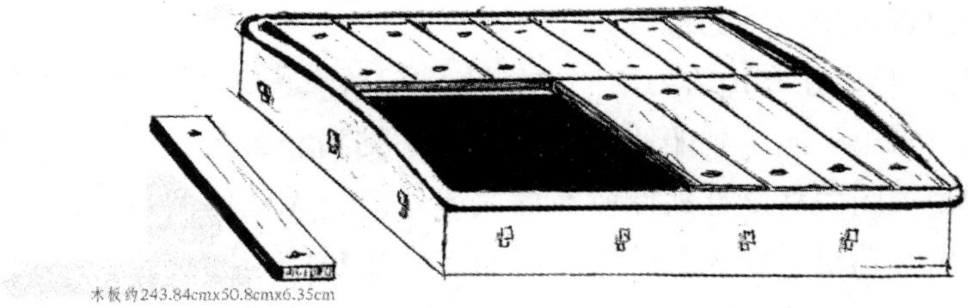


船舱被木板及防水油布封闭再加上绳索捆绑。意欲防止战俘逃走，是造成大量战俘遇难的主因。

封舱敲击声响彻夜空，一阵阵震撼着战俘们沮丧的心情，其惨状难以言表。封舱事实，也得到了战俘证实。汉密尔顿回忆：“在深夜，日军开始封死船舱。”① 面对封舱的严重态势，战俘指挥官斯图尔特当即提出抗议，派出会讲一点日语的波特中尉在“舱口呼救，期待得到守卫的注意。波特在黑暗中摸索着慢慢走到舱盖下，当舱口盖上的时候，他第一次”使用日语呼救，请求日军不要封舱，至少拿掉一块木条，使船舱里能有一点空气流通。斯图尔特一边说要点，波特一边翻译成日语喊

---

① 《证人汉密尔顿在香港军事法庭审判经田茂提供的证书》，1946 年 3 月 6 日，于英国切斯特郡宣誓。载《香港军事法庭审判经田茂记录》，第 565 页。

话，他最后要求翻译说“如果情况持续下去，人们会死掉”。由于第2号舱位于驾驶室的前面，波特就在船舱末端的后面呼救的，距离驾驶室大约在“20英尺到40英尺之间”。即是说，不但甲板上卫兵能听到战俘求救的声音，稍远点的驾驶室人员也能听到。因看守日军只答复一次第二天早上可以上到甲板去，便再也不愿转达任何信息了，波特便“一整晚都在陆陆续续地呼救”①。一遍遍的彻夜声声求助呼唤，痛人心扉，戳人骨髓，不但没能得到半点同情与帮助，最终却等来了死神的进一步降临。这时候的翻译官新森源一郎就待在客舱里眯眼打盹，并未进入深度睡眠，视野也能看到第2号舱口，却未半点回应波特呼叫，实际在装糊涂。直到后来出庭香港审判席，新森源一郎仍然矢口否认听到半点声音。

这里节录庭审对话如下：

“庭长问：那个晚上你什么时候睡觉？

新森源一郎答：11点时我到客舱，坐下打算睡觉，但是我到（次日）5点之后才能入睡。

庭长问：在你到船舱之前，有听到任何大家动作，发出声音或者捶打的声音从2号船舱的方向传出来吗？

新森源一郎答：我没有听到任何特别的声音。

庭长问：从那些船舱的方向，你有听到任何人用日语大喊吗？

新森源一郎答：没有。”②。

即使按照新森源一郎的说辞，整夜未睡觉，哪能听不到波特一整夜声声求救呼唤？更不搭理？说明白了，你喊你的，我睡我的，不理你就是了，其奈我何？

其实，在海上行船遇到雨天或者极端不利气象时，封闭甲板上所有舱口，防止雨水、海水倾入底舱，情有可原，但此类情况仅限于货物运输，底舱基本不住人。除此之外，把货船改装成运兵船，且人为地不让底舱人们出来而封闭舱口，造成舱内空气窒息难以流通，则是非常非常不人道的，更何况下面不只是一少部分人。所以，船长经田茂初时表示过一点同情，并为此事与和田秀男争执起来。后者以其仅有的25名卫兵很难控制人数众多的战俘为由，坚持要全部关闭舱盖口，以防战俘趁机发动暴乱，并且有杉山的支持，声称船长无权妨碍临时关闭船舱盖的行动。在这种情况下，经田茂最终作出让步，表示同意关闭舱盖口。

在午夜24时左右，船上所有战俘舱口盖上都紧紧压住了钉条，叠加三层防水

---

① 《证人汉密尔顿在香港军事法庭审讯经田茂的证词》，1946年11月3日。载《香港军事法庭审判经田茂记录》，第211页。

② 参见《新森源一郎在香港审判法庭被询问答辩》，1946年11月18日。载《香港军事法庭审判经田茂记录》，第347页。

布，并用绳索牢牢地捆绑住，这样做无疑置下面的战俘于死地。日军这一极端的野蛮行为，完全不顾被囚禁在船舱里的芸芸众生，丧失了起码的人道主义基本准则，无疑将1 800多名苦难生灵推向万劫不复的深渊。考察日本发动太平洋战争期间，也发生过一些战俘船沉没事件，唯有“里斯本丸”卫兵采取封闭舱口置人于死地的“损招”，乃为战时绝无仅有的唯一案例，其性质极其恶劣。对此，固然警卫队队长和田秀男应当负主要责任，但杉山的决定性支持比和田秀男的责任似乎更大，难辞其咎。遗憾的是，和田秀男在战争中阵亡，杉山下落不明，否则定难逃过战后香港国际军事法庭专门审判。

封舱之前，卫兵给各个舱口丢下一只木桶，当坐便器使用，根本不够使用不说，况且这在封闭的空间里一股股臭气迷漫整个空间，臭味令人作呕。封盖结果使船舱内顿时漆黑一团，彻底没有了新鲜空气，致使生存环境越来越恶化。更为严重的是，为防止战俘经过通风槽管道爬出去，卫兵竟然将帆布通风槽切掉。如第1号舱口最后一块木板盖上之前，帆布通风槽被切断后，掉下底舱的“部分刚好就掉到人们所躺底舱地板上的水槽处”①。起初，战俘们确有些激动，直到各舱较高级军官出面安抚，并要求“禁止吸烟和说话，以保存底舱里的新鲜空气”②，人们这才逐渐安静下来，纷纷躺下不动。直到次日清晨，战俘们就以这样的姿势，始终保持稳定情绪与服从态度，并没有引发大规模群体躁动。事实上，人们在漆黑一团的船舱里亦难有动作，周围都是横七竖八躺着的人，即便想从里边摸索着一步步蹭到舱口小便，也要消耗许多体力。由于闷热难耐，战俘们脱掉上衣，只穿短裤，仍汗流浃背，不敢动弹，体质愈来愈虚弱。

“里斯本丸”在夜色中慢慢颠簸摇摆着航行，整整一夜续航，幸亏海面风浪不大，无险要事情发生。如果换一种设想，突然一场暴风雨，掀起惊涛骇浪，或者本已严重受损的后半部舱壁突然断掉，都将导致该船沉没，那么1 800余名战俘的生命也就随之消失了。鉴于前4个舱门已经盖住，看守卫兵仅留下两三个人在甲板上，其余都在舰桥底下自己的房间里放心休息。这一夜，对身处幽暗之中的战俘们来讲，外面情形丝毫不知，时间也仿佛凝固了似的。值得庆幸的是，第1号舱战俘当中许多人有手表，还有的手表具备夜光功能的，可以计算时间节点。第2号舱一名皇家苏格兰团军官戴有一只发光刻度盘的手表，可以提供给大家准确的时间概念。豪威尔自己虽然也有手表，早就不能正常使用了。

① 《证人伊文思在香港军事法庭审讯经田茂的证词》，1946年10月31日。载《香港军事法庭审判经田茂记录》，第167页。

② 《证人伊文思在香港军事法庭审讯经田茂的证词》，1946年10月31日。载《香港军事法庭审判经田茂记录》，第168页。

“里斯本丸”上日军采用这种极端的野蛮行为，接下来带给被封闭在船舱里的战俘们的恐惧心理作用是非常大的。下面择取几位幸存者亲身经历片段，说明当时船舱里的人们是处于怎样的一种特殊状态。

身处第1号舱的皇家海军志愿预备队员伊文思回忆道：“一些病人在呻吟，另外一些病人在大声呼喊神父的帮助，但我们大多数人都在令人窒息的地方——可以说是根本没有空气的地方安静地躺着，就像指挥官所指导的那样。你可以想象，恶臭到让人可怕的地步，因为只给了我们一个桶，当公厕使用。那里完全是一片漆黑，你见不到任何东西。你甚至不能看见自己的手在自己的脸面前挥动。”① 还有一名年轻的海军士兵病得很重，整夜不停地呻吟，不停地询问到了什么时间了，似乎已经神志不清了。旁边照顾他的医护人员正好有一只发光的手表，定期地告诉他具体时间，轻声安慰他的烦躁情绪。

时任皇家苏格兰团第2营军官的杰弗里·汉密尔顿回忆：“舱门随后被关闭，帆布上的防水布被拉长，用绳子系住，使得战俘们完全处于黑暗之中。随着夜幕的降临，空气变得非常污浊，人们开始想知道他们还能活多久。24个小时了，战俘们没有收到任何食物，大多数人也喝完了水瓶里那些少量的水。除了上午6时30分在甲板上的那些人以外，战俘们已经24个多小时没上过厕所了；拥挤的船舱里，每个人肩并肩”②。同属该营的詹姆斯·麦克哈格·米勒回忆：“日本人已经开始在船舱顶上钉木板，上面还用帆布盖住。他们的企图很明显，没人可以活下来。我们坚信日本人是不会让我们淹死的，他们不会无情到会让1 800个无助的人死去。船从船尾开始慢慢地下沉，我们等了又等，等待日本人派人来救我们。我们没有进行什么尝试让光亮或者新鲜的空气进入沉闷的船舱……我们现在处于绝望了，船只成了一具漂浮的遗弃物，载着一船正逼近大限的人。”③

这一晚，海面与夜色如漆，黑茫茫伸手不见五指，船员也不敢照亮，很怕再度引来美军潜艇袭击。午夜刚过，因第2号舱内空气实在令人窒息，时年38岁的豪威尔自告奋勇艰难爬上铁制直梯，挪到舱盖下时已是满头大汗，体力消耗甚大，不得不脱掉衣服只着短裤。豪威尔尝试用面包刀奋力向上切割舱盖口木块之间缝隙的防水布，以便流通新鲜空气。唯因面包刀不够锋利，帆布厚实难以割断，豪威尔耗费10分钟努力也没有划开帆布。这是豪威尔第一次想要打开舱盖的举动，可惜未能

① 《证人伊文思在香港军事法庭审讯经田茂的证词》，1946年10月31日。载《香港军事法庭审判经田茂记录》，第168页。

② ［英］杰弗里·卡佐·汉密尔顿著：《“里斯本丸”的沉没》，香港绿塔出版社1966年印制。

③ ［英］詹姆斯·麦克哈格·米勒回忆，转载于 http//www. far_ eastarm_ heroes. org. nk/James. mcharg miller/index. htm。

成功。

10月2日凌晨1时开始，“里斯本丸”后半部各舱进水情况相当不妙，船员主要通过声音测量手段，发现第6号船舱、第7号船舱的底层船舱充满了水，第4号船舱的底层船舱进水大约17英尺深，只有第5号舱尚未进水。3时，海水的高度已经和第7号船舱舱口高度一致，该舱全部沉入海里，海水不断地冲刷着甲板，直接影响了拖航速度。进水的直接原因是多次被炸，船体一些铆钉和接缝变得松动，导致船体自重和阻力增加，拖航异常吃力，且自身船舷倾斜度越来越大，沉船危险随时都可能发生。船员们为掌握损伤严重的船舶情况，不得不每过30分钟即测量一次船尾下沉情况，相关信息随时汇总到经田茂那里，供其研判船损进度状况。

# 七、日军弃船弃俘，战俘奋起自救

10月2日拂晓，“里斯本丸”已经遭受鱼雷袭击近乎24小时，负重船体明显地左右摇晃起来，船尾下沉速度加快，已不可能到达安全区，沉没似不可避免。这天天气较为晴朗些，海面虽有浪潮，相对比较平静，有利于海难营救。损伤严重的“里斯本丸”距离附近海岛群并不算远，在涌浪推动下，一般体力充沛的人可以自行游到近旁任何一座小海岛的。早晨6时10分，牵引绳第二次断裂，“里斯本丸”被迫原地停泊，危险分分秒秒加重。6时45分，“丰国丸”发出信号，决定派出不远处的救援船“笠岛丸”开到“里斯本丸”近身，准备使用水泵协助抽出艉尖舱的海水，“丰国丸”则等待排水结果的信号再行决定拖航。“笠岛丸”同时向“丰国丸”发出信号，表示开始准备在接舷后进行后部船舱排水。遗憾的是，“里斯本丸”甲板船员也做了准备，旋因“涨水和海浪都太高了，这个尝试停止了”①，“笠岛丸”无法靠近“里斯本丸”旁边，几经努力尝试均失败了。“丰国丸”只得再次拖航。

晨7时，从“丰国丸”上又甩给“里斯本丸”一条3.5英寸粗钢丝牵引绳，试图第三次继续拖航。7时30分许，“里斯本丸”被拖至遭受鱼雷袭击“以西的15英里”的海域②，两船之间钢丝拖绳第三次断掉，所有能用来牵引的绳子都断了，迫使“里斯本丸”停止航行。大副见此情形，马上朝向船桥报告绳子断掉，实际告知船长赶紧想办法。其实，二副荒木枢回忆信息并不准确。“里斯本丸”自遇袭后继经一夜折腾至沉没海域，这段距离东福山岛准确而言，为25.35海里=29.18英里=46.96千米，已经十分接近浙江省定海县东极乡境内的东福山岛、青浜岛、庙子湖岛（均有人居住）及其附近无人岛屿群。到了这时，“里斯本丸”船尾越来越重，吨位小一半多的“丰国丸”实在拖不动了，能用的缆绳都用完了，应当立刻实施救生行动，快速转移战俘等。

上午8时之前，“里斯本丸”船体开始向左舷倾斜一点点，8时许向左舷倾斜7度，约8时20分向左舷倾斜15度，8时55分再倾斜20度。9时过一点，船尾沉没

---

① 《经田茂在香港军事法庭审讯的辩词》，1946年11月14日。载《香港军事法庭审判经田茂记录》，第275页。

② 《证人荒木枢在香港军事法庭审讯经田茂的证词》，1946年10月28日。载《香港军事法庭审判经田茂记录》，第104页。

只用了很短的时间，向左舷倾斜30度。当船尾接触海底之后，船体倾斜渐渐再次直立。

8时之前，经田茂第三次从船桥上下来，让船员打开第5号船舱口，由轮机长陪同，亲自进入第5号船舱察看，发现第5号船舱没受什么损害，但能明显听到海水漏进到第6号船舱的声音。经田茂基本判明情形，很快出来上到船桥，下定决心弃船，同时再关闭第5号舱门。平心而论，如若经田茂再晚个把小时判断清楚弃船，无疑必是灭顶之灾，全体战俘无一能活命。当然，这种事情也只有富有海难经验的经田茂船长决断才行，所以临此危急关头，经田茂已不再犹豫了。8时10分，因船体朝左侧倾斜7度即将下沉，经田茂遂通过信号手向“丰国丸”打出紧急旗语信号，要求矢野美年允许全体人员弃船。经田茂是这样明确表达危急意思的：“里斯本丸就要沉没了，我想每个人弃船。”① 这是经田茂第一次未经过杉山以及和田秀男的同意，甚至也未与他们商量便自作主张地决断，除了本能意识反应之外，沉船严重情形确实到了最危急关头，已经刻不容缓。不过，经田茂事后迅即报告了杉山，得到了后者的认可，却未询问和田秀男。从这时起，若能够动员全部在场的舰船实施救生，那么“里斯本丸”上所有的人员是能够被安全的营救出来的。最坏的结果，也能动员活着的战俘跑出船舱跳海逃生，不至于丢下800多人。遗憾的是，日军指挥官并没有这么做，而是选择了反人类战争罪行。

令人万分焦急的是，生死攸关就在这半小时之内。8时10分，海水继续涌进第6号舱，第7号舱已经完全没入海里，目测与海平面基本持平。

8时20分，救援船队指挥官矢野美年第一次向“里斯本丸”发出准备弃船的信号：“船上所有人准备弃船”。经田茂获悉后立即通知在船桥上的和田秀男知晓，又通过大副告知杉山，船员和卫兵个个身穿救生衣随即做弃船准备。8时30分，船尾海水已经与第6号船舱持平，海水时不时地漫过舱板，“里斯本丸”处于极度危险状况了。

8时45分，救援船队指挥官矢野美年第二次发出弃船信号，将第一次命令修正为“把军队和船员转移到‘里斯本丸’船边的一艘船上”② 这艘接运船便是小吨位的扫雷艇“第一黄埔丸”，而不包括战俘，这就十分明确弃俘了。这是一个非常可怕的决定，这两条信息前后间隔25分钟却完全不一致，而做出这个关键决断的看似第13炮舰队司令矢野美年了，直接导致1 800多名战俘陷入万劫不复之深渊，其背

① 《经田茂在香港军事法庭审讯的辩词》，1946年11月14日。载《香港军事法庭审判经田茂记录》，第287页。

② 《经田茂在香港军事法庭审讯的辩词》，1946年11月14日。载《香港军事法庭审判经田茂记录》，第287页。

后是否另有更高级指挥官决断尚不得而知。笔者亦曾模拟场景，反反复复思考矢野美年异乎寻常的决策，综合各种各样的环境条件、人性心理、战争残酷性需要等诸多因素，仍然百思不得其解。为什么短短25分钟之内就敢于下达命令丢弃战俘？正是因为来自矢野美年“弃俘”的命令，和田秀男才敢于肆无忌惮地放手开枪弹压战俘，这对于一直被闷在船舱里手无寸铁的近两千名俘虏来说，实乃无异于惨无人道的“坑杀”！因为这艘船就像一座深坑，随时可以填埋活人。其罪，罄竹难书！

经田茂获悉将有扫雷艇靠近“里斯本丸”，专门来接驳日军看守和船员们，但不包括俘虏，明白无误要丢弃战俘了，便将弃船指令告知和田秀男，特别要求放出战俘逃生，又让大副通知杉山撤离。令人疑惑的是，经田茂并没有向矢野美年发出放出和转移战俘的请求。和田秀男走下船桥，通知警卫队准备撤走，并没有打算留给战俘最后一条生路，甚至留下几名卫兵持枪严防死守舱口，一旦有动静便开枪。与此同时，经田茂又告知大副，“丰国丸”已发出撤离指令，要求他带领船员们准备撤离，必须在警卫队先走之后再撤退，自己则断后，此乃海难惯例。即是当船舶在海上遇难时，船员应当在所有乘客撤离之后再离开，这也是发生海难时的一般规矩。

实际情况是，从8时20分准备弃船至8时50分最危急时刻，经田茂并没有采取任何降落救生设备入海的措施，直到船沉没时，这半个多小时是救命的黄金时间，以致战俘们跳海后亦无船筏可用。很快，船体又出现较大幅度摇摆，倾斜角度已达到了20度，船尾已经沉了下去，海水就势漫上了大半部甲板，沉船危险已经进入倒计时读秒。大量海水从左舷漫进第5号船舱，加快船体向左倾斜速度，所有船尾底舱全部进水，整条船舶马上就要直立了。为营救剩余的船员和卫兵，8时55分，“第一黄埔丸”从“里斯本丸”右舷船尾贴近上来。其后10分钟内，按照先撤退卫兵后船员的指令，该艇忙于转移及救捞来不及下船跳海的船员和卫兵，却不是来拯救战俘的，实在是有悖于人性伦理。因“里斯本丸”向左侧倾斜度较大，部分船员和大部分卫兵好不容易转移到“第一黄埔丸”上，时间已不等人。

9时刚过，“第一黄埔丸”便急速避开“里斯本丸”远远离去，以此躲避沉船漩涡波及，不得不丢下剩余的大部分船员和三四名卫兵，这些船员和卫兵只能跳水各自逃命了。不过附近围拢10艘舰船，包括和田秀男、新森源一郎等在内，大部分被“第一黄埔丸”“利根丸”及其他船只救起，仅有个别人溺亡。

值此危急关头，斯图尔特察觉到危险临近，已经不能再坐以待毙了，立即命令豪威尔再一次即刻行动，从原来入口爬出去，寻找一线生机，同时“去问日本人是否我们可以游出去或者做的其他事情"[①]。豪威尔临危受命，揣着之前尽力能找到的几把小型面包刀、剃刀、折叠刀等工具，带领波特立刻行动。他们在黑暗当中一点点地爬行，一路触碰到身边窒息已无意识的战友身体，找到了另一条通往舱口盖上的木梯。豪威尔肩膀顶着舱口，借助下边几个人的推力，起身奋力挪开一块约 2 英尺宽的盖板推向一边，再使用剃刀划开帆布一条缝，待眼睛适应外部阳光之后，观察发现了远处五六英里外的小岛，再看甲板虽不见人影，却知道一定有卫兵和机枪仍在附近看守。豪威尔将观察到的情况报告给斯图尔特，然后切断捆绑舱盖帆布的对角斜拉绳子，扩展成大洞，便于后面的人逃生。做好了这一切，豪威尔全力跃出第 2 号舱口，打开了通往第 4 号底舱的钢质舱壁，与波特等五六个人爬上甲板，缓步向船桥走过来，要找船长经田茂交涉。豪威尔发现有些英军炮兵正从很小的第 4 号舱口费力地往外爬，随即跑过去拧开舱口上螺丝，打开了一个舱壁门，放他们出来到甲板上。按照豪威尔的话来说，没来得及和第 1 号底舱联系，"我一直忙着让 3 号底舱里的人出去（作者注：实际是第 4 号舱）"[②]。豪威尔还发现后半部船樯已经与海水平行了，战俘们还被关押在船舱内，生命危在旦夕。然而，客舱甲板通道上的 4 名日军警卫和新森源一郎翻译官发现了豪威尔几个人突然出来到甲板上，站在"舰桥左舷的和田中尉发出开枪的指令"[③]。豪威尔也看见了卫兵和没穿制服的新森源一郎，万万没有料到的枪声近距离突然响起，当场造成战俘人员伤亡，迫使活着的人急速逃回船舱。一颗步枪子弹穿过豪威尔耳边，射中波特当即瘫倒在甲板上，还有一名战俘被打死在甲板上。豪威尔让波特喊话，请求卫兵别开枪同意他们回舱。经过波特喊话，卫兵遂停止射击，豪威尔趁势借助置放在绞缆机上的金属顶板及舱口盖掩护，拖着负伤的波特迅速退回舱内。"他们进舱不久后，几颗子弹射入了船舱"，致使附近的汉密尔顿"肩膀上有一个小刮伤"[④]。另外，"米德尔塞克斯军团一位军乐队成员普鲁梅里奇也被击中"[⑤]，他在此次事件中幸存，后来定居在英国。

趁此混乱之际，随同豪威尔行动的一名战俘躲藏在甲板上的绞车后面，悄悄地割开了第 1 号舱帆布打开舱盖。也只有在这关键时刻，用外力打开第 1 号舱盖子，

---

① 《证人汉密尔顿在香港军事法庭审讯经田茂的证词》，1946 年 11 月 3 日。载《香港军事法庭审判经田茂记录》，第 213 页。

② 《证人豪威尔在香港军事法庭审讯经田茂的证词》，1946 年 10 月 25 日。载《香港军事法庭审判经田茂记录》，第 74 页。

③ 《证人荒木枢在香港军事法庭审讯经田茂的证词》，1946 年 10 月 28 日。载《香港军事法庭审判经田茂记录》，第 129 页。

④ 《证人汉密尔顿在香港军事法庭审讯经田茂的证词》，1946 年 11 月 3 日。载《香港军事法庭审判经田茂记录》，第 213 页。

⑤ 《证人查理斯在香港军事法庭审判经田茂提供的证书》，1946 年 4 月 2 日，于英国米德尔塞克郡斯威斯敏斯特城宣誓。载《香港军事法庭审判经田茂记录》，第 561 页。

放里面的人出来，这是唯一的最佳时机。通过豪威尔叙述得知：当枪声响起时，随同他上到甲板的五六个人立即分散隐蔽开来，除了伤亡之外，其中的一个人藏在前甲板上，距离船桥看不见的地方。当豪威尔按照日军指令退回第2号底舱时，“那位战友一定已悄然转到1号底舱，并迟早会把他们给放出来。”“这纯粹是一件让人惊讶的事，但有人让1号底舱里的人出来，因为我出来时，他们几乎在水里了。在我第一次出底舱的时候，他们一定是没在甲板上的。”① 事实的确如同豪威尔所述的那样，他第一次上去甲板时，极目所见并未看到附近第1号舱的人，第二次冲上甲板时却眼见第1号舱的人已经陆续出来了，间隔也就5分钟左右。即是说，第1号舱门、第2号舱门、第3号舱门都打开了，船桥下面连接到第4号船舱的两扇铁门也打开了，只是第4号船舱最上面的舱口仍然关闭着。

至于是谁胆敢下令日军开枪之事，站在船桥高处的二副荒木枢亲眼所见是负责战俘的指挥官和田秀男，“他下令开枪，因为一些战俘从2号舱中逃出来了，之后一些卫兵从客舱甲板上朝他们开枪射击”。荒木枢还看到“有五六个战俘同时从底舱中出来，他们其中大约三个因射击受伤而倒在了甲板上，而他们中的一两个人躲在了甲板上的绞车后面。”② 这就十分明确地指证了是和田秀男下达的开枪命令，至于在他背后是否还另有主谋，当然矢野美年的嫌疑最大，因其下令不要俘虏了，唯一有效办法即是全部封死在舱内随船沉入海底，永世无人知晓真相。

在驾驶室的三副本人也听到了枪声，凭其直觉“觉得它瞄准的方向是守卫看守的战俘们”③。当卫兵开枪时，经田茂颇受震撼，预感到不妙，立即从船桥下去找和田秀男。轮机长发现经田茂离开，便随后紧紧跟着他，担心其自杀，并告知了大副。与此同时，大副、二副、三副和3名舵手仍留在船桥上关注下面情况，尚未撤离。据经田茂在法庭交代，他待和田秀男“离开船桥，很短时间后，听到步枪射击。我走去看发生了什么，我看见两个战俘走回第3船舱。我也看到第1、2、3船舱的舱门已经打开，船桥下连接到第4船舱的两扇铁门也打开了”④。不过，第2号舱口已经被打开，留下了一个洞，这为几分钟之后战俘们发起更大规模的行动创造了极其有利条件。枪声响起，意味着守船日军已经采取武力镇压的严厉手段，当场打死打

① 《证人豪威尔在香港军事法庭审讯经田茂的证词》，1946年10月25日。载《香港军事法庭审判经田茂记录》，第74页。

② 《证人荒木枢在香港军事法庭审讯经田茂的证词》，1946年10月28日。载《香港军事法庭审判经田茂记录》，第105页。

③ 《证人桧山清之进在香港军事法庭审讯的辩词》，1946年11月20日。载《香港军事法庭审判经田茂记录》，第390页。

④ 《经田茂在香港军事法庭审讯的辩词》，1946年11月14日。载《香港军事法庭审判经田茂记录》，第288页。

伤了几个人，逼迫豪威尔等人退回舱内，随即使用火力封锁压制住手无寸铁的可怜战俘。这时的船长经田茂和轮机长在船桥的左舷边，大副也在船桥上，二副站在船桥的罗盘边，一起高度紧张地注视着下面的动静，根本就不敢阻止警卫开枪。

就在这档口，第 1 号舱的战俘听闻枪声，加之船只严重向左倾斜，觉察到面临重大危急时刻了，便里应外合开始了最后自救行动。法瑞斯（又译法伦斯、法勒斯）看见守候在舱口梯子顶部的战友听见枪声便自然地往后退，立即大声吼叫“我们必须死的像人一样，而不是像老鼠一样！”逼迫看守梯子的人让道，在另外一两个人的迅速协助下冲破舱口。到达上层甲板之后，法瑞斯“立即拉开许多舱口盖，放里面的幸存者出来”①。如此这般，法瑞斯成为第 1 号舱内第一个冲上甲板的勇士，他并没有急于跳海，而是忙前忙后帮助其他舱口的人们往外涌出。他“在甲板时没有看见任何日本士兵”，直至看到许多战友跳海，有一半的人没有救生衣，船即将下沉，他才越过船沿入水，游至青浜岛附近数百米外的海面遇到渔船获救。法瑞斯和同为第 1 号舱的战友伊文思及约翰斯通，在渔民的帮助下最终成功逃脱，又被中国抗日武装力量护送至内地西部之重庆。

被逼退回船舱的豪威尔将负重伤的波特带到第 2 号舱内台阶底部，交给在那里等待负责向斯图尔特传递信息的几名军官，波特很快便无生命迹象。波特牺牲过程，显然在甲板上被日军卫兵枪击成重伤，流了很多血，仍旧拼尽全力争取了卫兵停止射击，使得豪威尔安全退回舱内，最终死在第 2 号舱内，这是位值得尊敬的勇士。

当甲板上枪声骤然响起，豪威尔拖着波特满身血迹下到第 2 号舱内，并没有引起舱内任何恐慌，战俘们平静地聚拢在豪威尔附近，眼神中流露出十分关切的样子，“每一个人对外面的事情都非常有兴趣”②。豪威尔马上向斯图尔特报告外面的情况，特别是注意到该船在海水中的位置已经很低，船尾已没入海水中，船朝左侧严重倾斜，说明逃生时间不多了，情况万分危急。由于舱口被掀开了一个洞，外面的阳光照射舱内，吸引了周围所有人的目光，新鲜空气也随之涌进来一些。斯图尔特借助从舱口透进来的阳光，看到豪威尔身上沾满了血迹（实际是抢救波特留下的血渍），立刻询问豪威尔是否还好？得到安好无恙答复之后，斯图尔特急切地问船舶现状如何？豪威尔认为船舶状况相当令人绝望，海浪已经涌上来了。斯图尔特当即指示豪

---

① 《证人詹姆斯·威尔弗雷德·法瑞斯在香港军事法庭审判经田茂提供的证书》，1946 年 3 月 5 日，于香港战争罪调查局法律科宣誓。载《香港军事法庭审判经田茂记录》，第 556 页。

② 《证人汉密尔顿在香港军事法庭审讯经田茂的证词》，1946 年 11 月 3 日。载《香港军事法庭审判经田茂记录》，第 213 页。

威尔，“尽可能地让那个洞变大，并转移另一木板或其他东西”①，目的是让更多的人能快速上去逃生。从豪威尔撤回舱内再到折返舱口，也就 5 分钟时间，豪威尔来不及回到自己的铺位拿东西，甚至来不及找救生衣，事实上，过道挤满了人也回不去了。于是，豪威尔身着卡其布短裤第三次上到甲板，迅速扩大船舱洞口，帮助下面的战友们爬上甲板。这一英勇不凡的开辟生命通道的时间，定格在 8 时 55 分左右。

豪威尔此时抬眼望见第 1 号舱、第 2 号舱、第 3 号舱、第 4 号舱的战友们已经陆续出来了，便放心地转身从船舷左侧第一个纵身跳入大海。有了豪威尔带头作用，战俘们也随后集中在第 2 号舱口周围纷纷入海，游向附近的舰船求助。当然，第一批挤上到甲板的战俘，回过身来迅速拆掉剩余的木板和帆布，使整个舱口全部暴露出来，方便后续人群快速上来。富有海洋逃生经验的人，还不忘记将随身携带的瓶子拿到船员休息室灌满淡水，然后从容不迫地入海，伊文思就是这样做的。他本来已经上到甲板，看见有人带着救生衣和淡水瓶，立马返回底舱寻找救生衣和一只瓶子，再爬上已呈 30 多度锐角的甲板到船员室排队装淡水。谁也不知道在海上能漂流几天，所以拥有一瓶淡水就意味着延续生命。还有一些人忙着捆绑木板制作木筏，甲板上临时搭建的厕所因船倾斜已经散架，有人便利用木架制作成木筏，只是时不我待。许多人因不会游泳并未着急跳海，而是寄望于附近那么多船舶来救援，实际船沉时也未有任何一艘主动前来救助战俘们。诚然，还有些人以为船只并不会沉没，抱着一线希望抓牢身边物体，静静地等待着奇迹发生，如幸存者希尔就是这样想的。他回忆：“我直至最后才离开，因为我还抱有一点希望，船舶可能不会沉下去。”直到听到了喊叫声，“船快要沉了！”“我赶紧跳了起来，不久后，船就沉了下去”②。也有人把舱口盖顺势扔到海里，权作简易木筏使用。

8 时 55 分，最后留置船上的日本卫兵和船员开始撤离，拖船也解开了缆绳，实质意味着彻底放弃了“里斯本丸”。杉山、和田秀男和看押战俘的卫兵以及船员都弃船离开，他们要么成功转移至靠近“里斯本丸”的救生艇上，要么跳入海里，被停泊在附近的舰艇救起。新森源一郎走到船尾，从右舷跳海后被“利根丸”救起，救他的这艘船也救出了经田茂。和田秀男在新森源一郎之后跳海，游了一段，被附近的炮艇救出。大副、二副、轮机长曾一齐劝说经田茂弃船和他们一块离开，“但

① 《证人豪威尔在香港军事法庭审讯经田茂的证词》，1946 年 10 月 25 日。载《香港军事法庭审判经田茂记录》，第 64 页。

② 《证人希尔在香港军事法庭审讯经田茂的证词》，1946 年 11 月 1 日。载《香港军事法庭审判经田茂记录》，第 2C8 页。

他说将与船舶共同沉没，因此其他人应服从他的指令，并离开这艘船”[①]。轮机长还脱下救生衣要给经田茂使用，被后者坚决拒绝了。经田茂大声吼叫着，命令大家快快跳海，自己还是坚持单独留下了。其他人纷纷下到甲板从倾斜的左舷边跳海，包括两三名卫兵也自行跳海。三副临走之前不忘怀揣“航海日记”，从右舷跳海，游了约 30 分钟，被救上舰船[②]。约 7 分钟后“里斯本丸”完全沉没水中。因为“丰国丸”最后派出一艘靠近“里斯本丸”接运卫兵和船员的船只“第一黄埔丸”体量实在太小，容纳不了全部剩余船员，加之为规避“里斯本丸”沉没危险，这艘小船只接运了一小部分船员和卫兵便离开旋涡地带。有一个事实，所有卫兵和船员离开“里斯本丸”之前，无人采取帮助释放战俘的任何举动，而且剩下的数名卫兵持枪坚守到最后，竟然射击开舱的豪威尔等人，贻误战俘逃生最为关键的时机，实乃罪过。这些卫兵一个个脚蹬靴子，裹着军用绑腿，身穿大衣，拿着步枪，头戴一顶钢盔，临了还毫无人性开枪射杀甲板上以及海里挣扎的战俘。

经田茂待船员们离去之后，便快步走进客舱甲板，原打算把自己绑上支柱与船同归于尽，算上这次海难，经田茂已经遇到过三次了，实在没有活下去的愿望了。岂料船体向左舷猛的倾斜，把经田茂带入水里约一分钟左右又浮上来了。经田茂经历了一次“鬼门关”，突然明白又想活了，便快速“解开了绑在我身上的绳子，向船的左舷的甲板楼梯走去，然后走向船长甲板”[③]。自杀未遂的经田茂，来到置放救生艇的右舷甲板上，赎罪式的帮助战俘们把船上唯一可用的救生舢板砍断绳索放入海里，不断地催促战俘快快跳海，而后来到船桥驾驶室观看四周情况。这时非常感人的一幕出现了，当救生舢板下降海里过程中，甲板上仍然有许多战俘不肯跳海，有 2 名战俘军官竟然跑到驾驶室，大声疾呼战友们同他们一起乘小船离开，至少要快快离开。经田茂目睹此情此景，无法言语。直到最后船沉时刻，经田茂套上从驾驶室内找到的救生衣，才自驾驶室甲板的右舷跳海，20 分钟之后便被驶来的一艘日军炮艇“利根丸”捞出。这艘舰艇抛出一只绑着绳子的救生圈，经田茂抓住后便被拉上去获救了，上船后还洗了一遍热水澡。他发现这艘船上并没有任何战俘，亦无任何现场救助落水战俘的行为，看起来只盯着海里的船员和日军。经田茂便询问舰长：“我问为什么战俘都没有被救起，得到的答案是他们并没有收到营救战俘的命

---

① 《证人荒木枢在香港军事法庭审讯经田茂的证词》，1946 年 10 月 28 日。载《香港军事法庭审判经田茂记录》，第 109 页。

② 《证人桧山清之进在香港军事法庭审讯的辩词》，1946 年 11 月 20 日。载《香港军事法庭审判经田茂记录》，第 390 页。

③ 《经田茂在香港军事法庭审讯的辩词》，1946 年 11 月 14 日。载《香港军事法庭审判经田茂记录》，第 291 页。

令。尽管我很清醒，但是感觉不太好。”①。连经田茂都认为不应该做出如此决绝的事情，竟然真真切切地就发生他的在眼前。不管怎样，经田茂船长是所有日方人员当中最后一个跳海的。此外，“笠岛丸”也捞出4名船员，然后送上“丰国丸”归队。

如果700多名日本军人和乘客从“里斯本丸”上驳船的时候，也将战俘们一同带走，这场悲剧原本是能避免的，也有足够的时间撤离。而日军并未这样做，其意图很明显，要连人带船一同殉葬大海，然后将责任全部推卸到美国方面，造成美英盟军自相猜疑矛盾的悲剧。

9时刚过，“里斯本丸”倾斜角度达到了23度，第5号舱终于进水，海水是从倾斜严重的左舷涌入的，船尾全部入水。当“里斯本丸”最后一次晃动时，船尾终于迅即下沉，海水很快便灌进了已被打开的船尾下舱里，船体直立下沉。最先集体遇难的是被关押在第4号舱里的战俘，因其船舱最早进水，加之空气稀薄，导致大部分人失去意识，没有时间也没有任何办法逃离出去，只有一少部分人从船桥下面的两扇舱门逃出，舱口未被打开，先逃出来的几十人筋疲力尽都瘫倒在甲板上。求生的本能促使第1号舱、第2号舱、第3号舱的战俘们早已行动了，人们绅士般地有序在楼梯和梯子前排起了长队，从底层甲板上到二层甲板，奔向舱口，不顾一切地冲上甲板，发疯似的不惜与最后留置船上的日本卫兵展开殊死搏斗，迫使几名日军卫兵急忙跳海，和田秀男也不得不用手势让战俘们“跳入水中”，随后战俘们亦纷纷跳入大海逃生。从这一短短过程看，第1号舱、第2号舱、第3号舱情况好一些，绝大部分人成功逃出，唯第4号舱只有很少一些人从船桥下面的铁门逃生，其中包括军官彼特少校和安德鲁·萨尔曼（Andrew Salmon）、伯特·加雷德利（Bert Garradley）、杰克·安田朴（Jack Etiemble）等，后来均幸存下来回到英国。汉密尔顿认识彼特少校，证实他是从第4号舱逃离的。② 即是第4号舱超过3/4的人，系大部分战俘溺亡，船舱最上面的舱口仍然紧闭，该舱战俘命运最悲惨。相比前面船舱，第4号舱进水更早，依靠水泵抽水速度根本就赶不上进水速度，且在缺氧、缺水、缺食物补充情况下，体质虚弱的战俘逐渐失去了知觉，而当船体倾斜45度角时，许多人掉到舱底水下直接淹死，活着的人们却无能为力，只能拼命“通过抓住铆钉爬上船舱的一侧，到达中层甲板处”③。即便如此，1号船舱、2号船舱、3号船舱里大

---

① 《经田茂在香港军事法庭审讯的辩词》，1946年11月14日。载《香港军事法庭审判经田茂记录》，第293页。

② 汉密尔顿在香港审判法庭作证说：我认识4号舱一个负责的军官，名叫Major Pitt，他活下来了，他是幸存的高级官员，最后逃回英格兰了。

③ 转引自安德鲁·萨尔曼，克里斯汀·亨德森：《记住我的面孔——“里斯本丸”沉船的真实故事》，1997年。

部分战俘仍然逃出地狱。

卡斯伯森（Cuthbertson）上尉是最后一个离开第 2 号船舱的人，他出来之前先下到船舱底部检查，以确保那里没有幸存者。波洛克（Pollock）曾受香港官员的委托，带着一些资金以便到日本时供给战俘们使用，因而他又返回到了第 1 号船舱，成功地将这笔钱带走免遭损失。

同样面对生与死，发生了许多令人难以忘怀的英勇事例：

皇家苏格兰团的军官沃克（Walker）把他的救生圈毅然给了一个不会游泳的人，意味着自动放弃生的希望，自己却溺亡。据汉密尔顿回忆：“此后就再也没人见过他”①。

也有人找到一盒救生衣，把它抛到海里，让没有救生衣的战友们分享。

一名战俘以折体式（中间呈 V 形弯）入水，堪称标准的冠军级跳水运动员。

桅杆还在水面上时，惠特克爬上绳索，拿着他的军号，开始吹起所有他能记得的军号，令人振奋又伤感。

挤上木筏的，抱着木板扑腾的，穿救生衣游泳的，经过身边时都互相问候，毕竟暂时自由了，能呼吸新鲜空气了。

斯图尔特虽然一条腿有毛病，自己还是抓住了一根绳子，被扶上了甲板。“他上来的时候和往常一样的简洁干净，戴着帽子，拄着拐杖。”② 新森源一郎评价“他是一个非常严肃的人，是一名真正的战士。”③ 斯图尔特一上到甲板，立即命令大家弃船跳海，很快海面上布满了人头，有的人奋力游泳，有的人抱着木块随浪浮沉，场面十分悲壮。斯图尔特发现很多人拥挤在倾斜船体一侧，增加了船体的倾斜度，便高喊大家往船舶高的那一侧去，以保持平衡，于是战俘们自觉地服从。后来斯图尔特本人坐在一艘半沉的救生艇里没有水的地方，仍然精神抖擞，穿着整齐的制服，戴着尖顶帽，显得沉着冷静。站在日军舰艇上的战俘发现斯图尔特之后，人群欢呼三声，即刻扔给他一条绳子，把他拉上船。

在此，由衷地钦佩英国军人的较高心理素质及其良好修养，临危不乱。

但不幸的是，第 2 号舱内连接二层甲板和底舱的木梯底部在关键时刻被人们踩坍塌了，只能靠战友从舱口顶部垂下的至少 3 条绳索攀爬逃生，因之底舱还有一些无力行走或者晕倒的病员无法上来。这一情形，被幸存者希尔看在眼里，留下了深刻的印象。4 年之后在香港审判船长经田茂时，希尔出庭作证，讲述了这段悲惨的

---

① ［英］杰弗里·卡佐·汉密尔顿著：《“里斯本丸”的沉没》，香港绿塔出版社 1966 年印制。

② ［英］杰弗里·卡佐·汉密尔顿著：《“里斯本丸”的沉没》，香港绿塔出版社 1966 年印制。

③《证人新森源一郎在香港军事法庭审讯经田茂的证词》，1946 年 10 月 18 日。载《香港军事法庭审判经田茂记录》，第 339 页。

事情。当庭长询问船舶沉没时，第2号舱里是否还有活着的人？希尔明确地回忆：我完全可以确定底舱还有活着的人。基于以下事实：

“楼梯坏掉时，还有许多人仍在底舱底部，即使有绳索，他们也不可能全都逃出底舱”。“底舱底部到处躺着人，一些是因为前一晚上空气不足而晕倒的，还有一些是航行期间生病的”。估计有100多“病人或晕倒的人仍在底舱的底部”，这些人用绳索逃出底舱的可能性毫无指望①。

按照希尔的悲观说法，第2号底舱很多病情较严重者根本就出不来了。希尔是在木梯坍塌之前上到甲板的，之后便断掉了，他还协助收放绳索往上拽人。“如果战俘很强壮，可以自己爬上来，那他自己就会爬上来。如果战俘太虚弱的话，那他就会被拉上来，协助其到顶部。”② 只可惜，沉船速度加快，能留给第2号底舱依靠绳子爬上来的宝贵时间所剩无几，导致一些人就此永远留下了。这一年，希尔35岁，留下永生记忆。

同在第2号舱的阿尔夫·亨特回忆：“我还记得有一个人试图爬上绳子，却直接掉到了船舱的底部，在他往下掉的时候还撞到了甲板间（二层甲板的）拱出的位置。他掉到底部后，就没有动弹过。”“大约有三四十个人尖叫着，掉入船舱底部，有些人没能活下来。”“我想起我们的同伴彼得·威格泽尔中士。他真的很虚弱，他躺在所谓的‘床’上，船舱满是水时，他的生命之火也随之熄灭。因此，他死了。”③

除此之外，与第1号舱一样，第2号底舱也有一些病死的人，其数量大大超过第1号舱仅有的两名死者。豪威尔回忆道：依据底舱战俘口口相传，“2号底舱有20至30例的死亡记录”，名字都有提到，是由“军医或其他走到那儿的人大声叫唤。”诸如“远角处有人身体变凉了，你旁边的人死了，那么他会说‘好像撒旦已经走了’”④。在第2号底舱至少有3名军医，他们日夜一直忙碌着照看每一个患者，检查刚刚死去的人。如果能够出来，他们也是最后逃出的。即便体质病弱的人被战友协助上到甲板，亦无力跳海游泳，只能可怜无助地消失在大海深处，卷走的乃是不甘的一个个年轻军人的生命。

---

① 《证人希尔在香港军事法庭审讯经田茂的证词》，1946年11月1日。载《香港军事法庭审判经田茂记录》，第189页至190页。

② 《证人希尔在香港军事法庭审讯经田茂的证词》，1946年11月1日。载《香港军事法庭审判经田茂记录》，第199页。

③ 转引自安德鲁·萨尔曼，克里斯汀·亨德森：《记住我的面孔——“里斯本丸”沉船的真实故事》，1997年。

④ 《证人豪威尔在香港军事法庭审讯经田茂的证词》，1946年10月25日。载《香港军事法庭审判经田茂记录》，第74页至第75页。

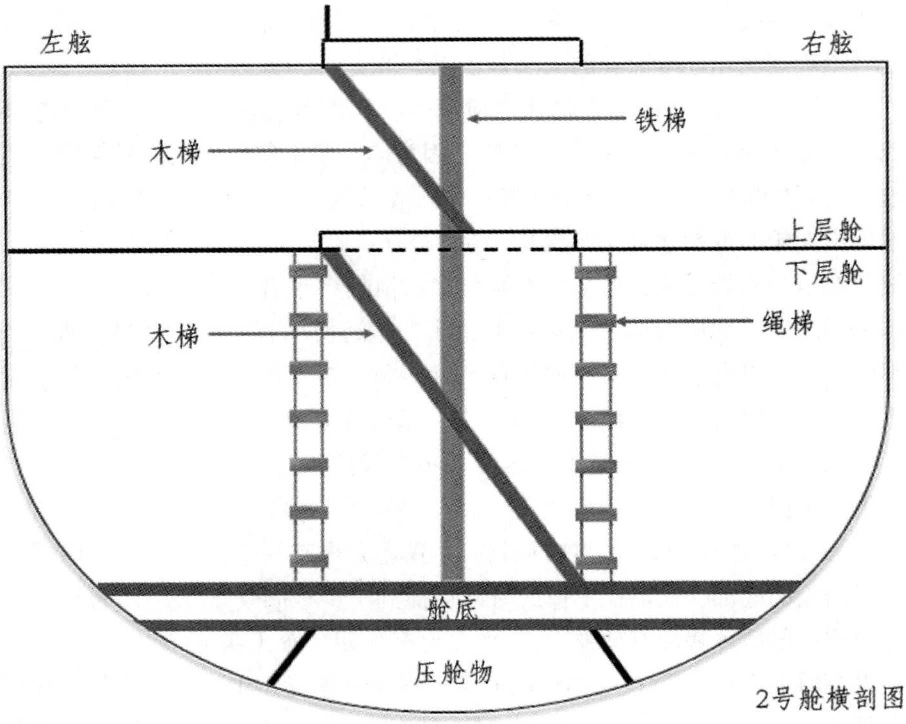

2号舱横剖图

对于希尔、豪威尔等人关于第2号舱底舱仍留有百余病患者的证言，香港国际军事法庭最终没有采纳，只认定第1号舱死亡2人。

海水继续从舱口的开口处涌进去，顺着船舶倾斜角度，依次灌进第4号舱、第3号舱、第2号舱、第1号舱内。而在船舶沉没之前，一些人似乎已经没有什么希望逃出船舱了，只好坐以待毙。如第2号船舱内借着昏暗的光线，苏格兰皇家副官卡斯伯森（Cuthbertson）上尉小心翼翼地戴上了他的大黑头巾形帽子，神态相当镇静，不无幽默对旁边人说，“他更愿意见到穿着得体的上帝”①。

事后检点，“里斯本丸”上的全体船员无一死亡，仅有2名日军士兵死亡（随行士兵1名，俘虏监视兵1名），1名俘虏监视兵行踪不明，合计船上的日军死亡、失踪3人。按照矢野美年报告的具体说法是：“一等兵伊东锐藏离队，被第7号舱舱口的横梁砸中当场死亡；一等兵寺四清次郎在本船撤退后溺亡；一等兵杉原实生死不明；轻伤者若干”②。实际情况是，当鱼雷击中船尾时，一等兵伊东锐藏逃离7号

① ［英］杰弗里·卡佐·汉密尔顿著：《“里斯本丸”的沉没》，香港绿塔出版社1966年印制。

② ［日］矢野美年：《“里斯本丸”事故始末报告》，1942年10月。载《香港军事法庭审判经田茂记录》，第529页。

舱，却被掉下来的横梁砸中当场死亡；2 日上午匆忙撤离“里斯本丸”时，警卫队一等兵寺四清次郎掉到海里淹死，警卫队一等兵杉原实失踪。这在日海军《第 13 炮舰队战时日志》有明确记载：“舰尾已沉没，开始收容陆军以及船员。一名陆军溺死，另有一名行踪不明”①。“笠岛丸”救起了 4 名船员，包括大副在内。而 842 名战俘溺亡、病亡及被枪杀，几乎占全体战俘的一半，乃是“二战”军事史上一大人间悲剧。原本“里斯本丸”船上的救生设备包括 4 艘救生艇、2 艘小舢板、6 艘木筏以及 2 700 件救生衣，遭鱼雷袭击时均未受到任何损坏，像 1 艘救生艇可以承载 45 人，如果合理分配利用，会极大地减少人员损失，最大限度地挽救生命。然而，战俘们跳海时大多没有携带救生衣，关键时刻船载救生设备并没有全部有效使用。如右舷的两艘救生艇被用来将日本士兵和船员转移至其他船舶上，却未返回救助；“左舷的两艘救生艇被悬挂在船边，但在 1 日下午 6 点 30 分左右，‘丰国丸’朝这靠拢时，将其撞得粉碎”彻底不能使用了②。弃船时，两艘舢板完好无损，但其中一艘因船舶倾斜而未能使用，另一艘被战俘使用了；木筏也是完好无损的，一些也被战俘使用了。这艘唯一的救生舢板是被第 2 号舱陆军战俘降到海里的，也是海难发生时唯一被利用的逃生船，即使挤满也不到 30 人。很不幸，这艘舢板因严重超载，放入海里驶离船舶不一会便翻船了，人们不得不抓住船体四周浮动，渐行渐远。舰桥尾部还有一只木筏被捆绑着，已浮在水中，希尔从舱里上来后便发现了它，上面还坐着一名战友。希尔游向木筏，却发现仍被绑在水下，又游回到舰桥经楼梯上到左舷的前部，在灭火箱里找到一把斧子，然后靠近木筏，“拿起一把消防斧，割断了绑在木筏上的绳子”③。乘坐一只木筏上的战俘用木板划船，坚持 8 个小时之久，还剩下 6 个人，其他人一个个掉到海里。其中的皇家炮兵乔丹（C. R. Jordan）回忆，所乘木筏最后被“一艘中国渔船一直用力地把我拖到他们的船上去”④。

即是说，当“里斯本丸”最后消失在水面上之际，船上还有数百人，包括许多体弱病人，他们被人从船舱内背出来时就已经精疲力竭了，一出来便赶上船沉时刻，眼巴巴地随船沉没，无力自救，可谓上天不悯人。经历了 9 个月战俘营生活，再加上这些天来海上航行折磨，原本体质虚弱的人们犹如雪上加霜，看似不远处的几英

① 参见日本海军第 13 炮舰队：《第 13 炮舰队战时日志》，1942 年 10 月 1 日至 31 日，第 13 炮舰队机密第 16 号。

② 《证人荒木枢在香港军事法庭审讯经田茂的证词》，1946 年 10 月 28 日。载《香港军事法庭审判经田茂记录》，第 101 页。

③ 《证人希尔在香港军事法庭审讯经田茂的证词》，1946 年 11 月 1 日。载《香港军事法庭审判经田茂记录》，第 191 页。

④ 转引自安德鲁·萨尔曼、克里斯汀·亨德森：《记住我的面孔——“里斯本丸”沉船的真实故事》，1997 年。

里外海岛，却无力跳海游过去。正如幸存者巴克所沉痛回忆的那样：在“里斯本丸”沉没之前的24小时内，“想要营救他们本是一件很容易的事。”① 令人遗憾的是，事与愿违。

综合“里斯本丸”最后沉没之前人员逃生情况，当船沉没前2分钟时向左舷方向倾斜25度，从船桥及前甲板跳海的基本是众多战俘，从船中部烟囱附近跳海的是船员，从船尾攀绳索而下转移至救援船的大部分是卫兵。

铁一般的事实是，万分危难之际，没有任何船员、卫兵去释放战俘。

还原这种极度危险状况，是落水千余人拼命挣扎于大海之中。周围大小船上的日军非但不出手援救，且使用机枪、步枪射杀落水的英俘，驾船从落难的俘虏身上开过去。甚至当英军战俘好不容易才爬上日船垂挂的绳索时，又被船上的日军野蛮地踢了下去。此情此景，正如幸存者所控诉的那样，当战俘奋力游近舰船时，不但得不到日军施救，“他们反而会踢掉要上船的人，踢进水里”②。汉密尔顿入海后，看见“周围约有4艘日本船，但是开始时他们拒绝前来营救我们。他们船边挂着一根绳子，但是我们的人想要上去都会被捅下来”,③ 不得不朝着几英里之外的海岛游去。正在海里奋力游泳的法瑞斯亲眼所见“停泊着的日本船上有许多人朝我们开枪”，“ 日本人根本无心救水中游泳的人，或者是沉船上的人”④。法瑞斯游了大约45分钟，再回头望时，看见“里斯本丸”沉没了。许多原本能生还者，却被日军打死在海里，侵略者再次制造了一场虐杀弱势群体的人间惨剧。克拉克森自述“当我们上了甲板，发现旁边有四到五艘日本船只，距我们约1英里左右，但是他们没有任何想要救我们的意思。”“一些人靠近日本船只时，在水中被射杀。”“我离开船几分钟以后，船只沉没。船上还有约250人，其中包括一些病人，他们没有力气从船舱爬出来。在这24小时间，他们本可以获救，但那些日本船只只是袖手旁观。”⑤

稍加分析日军如此行为的用意很明显，既然轮船是被敌方潜艇击中的，恰好借机报复这些手无寸铁的俘虏，顺势将海难责任全部推卸给敌对方面，同时还可以此掩盖舱里集体遇难者的真相。

---

① 《证人巴克在香港军事法庭审判经田茂提供的证书》，1946年1月23日，于英国威斯敏斯特城宣誓。载《香港军事法庭审判经田茂记录》，第568页。

② 《证人汉密尔顿在香港法庭审讯经田茂的证词》，1946年11月3日。载《香港军事法庭审判经田茂记录》，第215页。

③ 《证人汉密尔顿在香港军事法庭审判经田茂提供的证书》，1946年3月6日，于英国切斯特郡宣誓。载《香港军事法庭审判经田茂记录》，第565页。

④ 《证人詹姆斯·威尔弗雷德·法瑞斯在香港军事法庭审判经田茂提供的证书》，1946年3月5日，于香港战争罪调查局法律科宣誓。载《香港军事法庭审判经田茂记录》，第556页。

⑤ 《证人克拉克森在香港军事法庭审判经田茂提供的证书》，1946年1月26日，于英国威斯敏斯特城宣誓。载《香港军事法庭审判经田茂记录》，第568页。

更有甚者，日军竟然泯灭人性枪击渔民，阻拦其救人。如同海伍德所述："当我们从舱内出来，船上正在开火，我们也深陷其中。我和我的战友游到最近的一艘渔船，边上都是荷枪实弹的日军。在游水时我们受到了火力攻击。我们距船只有几米的时候，一位不知名的船员从船上扔下绳子，想接我们上船。正当他在拉绳子的时候，一个日本士兵弯腰射中了他的大腿，船员落入水中。我当即决定游向附近岛屿。"① 查理斯回忆："日军撇下岌岌可危的'里斯本丸'及被困在船舱里的战俘们，只在船上留下了4名日本哨兵。船舱被水冲破后，战俘们仓皇逃生，却被4名日本哨兵开枪射击。因此斯图亚特下令让战俘们都跳入水中。许多人照做了，企图游到2英里以外停泊的附近船只。""当我朝着船只游去时，有一些日军朝我们开枪，两名和我一起游泳的战俘被击中。"② 巴克回忆："此时在'里斯本丸'到一些岛屿之间，有5艘小船，最近的距我们约1英里。这些日本船只没有丝毫接近'里斯本丸'和营救我们的意图。4个小时后，一些小船开始了他们的救援工作，此时'里斯本丸'已消失在水面上。"③ 安德鲁·萨尔曼回忆"我们注意到有5艘日本军舰围着那艘注定要沉没的船舶，他们看到战俘从船舱逃出来时，就拿起步枪和机枪朝战俘们开火，所以水里的许多人以及试图游到军舰的那些人在水里就被射杀了。我看到有一名日本领航员用枪指着我的方向，看起来像一门大炮那么大。我潜到水里，尽可能长地不露出水面"④。阿尔夫·亨特亲眼目睹"有一艘船冒着蒸汽，在游泳的人中间航行，一心想把这些人撞倒。没有人试图去营救水里的幸存者"⑤。史密斯讲述当时"那些士兵从高于我20英尺高的船舶栏杆处，探出身来，一边嘲笑我，一边大喊大叫，并且指着我。但他们就是不愿提供任何帮助。……我又向第二艘船求救，令我吃惊的是，他们居然扔了绳子给我，但当我试图抓住绳子时，绳子就被拖走了"⑥。可怜的俘虏们，是那么的无助，即使不被打死，也因不会游泳撑不了多久而溺亡，会游泳的顺着潮流飘荡侥幸获救。原本比较平静的海面，一时之间人声

---

① 《证人海伍德在香港军事法庭审判经田茂提供的证书》，1946年5月14日，于英国德比郡克雷克罗斯宣誓。载《香港军事法庭审判经田茂记录》，第559页至第560页。

② 《证人查理斯在香港军事法庭审判经田茂提供的证书》，1946年4月2日，于英国米德尔塞克郡斯威斯敏斯特城宣誓。载《香港军事法庭审判经田茂记录》，第561页。

③ 《证人巴克在香港军事法庭审判经田茂提供的证书》，1946年1月23日，于英国威斯敏斯特城宣誓。载《香港军事法庭审判经田茂记录》，第570页。

④ 转引自安德鲁·萨尔曼、克里斯汀·亨德森：《记住我的面孔——"里斯本丸"沉船的真实故事》，1997年。

⑤ 转引自安德鲁·萨尔曼、克里斯汀·亨德森：《记住我的面孔——"里斯本丸"沉船的真实故事》，1997年。

⑥ 转引自安德鲁·萨尔曼、克里斯汀·亨德森：《记住我的面孔——"里斯本丸"沉船的真实故事》，1997年。

呼喊和枪声四处横飞，乱作一团。

目睹此时此刻凄惨情形，就连历经海难事故的经田茂也发懵了。经田茂未跳海之前站在船桥上极目四望看得非常清楚，也不明白周围那么多舰船为何不救助落难可怜的战俘？经田茂回忆：“正如我所见，大部分的救援船只并没有把这些战俘救起来。因此有各种各样的想法出现在我脑海里，我认为这些救援船只只有在把日本士兵都救完之后才会去救那些战俘。因此，我觉得如果我留在船上，会对这些战俘很不利，所以我决定跳到海里。”[①] 尽管经田茂似乎有为自己未下决心与船同沉找托词的嫌疑，亦能够直接在香港法庭审判时证明此事，足见其良心未泯。

这场惨绝人寰的海上屠杀，直到居住在附近海岛的中国渔民群众闻讯驾驶四五十艘舢板船赶到现场救援时，日军眼见难以封锁消息才开始改变态度，遂停止射击，勉强地打捞战俘，却一直不肯放下救生艇快速救人。当时从一艘位于距离“‘里斯本丸’左舷船尾2英里外的位置”舰艇上发出军号声，“停止向水中人射击”，整个射击时间“大约3分钟左右”[②]。这对泅水的战俘们来看，分分秒秒都是鬼门关，毕竟每个人都成为活靶子。幸存者汉密尔顿回忆也就是直到这时，“一些日本船会开始救水里的人。但你必须自己游过去，他们不会主动过来救你的”[③]。因之，“半小时后，我看见日本船改变了策略，朝我们驶来，想接我们。于是，我立即游向其中一艘日本船。船上的人向我扔绳子，一个战俘帮助我上了船”[④]。豪威尔入海后，和来自底舱的五六名战友朝着先前看到的海岛游去，从身后左半边的军舰上传来了枪声，明显射向豪威尔他们。豪威尔事后回忆道，“通过水溅起来的角度”，“步枪子弹开始朝我们身边射来”，“那时我们离船舶还不到50码至100码远”[⑤]。豪威尔遇到从第4号舱逃出的炮兵乔丹，两人共用一块船板，漂流至海岛附近，才被渔船救出。这样近距离开枪，射击对象近似固定靶子，必然造成伤亡。伊文思在青浜岛看见一名负伤的战友，“他的左臂被击中，一颗子弹划破了他的头。他在水里游泳时

① 《经田茂在香港军事法庭审讯的辩词》，1946年11月14日。载《香港军事法庭审判经田茂记录》，第292页。

② 《证人豪威尔在香港法庭审讯经田茂的证词》，1946年10月25日。载《香港军事法庭审判记录》，第66页。

③ 《证人汉密尔顿在香港法庭审讯经田茂的证词》，1946年11月3日。载《香港军事法庭审判经田茂记录》，第215页。

④ 《证人汉密尔顿在香港军事法庭审判经田茂提供的证书》，1946年3月6日，于英国切斯特郡宣誓。载《香港军事法庭审判经田茂记录》，第565页。

⑤ 《证人豪威尔在香港法庭审讯经田茂的证词》，1946年10月25日。载《香港军事法庭审判经田茂记录》，第66页。

遭到了射击”[①]。希尔在海里看到“里斯本丸”沉没所在地与海岸间的这一段距离，“有一艘小型巡逻艇，不断用步枪向水中的人射击”，“我看到离我很近一两个人消失了”。另在开往上海的船上，希尔有见到一名腿上被子弹打伤的海军战友，“他一直躺在甲板上，有一个日本人，我想他是个医生，过来检查他的腿，看腿里是否有子弹。他说，自己被来自甲板上的子弹击中时，正试图登上这些日本船舶中的其中一艘。”[②]。当枪声逐渐停止，日军舰船仍不积极救助战俘的事实，从豪威尔的经历还可确认。当他刚刚游到日军船只时，这艘船竟然不予理睬全速离开，致使豪威尔满心期望完全落空，只得自己坚持游到海岛。许多人抱着大块木头，在海里逐波顺流，任由其四处飘荡，一多半人没有救生衣。克拉克森亦说：“我和一些人到了一个岛屿，附近有中国当地的船只来营救我们。”[③] 亚历克·史密斯曾几次试图爬上在其范围内的日本海军舰艇，但都失败了，最后他终于爬上了一艘日本船，这艘船上已有100~150名的战俘，这已是中国渔船出现之后的事了[④]。

再说伊文思入水较晚，主要是他曾又返回底舱寻找救生衣和瓶子，再次回到上面船员休息室排起长队灌装淡水，遇到斯图尔特还催促他快点动作，直到临跳海时几乎就要完全沉船了，这份镇定及其稳定的心理素质表现，的确令人叫绝。伊文思从第1号舱逃出时，勉强站在前甲板上，发现舰桥到船尾都已经淹没在海水里，旋即纵身跳海。奋力游泳时，他听到枪声，并环顾四周看到正在射向不远处的战友，此情此景异常悲惨。伊文思借助救生衣一边游着，一边张望，看见数百人在海里飘荡，便招呼人们向附近的日军船舶靠近。然而，这些日军船舶根本就不理海面上的战俘，甚至远远躲避战俘，只关注打捞起日本船员和卫兵。诚如伊文思所言：“他们丝毫没有要朝我们靠近。我们游到离我们最近的一艘船，但这些船舶一直都在移动，完全没有试图要把我或我看见的任何人给接上船去。”[⑤] 伊文思和一名仰面游泳的战友结伴而行，游了1个多小时之后，在一股潮流推动之下，终于抵达青浜岛，被岛上渔民翁阿川接到家里安顿。经过这场磨难，从底舱闷热极点到冰凉海水浸泡，

---

① 《证人伊文思在香港军事法庭审讯经田茂的证词》，1946年10月31日。载《香港军事法庭审判经田茂记录》，第179页。

② 《证人希尔在香港军事法庭审讯经田茂的证词》，1946年11月1日。载《香港军事法庭审判经田茂记录》，第192页、第210页。

③ 《证人克拉克森在香港军事法庭审判经田茂提供的证书》，1946年1月26日，于英国威斯敏斯特城宣誓。载《香港军事法庭审判经田茂记录》，第568页。

④ 转引自安德鲁·萨尔曼、克里斯汀·亨德森：《记住我的面孔——“里斯本丸”沉船的真实故事》，1997年。

⑤ 《证人伊文思在香港军事法庭审讯经田茂的证词》，1946年10月31日。载《香港军事法庭审判经田茂记录》，第176页。

伊文思已经身心俱疲，突发高烧病倒不起。

综上所述，根据幸存英军战俘回忆，一致指证日军在沉船的生死存亡最后关头，其匪夷所思行为：不但枪击甲板上欲交涉的战俘，而且还毫无人性地射杀跳海的战俘；有区别地营救落水的日本人，却明显不救近在咫尺的战俘；起初坐船观望，直到中国成批渔船出现介入海难，这才改变态度，软化立场。即是各舰船完成救助所有的日本人之后，才视情打捞收容战俘的，总计 644 名战俘被“丰国丸”“第十云海丸”（收容 75 名）“竺岛丸”“利根丸”收容，这些获救战俘均身无一物①。不过为时已晚，失去了第一救助落水时间，许多人随波逐流挣扎，大面积冲向远方，被枪杀、淹死、饥渴而死、被海浪拍击岩石撞死，不一而足。若是一开始日军便存有救助全体战俘之意识，断然不会发生如此人间悲剧，至少能将损失降到最低点。

当日上午 9 时 7 分，“里斯本丸”船头朝上、船尾朝下，终于垂直沉入海中，最后旋转 352 度，从第 1 号船舱的附近海底突然涌出一股巨大的水柱直接冲向空中，巨大的漩涡立即向周边散开。沉没地点在浙江省宁波专区定海县东极乡东福山岛北端约 6 英里海域，今属舟山市普陀区东极镇管辖，沉船位置海域水深约 29 米。沉没状况是船体正坐于海底，前樯与后樯大概有 10 米露出水面，烟囱仅仅露出水面附近。船体破损的具体情况，根据船舶司令佐伯文郎向陆军大臣东条英机的报告是：“舷船尾推进器（螺旋桨）附近遭受鱼雷攻击，从船尾水舱到车轴隧道裂出了破洞。由于车轴隧道、机器室、罐室相继浸水，并且船舵受损，已经无法航行。之后由于水压影响，车轴隧道、后部船舱渐渐浸水，最终沉没。”② 也就是说，该船受到鱼雷外力强烈作用下，导致该船动力系统严重损伤，漂流一昼夜之后终于沉入海底。

另据日本海军第 13 炮舰队战时日志记载，因沉船海域较浅，水深 20 米以下，“里斯本丸”船尾先触底，船头翘起浮水约 1 个多小时，至 10 时 47 分船首这才没入海底，“前后两支船桅露出约 10 米”③。这也是众多战俘悬坐在前甲板上，迟迟不肯跳海逃生的原因。

至中午 13 时，日本海军各舰船结束海面搜索任务，返回各自所属警戒队。2 日傍晚，第 6 警戒队指挥官电告“早濑”船长，解除“早濑”的救援任务，适时可以返回上海；将“利根丸”上的俘虏转移到“丰国丸”上；“第一黄埔丸”进行燃料补给；“竺岛丸”返回上海。随后“丰国丸”和“第一黄埔丸”连夜开往普陀山，

---

① 参见日本海军第 13 炮舰队：《第 13 炮舰队战时日志》，1942 年 10 月 1 日至 31 日，第 13 炮舰队机密第 16 号。

② 日军船舶司令佐伯文郎：《关于里斯本丸沉没事件向陆军大臣东条英机报告》，1942 年 10 月 9 日。

③ 参见日本海军第 13 炮舰队：《第 13 炮舰队战时日志》，1942 年 10 月 1 日至 31 日，第 13 炮舰队机密第 16 号。

准备到那里打击美军潜艇，21 时许抵达普陀山。

悠悠岁月，“里斯本丸”葬身大海，便是 70 多年，几乎很少有人问津。第 1 号、第 2 号、第 3 号、第 4 号舱里的数百名尸骨，如今仍然安静地等待“回家”，其余 500 多人也永远留存在无尽的大海，他们或是溺亡，或是被日军杀害。总之，这 800 多名冤魂宛如一首哀歌，伴随着海浪有规律拍击，日日夜夜倾诉着不甘的心声，希冀得到世人的格外垂怜与厚爱。

好在中国渔民船团突然出现在现场，不顾一切地抢救落水的战俘，令虎视眈眈的日军惊讶的同时，也让周围一圈严阵以待肃杀的舰艇群黯然失色，转而迫不得已捞起尚活着挣扎的战俘。这么看来，日军本已整夜牢固压舱，死死盯住舱盖不放战俘们出来，任何冒险出舱者必遭受枪击弹压，害人目的非常明显。直到沉船最后时刻，战俘们拼死暴动，冲出底舱自行逃生，日军仍然不放过，继续实施枪击船碾，不给人以活路。若不是中国渔民驶船持续闯入，直接或者间接地拯救了千余名幸存战俘，那么无疑所有逃生的战俘势必将身葬大海，无影无踪消失于波涛汹涌的海洋。

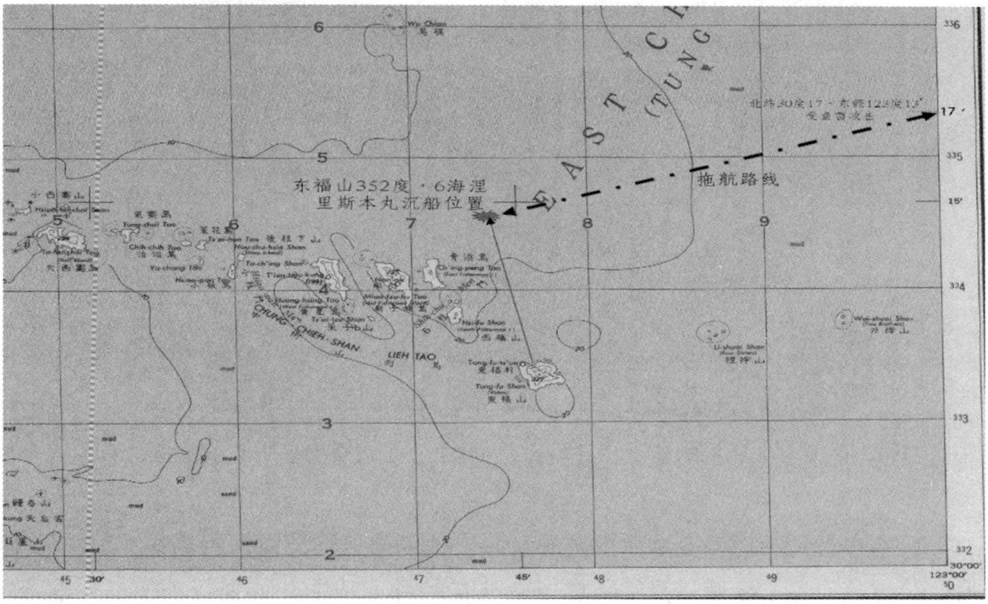


“里斯本丸”遇袭地点至沉没地点距离

历经 70 多年海洋潮汐暗流不停地蠕动，沉睡海底的“里斯本丸”早已位移。据当地群众说，在 20 世纪五六十年代尚见其踪影，如今岁月流逝，该船早已被泥沙流冲之异处，沉船四周也被渔网层层覆盖罩住。现如今该船位置为东经 122°45′55″，北纬 30°13′47″。

海难发生后，海面上漂浮着众多惊恐挣扎的落水者、死尸、布匹和其他杂物。主要由于海水潮流涌动关系，几乎所有落水的战俘都往西南海岛群方向漂流，集中在青浜岛、庙子湖岛、东福山岛、西福山岛等海面，个别也有漂至葫芦岛海面。

“里斯本丸”连同赶来支援的舰艇上的日军采取曳航、封闭船舱、弃船、转移日军官兵和船员、射杀突围的战俘、改变主意转而打捞战俘等诸多步骤，显然具有统一指挥和一致行动性质，绝不是杉山、和田秀男、经田茂几个身份较低的人所能肆意妄为的。如若不是被附近岛屿渔民群众发现，很难说日军良心发现会自动停止杀戮。正像汉密尔顿分析的那样：“我认为，如果不是看见中国帆船里的中国人救了很多战俘，日军是不会改变主意来接走战俘的。”① 汉密尔顿这一经典结论，代表了所有幸存者的观点，迄今不悔。

1942 年 10 月 2 日 8 时 55 分，日军从“丰国丸”上观看“里斯本丸”正在沉没

事后幸存者无不感谢豪威尔的英勇壮举，他的果敢形象深深镌刻在人们的心中。战后，英国政府鉴于豪威尔身临险境拯救战友的巨大功勋，特别授予他不列颠帝国功勋——员佐勋章。此乃英国授勋和奖励制度中的一种骑士勋章，由英国乔治五世于第一次世界大战期间的 1917 年 6 月 4 日所创立，分为军事、民事两类五级，即爵级大十字勋章、爵级司令勋章、司令勋章、官佐勋章、员佐勋章，只有获得前两级

① 《证人汉密尔顿在香港军事法庭审判经田茂提供的证书》，1946 年 3 月 6 日，于英国切斯特郡宣誓。载《香港军事法庭审判经田茂记录》，第 566 页。

勋章的英国公民或者英联邦王国公民才算取得骑士爵位。1946 年 4 月 4 日，英国伦敦《宪报》刊登此一授勋消息，获奖的真正原因，乃是豪威尔危急时刻“打开船舱盖，让很多战俘能够离开船舱”①。事实亦的确如此，若没有豪威尔（包括牺牲的波特）等人一马当先，奋力割开舱盖，就近帮助 1 号船舱、3 号船舱、4 号船舱内战友们冲破封堵，恐怕全部葬身海底了，造成更多的冤魂死不瞑目。

与豪威尔一同获此殊荣的还有一位布朗洛上尉，英国政府鉴于他在“海上及在岛上悬崖拯救了生还的战俘”②，也授予他不列颠帝国功勋——员佐勋章。

这是在“里斯本丸”海难事件中，唯有豪威尔和布朗洛两人特例受到英国国家级殊荣表彰。这两名军官值此危难之际，均奋不顾身，冒险一心一意救助他人，很好地诠释了正直军人应有的自我牺牲精神及其高贵品格，令人钦佩不已。

① ［英］《宪报》，1946 年 4 月 4 日出版。
② ［英］《宪报》，1946 年 4 月 4 日出版。

# 八、中国舟山渔民拯救英军战俘，勇闯日海军舰艇列阵

渔民群众祖祖辈辈在海上作业，千百年来在气象科学技术欠发达的背景下，仅凭借积累的丰富经验和超常规胆识，不屈不挠地向凶险异常大海索取生活资料，却也经历了无数次生死考验，自然养成习惯抱团取暖、互助互救传统意识和海岛渔村公序良俗。任何人在海上有难，大家必定一同齐心协力地施救，绝不会视而不见，这种潜移默化的知行理念，似乎构成了渔民们世世代代守望相助的特有“铁律”。因之，渔民一旦发现大批落难泗水的人，自是挺身而出，即便是海上枪声四起，仍然义无反顾地下海救人。正因为中国渔民们的船团突然冒出，纷纷插入日军舰艇环伺“围城”，这一伟大壮举，竟然大大出乎日军意料之外，被迫停止杀戮行为，从而拯救了大部分英军战俘的生命。

## （一）东极岛屿自然概况

纵观“里斯本丸”遇袭、曳航直到沉船全程，其所到之处均在中国东海区域内，已经非常贴近公海和国际主航道了。这一大片海域排列着大西寨岛、黄兴岛、庙子湖岛、青浜岛、西福山岛、东福山岛等 170 多个岛礁，统称中街山列岛，最高点为东福山，海拔 324. 32 米。

距离“里斯本丸”出事地点最近的青浜、庙子湖、东福山、黄兴等 4 个有人居住的海岛，地处舟山群岛最东端的中街山列岛，属东极乡管辖范围。该乡当时隶属于定海县第 2 区，1934 年始建乡制，一度分拆青浜乡、庙子湖乡、黄兴乡，不久又合并为东极乡，居民多数自清康熙以后从温州平阳、文成，台州黄岩，宁波象山、岱山，以及福建等地迁徙，主要姓氏为吴、周、张、林、陈等。其自然情况是：青浜岛陆地面积 1. 408 平方千米，居民约 800 人；庙子湖岛陆地面积 2. 638 平方千米，居民约 1 000 人，此地西距普陀之中心沈家门渔港约 45. 1 千米；东福山岛陆地面积 2. 953 平方千米；黄兴岛陆地面积 2. 437 平方千米。西福山岛则无人居住，距离青浜岛 1. 2 千米，与东南部的东福山岛对应，状如四角星形，南北走向，两侧多为岩礁。青浜、庙子湖两个海岛相距仅约 1 000 米，岛上无成块农耕地，零碎土地只生产少量的番薯、玉米等农作物，居民主要从事沿海岛屿原始捕鱼网虾传统生产作业，

以此来换取岛外粮食及其他生活日用品。因系纯粹的海岛渔村，出于海洋捕捞作业需要，人们常年穿着大襟布衫和灯笼裤，衣料为自做土布，均染成黑色。实际岛上生活状况及其消费水平低下，渔民群众日常生活也很艰难，缺医少药，大陆上的人极少能来岛上流动，以至这些分散小型海岛基本处于半封闭状态。是时，定海县本岛及高亭、东沙角（今岱山县境内）等周围一些重要岛屿虽已沦陷，但远海外岛仍为地方抗日武装所控制，这为营救英俘提供了非常便利的条件。特别是 1930 年以后形成的地方保甲制度，虽无一级政权组织机构，海岛乡绅仍能发挥影响力，这从几个岛渔民出动大批人力、物力协同营救盟军战俘过程，便可窥其一二。

根据有关资料记载，定海本岛于 1939 年 6 月 23 日沦陷，县政府转移至南面的象山县桥头湖办公，各级地方政权随即停止运作。东极乡公所也不例外，乡长陈顺甫自行到宁波经商。唯有乡公所事务员赵筱如因是安徽省籍难归家乡，遂滞留海岛依靠做小商贩为生，此人不但亲自参加了救助战俘，而且还是青浜岛渔民群众救人的具体组织者之一。靠近“里斯本丸”出事海域的西南群岛驻有定海县国民兵团抗敌自卫第 4 大队，大队长兼六（横）桃（花）朱（家尖）普（陀山）守备区主任王继能，副大队长缪凯运，下辖 3 个中队、1 个特务班。这支地方抗日武装及其领导人为安全顺利救出英国 3 名战俘，周密策划，有力地保障了营救后续工作安全。

日本海军占领定海本岛后，初时设舟山岛基地队司令部，1941 年 8 月改称舟山岛警备队司令部，隶属于日海军驻上海方面根据地队。“里斯本丸”事件发生之时，日本海军驻舟山岛警备队司令为矢野美年大佐。当时庙子湖岛、青浜岛被英国人称呼为 East Fisherman Lsland，中国外交部误译为“东渔父岛”。后经当地政府查正，应为“东渔人岛”，即指今东极诸岛，两者略有区别，这一点在后面的文献中被屡屡提到。

## （二）海上大营救

“里斯本丸”沉没当日天气较为晴朗，海面刮着东风，正值东北涨潮时候。随着沉船海难发生，大量落水人员和船尾洞开的成捆物资顺着海水潮流，就近涌向青浜、庙子湖、西福山诸岛，战俘们或紧抱漂浮物随波逐流，或独自游泳逃生，竭力在狂风怒吼中挣扎，其状甚为凄惨。兀立于海面上的这几个小岛周边陡峭，岩石、海礁众多，海潮在岩石之间来回翻滚，一些泅水的战俘好不容易接近岩石，即被浪潮重又卷走丧命。海岛贫苦渔民初时发现顺着潮水漂移来些许布匹等物资，以及少数落水的人，全岛皆惊，遂纷纷摇船出海一边救人、一边捞取物品，但很快便意识到情况严重。渔民们发现海上落难人数众多，仅靠少量渔船援救根本就无济于事，无异于杯水车薪，且附近又停泊着这么多艘日本军舰威慑。

因诸岛地理位置偏僻，远离大陆主岛，又时逢乱世，乡政无人问津，各种力量包括日本人、抗日游击队时来时往，一切均处于无政府状态，可谓远海“真空”地带。是时，海岛渔村居民主要依靠捕鱼为生，也有些人如青浜岛的唐品根、唐如良（唐阿大）等，还专做些贩鱼货生意。这些人在当地收购鱼货销往外地，多在外闯荡，世面见得多，信息也灵，上下活络，颇得人缘，在当地说话办事都有一定影响。在庙子湖岛，沈品生家也算是个富户，其父沈万寿，亲家吴其生，沈氏兄弟沈宝兴、沈元兴也都是当地的头面人物。沈品生本人，虽说当时并非乡长（1946 年 12 月接任陈顺甫的乡长职务），但也是有头有脸的人物。1948 年前后，沈品生曾捐款为东极渔民建造海上灯塔，为世人所称道。还有翁阿川，大家对他在藏匿英人时所发挥的作用都是一致公认的。除了这些人，再加上赵筱如这位为大家公认的唯一的“乡里的人”和“素抱热忱之心”的许毓嵩，在一定范围的人群中组织、发起救助英俘的行动是可行的。他们之所以能发起这一行动，其基础是贫穷的东极渔民一向具有见义勇为的传统美德，甚至于怀着一副慈悲善良的菩萨心肠，来救助这些来自异域的遇难者的。

所以，值此事态紧急时刻，拯救遭遇海难的任何人，特别是应对突发性海难事件，是祖祖辈辈依靠大海为生的渔民群众千百年来传承的美德，且不图以任何酬劳或者名利，甚至不顾惜自身安危，必须下海救人。因此，当渔民们闻知此事立即自发地倾岛出动，男人们摇着各家各户小钓木帆船全力以赴穿梭不停地下海救人，妇女们则在岸上紧张忙碌接应。当时凡是有船有能力下海的，包括十来岁会浮水、摇橹的海娃，基本上都出动了。众人皆一心一意救人，顺带捞取物资。有的在救人时也捞了布，有的是在捞布时同时救了人，有的人虽然捞了布，但一旦发现呼救的人，就立即舍布去救人，只捞布不救人者鲜于耳闻，如果有这种情形的也会遭到众人谴责的。实际上人们根本就没有这种心理状态，也无非分之想。在当时紧急情况下，数次往返于海面救人的事例屡见不鲜的，救人一命胜造七级浮屠。用东极人的话说，“大家都在发好心救人”。

在此期间，也有当地的头面人物组织群众参加营救工作，使海面大营救由自发、零散到有组织的进行，明显地提高了海上救助工作效率。青浜岛由赵筱如、唐品根、翁阿川、唐如良、许毓嵩 5 人发起，以“情势严重、人命关天”为由，通传全岛渔户总动员，出动渔船 30 艘，救助 44 船次，营救英俘 278 人（内有西福山营救的 62 人）。庙子湖岛由沈万寿（时年 71 岁）、吴其生、吕德仁、沈元兴、沈阿明等 5 人发起，出动渔船 16 艘，救助 21 船次，营救起英俘 106 人。所有出海的渔船都尽全力救助落水的人，能装多少人就装多少人，有的渔船因超载而倾倒。据当年参与营

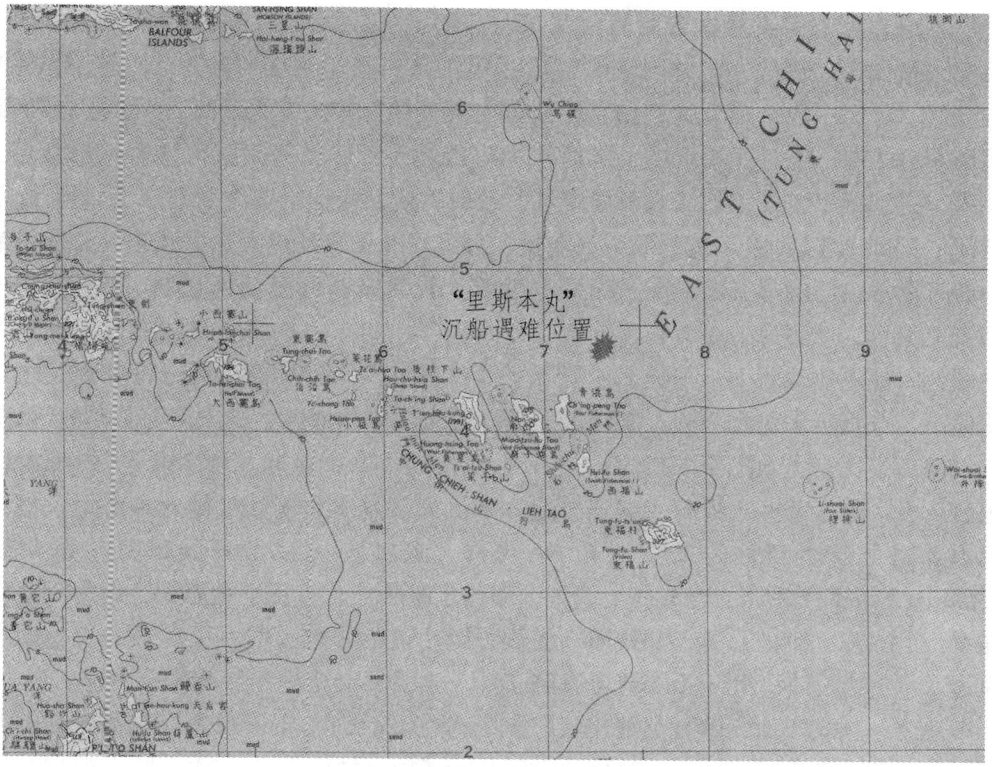


“里斯本丸”沉没位置图

救的陈新定老人回忆：“那年 10 月 2 日中午 12 时左右，我下海去捞东西，发现海中有人，就立即救人，救了 53 个英俘，在二村前面的沙滩上岸。同船有陈根华、张宏德等 6 人。当时由于装的人多，中途还翻过船。”① 另据救助者的后代吴尚信口述：“我父亲吴其元（已故），又名吴其友，属猪，活着有 100 多岁了。我父亲是赶船的，那天是乘赵祥其的船去救的。因为乘的人多，中途还翻过船。”②

由于各家渔船大小不一，载人多少不等。在营救过程中，濒临绝境的战俘仍然表现出良好的个人素质，叫谁上船就是谁上船，没有发生彼此激烈争抢现象。据当年参与营救的魏阿满的妻子陈阿月口述：“我家原住青沙浦。我 17 岁结婚，丈夫是魏阿满，62 岁去世，活着也有 85 岁了。那天中午船还没有沉，当时海上漂着许多布，我丈夫摇着小舢板去救人的。我丈夫说，那些外国人很硬，叫上几个就是几个，

① 2003 年 8 月，田庆华采访陈新定记录。
② 2003 年 8 月，田庆华采访吴尚信记录。

一点不抢着上船。”[①] 救助者的后代张正友口述：“听我父亲生前说，船出事那年，我父亲张祥庆（已故）与陈阿宁一道救过英国人，救了两船，共30来人。外国人很硬气，上船叫他上几个就上几个。”[②] 参与救助的陈来法老人回忆：“船是1942年阴历8月23日11时开始沉的，当时水冲得很高。我和杨通生、曾忠厚一道救了3个人，送到庙里去了。外国人都很硬气，救的时候，叫他上3个就是3个。”[③] 救助者的后代邱永年口述：“那时我只有8岁，但记得有4个外国人在我家吃饭。有一个外国人揪着自己的耳朵装猴子，逗大家发笑。我父亲叫邱阿信（已故），那天他听到沉船消息，就到海上去救人了，救了4个人，也捞了一些布。我父亲说，外国人很硬，叫他上船他就上，不让上他就不上，一点也不争。”[④] 这些出自淳朴渔民之口的话语，今日听来仍觉心酸。实际情况是渔民救上来的战俘，少于海面漂浮的尸体。

两岛渔民奋力救助至午夜为止，历时12小时，共计救起英俘384人。[⑤] 因海面潮急风大，除了一些人自行游到安全地方外，许多体质虚弱的战俘死难海上，根本无力游到几英里开外的安全地带——海岛。据被渔民救出的安德鲁·萨尔曼（Andrew Salmon）回忆：“从岛上望去，那些景象我们永远都不会忘记，因为眼睛所能看到的大海，到处都是人和残骸。受到强劲水流的影响，数百人在该岛边上席卷而过，漂到大海中，死于干渴或者暴晒。”

总之，这次海面大营救范围比较广，泛指在青浜岛、庙子湖岛、东福山岛、西福山岛、葫芦岛海面上救捞，具体地点即是叶子山、柱柱山、白莲门礁、四良门礁、福岗、西直岗等海面。实际情况也并不矛盾。“里斯本丸”沉船之际，1 000多人跳入大海四处逃生，随波逐流，散布在大片海域，还有的自行游至无人岛礁，被出海的渔民救出。人们忙于打捞活着的战俘，不排除一些溺水身亡或者抱着漂浮物挣扎的战俘被海潮冲到更远的地方，例如葫芦岛，才被当地人发现。亲历这震撼心灵场面的汉密尔顿回忆：“为了帮助幸存者，中国人乘坐舢板出发了。他们救了许多筋疲力尽的游泳者，而其他村民则帮助那些已游过海或漂到岛上的人，让他们得以在多岩石的岸边上岸。”[⑥] 正是中国渔民勇敢出手施救，挽救了绝境中的1 000多名幸存者。

被救英俘的安置地点，沈品生曾在给定海县政府的报告中称：“庙子湖救回被

---

① 2003年8月，田庆华采访陈阿月记录。

② 2003年8月，田庆华采访张正友记录。

③ 2003年8月，田庆华采访陈来法记录。

④ 2003年8月，田庆华采访邱永年记录。

⑤ 沈品生：《东极乡为救助英俘经过情形呈定海县长函》，1948年5月10日。浙江省档案馆藏，编号L030—236。

⑥ ［英］杰弗里·卡佐·汉密尔顿著：《“里斯本丸”的沉没》，香港绿塔出版社1966年印制。

难者分住各渔户家中，青浜救回被难者则住天后宫。”① 多年后庙子湖人说，救回庙子湖者，具集中于天后宫和捕冬厂；而青浜人说，英俘先分居百姓家，尔后集中于天后宫。青浜沙浦的“四姑庙”也住过少数英俘，后来也集中到了天后宫。沈品生所述与我们所获知的信息存在差异，这个差异可能是一个时间概念问题：两地都有一个先分散后集中的过程，而且英俘在两地分散的程度、涉及的户数和后来的集中，在时间上存在着先后顺序。英俘集中住处的主要原因是：一方面，当地渔民住房狭小，且多为茅屋，实在是不堪容纳；另一方面，外国人和当地渔民的生活习惯颇异，两相骤然居住一处自然颇多不便。

此时被救上岛的英俘极其狼狈，大多数人仅着短裤背心，衣着极其单薄，个别人甚至全身赤裸，又经历了在海水中苦苦挣扎，体能早已消耗殆尽，且饥肠辘辘。目睹众多白人如此凄惨现状，众渔民家里存粮原本就不多，却慷慨大方地拿出仅余的全部大米、鱼干制品、番薯、土豆等食物，让给英俘享用。同时还各自取出衣裤，送给英俘穿用，免其饥寒交迫窘况。据当地渔民事后反映，给遭难英人送的食物，多数是稀饭、烤番薯、番薯稀饭、乌贼膘肠，使用木桶盛装担去，偶尔也有加点小灶的，比如少许米饭和白糖，这与当时当地的居民群众实际生活水平相符合。东极是不毛之地，几乎无农耕作物，渔民住处大多是茅草屋，穿的是补丁碎衣裳，常年吃的是海产品和番薯，一年到头难得有一顿大米饭享用。为了救助这些骤然间上岛的数百英人青壮年，可以说，这些本已穷困潦倒的善良渔民是举家倾囊而出，无私奉献关爱仁慈之心的。唯因彼此语言隔膜，互相不知底细，渔民们更不知道这些外国人来自哪里，怎么会弄成这样狼狈不堪。赵筱如、唐如良、许毓嵩等组织者分别向被难者纽加慰劳，战俘中有人以“香港英国人”5个中国字出示，众渔民方才得知海难事情梗概。渔民“知制彼等均系盟国战俘，应速送往内府援助归国”。中国渔民勇敢、朴实、热情、友好、诚恳的举动，使得蒙难的英俘们深深受到感动，心灵无比震撼。

对此一真实感人情景，定海县政府在事后调查时曾描述道：“两山居民目睹被难英人不唯单衣淋湿，甚有赤体者多人惨状，自动分赠衣衫、棉袄，贡献滚水饭食，并为之安宿。”② 这300多白人战俘从9月30日晚至10月2日下午，整整40个小时左右未吃任何东西，也未沾口水喝，早已经身心疲惫，能够侥幸活下来便是奇迹了。忽然在陌生的地方，得到素未谋面的海岛渔民热心照顾，一个个由衷的感动感谢，似千言万语无从表达，只能用手势比比画画。汉密尔顿后来回忆：“中国人对他们

---

① 沈品生：《东极乡为救助英俘经过情形呈定海县长函》，1948年5月10日。浙江省档案馆藏，编号L030—236。

② 《东极乡民义举　英人拨款酬恩》，载《定海民报》，1948年5月16日。

非常友好，给他们自己的一些食物和衣物，一直照顾他们，直到日军来搜寻他们”①。这便是中国海岛渔民淳朴善良的真实写照，与日军虐待战俘行为形成极其鲜明的巨大反差。

纵观整个营救过程，青浜、庙子湖、西福山诸岛青壮年男丁几乎全都动员起来撑船下海，不顾潮涌浪急，尤为不惧怕海面上停泊着的日军舰艇威胁，迎着枪林弹雨，或父子、或兄弟、或船伙，摇着一艘艘木船冲向出事地点，义无反顾。当时每船每次少则救护两人，多则救护二三十人，且反反复复赴海营救，把个人生死完全置之度外。可以这样说，当年生活在东极的海岛居民，从记事的稚童到年迈的老人，凡是目击和参与救助英国战俘的人，都留下了极深的历史烙印。这些世世代代偏居海岛，远离大陆，消息封闭，极其普通的渔民群众，却干出如此惊世骇俗的一件大事来，赢得人类社会普世敬佩与赞叹！中国淳朴渔民的勇敢壮举，也使得身陷滔滔大海的苦难战俘们绝境逢生。检索史料，幸存战俘无论是在当时（如在渔民帮助下逃脱的伊文思等人）还是战后多年来，无一不心怀感恩之情。

所幸，浙江省档案馆保留了当年参与东极海难大营救的人员名单及其简况，为世人知晓其真实性提供了十分宝贵的历史档案资料。这些尘封了半个多世纪的不足百页档案，真实地再现了舟山东极渔民群众的勇敢义举。根据定海县政府事后指令东极乡乡公所调查核实，参加救助盟军战俘的人员名录和基本情况如下：

青浜岛第 2、第 3 两保：

胡阿法，男，35 岁，2 保 6 甲 7 户，3 次救护 24 人。

胡阿志，男，42 岁，2 保 6 甲 9 户，3 次救护 24 人。

李朝岳，男，26 岁，2 保 4 甲 2 户，3 次救护 24 人。

郭阿德，男，年龄不详，2 保 5 甲 6 户，3 次救护 24 人。

刘阿德，男，43 岁，2 保 3 甲 4 户，1 次救护 7 人。

刘全明，男，18 岁，2 保 3 甲 4 户，1 次救护 7 人。

郭信发，男，年龄不详，2 保 5 甲 7 户，1 次救护 7 人。

沈桂兴，男，21 岁，2 保 2 甲 6 户，2 次救护 13 人。

沈廷桂，男，18 岁，2 保 2 甲 6 户，2 次救护 13 人。

沈保生，男，50 岁，船伙，2 次救护 13 人。

李朝卿，男，42 岁，2 保 5 甲 8 户，1 次救护 7 人。

李朝龙，男，32 岁，2 保 4 甲 1 户，1 次救护 7 人。

---

① 《证人汉密尔顿在香港军事法庭审判经田茂提供的证书》，1946 年 3 月 6 日，于英国切斯特郡宣誓。载《香港军事法庭审判经田茂记录》，第 565 页。

叶亨玉，男，年龄不详，船伙，1 次救护 7 人。
张春水，男，35 岁，2 保 3 甲 2 户，3 次救护 15 人。
袁中德，男，年龄不详，船伙，3 次救护 15 人。
童来生，男，年龄不详，船伙，3 次救护 15 人。
李朝禄，男，41 岁，2 保 4 甲 3 户，2 次救护 11 人。
李朝洪，男，38 岁，2 保 4 甲 4 户，2 次救护 11 人。
李朝良，男，37 岁，2 保 3 甲 9 户，2 次救护 11 人。
郭振宝，男，48 岁，2 保 6 甲 10 户，2 次救护 16 人。
郭振福，男，年龄不详，2 保 6 甲 1 户，2 次救护 16 人。
郭福宝，男，38 岁，2 保 7 甲 1 户，2 次救护 16 人。
郭福庆，男，37 岁，2 保 7 甲 2 户，2 次救护 16 人。
许阿台，男，41 岁，2 保 7 甲 5 户，2 次救护 16 人。
李长根，男，30 岁，2 保 3 甲 8 户，2 次救护 16 人。
叶瑞根，男，38 岁，2 保 10 甲 1 户，2 次救护 16 人。
刘阿荣，男，年龄不详，2 保 2 甲 10 户，2 次救护 22 人。
刘位洪，男，18 岁，2 保 2 甲 10 户，2 次救护 22 人。
黄康信，男，25 岁，2 保 2 甲 9 户，2 次救护 22 人。
黄汉林，男，51 岁，2 保 2 甲 9 户，2 次救护 22 人。
严阿品，男，46 岁，2 保 6 甲 4 户，2 次救护 12 人。
施阿林，男，38 岁，2 保 8 甲 3 户，2 次救护 12 人。
施先通，男，38 岁，2 保 7 甲 12 户，2 次救护 12 人。
颜阿招，男，34 岁，2 保 7 甲 6 户，2 次救护 12 人。
庄阿保，年龄不详，住址不详，2 次救护 12 人。
庄阿新，年龄不详，住址不详，2 次救护 12 人。
吴阿鲁，男，年龄不详，船伙，2 次救护 12 人。
唐如良，男，39 岁，2 保 12 甲 11 户，1 次共救护 33 人。
王邦荣，男，年龄不详，船伙，1 次共救护 33 人。
虞瑞生，男，年龄不详，船伙，1 次共救护 33 人。
虞阿康，男，年龄不详，船伙，1 次共救护 33 人。
朱阿德，男，年龄不详，船伙，1 次共救护 33 人。
王瑞元，男，年龄不详，船伙，1 次共救护 33 人。
虞如福，男，40 岁，2 保 10 甲 2 户，1 次救护 4 人。
周丈夫，男，31 岁，2 保 10 甲 10 户，1 次救护 4 人。

唐崇庆，男，30岁，2保9甲11户，1次救护4人。
唐顺馀，男，年龄不详，船伙，1次救护4人。
黄岁富，男，31岁，2保9甲1户，2次救护13人。
黄阿海，男，29岁，2保9甲1户，2次救护13人。
黄金富，男，24岁，2保9甲1户，2次救护13人。
任崇锦，男，32岁，2保12甲9户，2次救护13人。
陈阿庆，男，47岁，2保12甲2户，2次救护13人。
任信廷，男，21岁，2保9甲7户，1次救护3人。
唐才根，年龄不详，住址不详，1次救护3人。
施先君，男，37岁，2保8甲1户，2次救护9人。
施先调，男，34岁，2保7甲11户，2次救护9人。
施三妹，男，29岁，2保8甲2户，2次救护9人。
胡克钏，男，年龄不详，船伙，1次救护4人。
刘开明，男，25岁，2保2甲11户，1次救护3人。
沈阿桂，男，24岁，2保2甲6户，1次救护3人。
沈友生，男，年龄不详，2保2甲6户，1次救护3人。
陈阿品，男，40岁，2保1甲11户，1次救护3人。
张小庆，男，44岁，2保1甲1户，2次救护10人。
张阿三，男，年龄不详，住址不详，2次救护10人。
邱阿位，男，年龄不详，住址不详，2次救护10人。
李阿庆，男，35岁，2保2甲4户，2次救护10人。
陈阿品，男，49岁，2保1甲10户，2次救护10人。
陈宗根，男，19岁，2保1甲10户，2次救护10人。
侯阿厚，男，55岁，2保1甲4户，2次救护16人。
魏安信，男，35岁，2保1甲5户，2次救护16人。
侯阿根，男，25岁，2保1甲6户，2次救护16人。
李才兴，男，55岁，2保2甲3户，2次救护16人。
张永清，男，51岁，2保1甲7户，2次救护16人。
张阿康，男，19岁，2保1甲7户，2次救护16人。
张福庆，男，37岁，2保1甲3户，2次救护16人。

以上小计第2保渔民75人，共救护218人。截止1948年5月10日统计，郭阿法、郭信发、郭振福、刘阿荣、庄阿保、庄阿新、唐才根、沈友生、张阿三、邱阿位等10人已经亡故。

唐如福，男，35 岁，3 保 2 甲 10 户，1 次救护 3 人。
虞如根，男，36 岁，3 保 3 甲 3 户，1 次救护 3 人。
王仁友，男，50 岁，3 保 2 甲 5 户，2 次救护 7 人。
王益英，男，26 岁，船伙，2 次救护 7 人。
唐阿宝，男，24 岁，3 保 4 甲 4 户，2 次救护 7 人。
张如品，男，30 岁，3 保 3 甲 6 户，2 次救护 7 人。
林阿根，男，20 岁，住址不详，1 次救护 4 人。
陈松英，男，49 岁，3 保 5 甲 9 户，1 次救护 4 人。
陈如新，男，21 岁，住址不详，1 次救护 4 人。
陈中岳，男，22 岁，住址不详，1 次救护 4 人。
张阿夫，男，42 岁，3 保 6 甲 3 户，1 次救护 3 人。
张阿品，男，23 岁，3 保 7 甲 4 户，1 次救护 3 人。
陈星华，男，38 岁，3 保 6 甲 5 户，1 次救护 4 人。
陈阿宸，男，47 岁，3 保 6 甲 10 户，1 次救护 4 人。
陈铭海，男，17 岁，船伙，1 次救护 4 人。
舒志品，男，年龄不详，船伙，1 次救护 4 人。
陈根华，男，38 岁，3 保 7 甲 1 户，1 次救护 9 人。
陈新岳，男，31 岁，3 保 7 甲 10 户，1 次救护 9 人。
刘永兴，男，32 岁，3 保 8 甲 9 户，1 次救护 9 人。
陈章福，男，38 岁，3 保 9 甲 1 户，1 次救护 9 人。
张崇德，男，26 岁，3 保 7 甲 9 户，1 次救护 9 人。
张阿良，男，43 岁，3 保 8 甲 4 户，1 次救护 9 人。
张宗良，男，25 岁，3 保 8 甲 3 户，1 次救护 9 人。
陈顺品，男，23 岁，3 保 7 甲 8 户，1 次救护 9 人。
岳信全，男，32 岁，3 保 10 甲 1 户，1 次救护 9 人。
岳阿华，男，61 岁，3 保 10 甲 1 户，1 次救护 4 人。
王阿荣，男，48 岁，3 保 9 甲 9 户，1 次救护 4 人。
陈松茂，男，年龄不详，3 保 8 甲 5 户，1 次救护 4 人。
陈信良，男，年龄不详，3 保 10 甲 6 户，1 次救护 4 人。
陈阿毛，男，32 岁，船伙，1 次救护 5 人。
陈新定，男，25 岁，3 保 7 甲 6 户，1 次救护 5 人。
陈哑子，男，40 岁，3 保 6 甲 4 户，1 次救护 5 人。
刘阿福，男，32 岁，船伙，1 次救护 5 人。

林升天，男，37 岁，3 保 10 甲 2 户，1 次救护 5 人。
刘阿康，男，40 岁，3 保 5 甲 7 户，1 次救护 2 人。
李小连，男，42 岁，3 保 6 甲 2 户，1 次救护 2 人。
边定兴，男，52 岁，3 保 9 甲 3 户，1 次救护 5 人。
边得荣，男，24 岁，3 保 9 甲 3 户，1 次救护 5 人。
郭阿伏，男，44 岁，3 保 9 甲 10 户，1 次救护 5 人。
方阿全，男，27 岁，3 保 8 甲 2 户，1 次救护 5 人。
刘阿仁，男，28 岁，3 保 9 甲 7 户，1 次救护 5 人。
唐阿良，男，29 岁，3 保 3 甲 4 户，1 次救护 3 人。
虞如康，男，31 岁，3 保 3 甲 1 户，1 次救护 3 人。
梁阿苟，男，24 岁，3 保 12 甲 6 户，1 次救护 6 人。
蔡皆瘦，男，年龄不详，船伙，1 次救护 6 人。
张常法，男，31 岁，3 保 4 甲 15 户，1 次救护 6 人。
梁阿法，男，38 岁，3 保 12 甲 13 户，1 次救护 6 人。
陈阿馀，男，46 岁，2 保 12 甲 3 户，1 次救护 6 人。
赵筱如，男，52 岁，2 保 5 甲 3 户，参加发起救护行动。
赵夏阿章，女，46 岁，2 保 5 甲 3 户，参加发起救护行动。
翁孔杏，男，38 岁，2 保 6 甲 7 户，1 次救护 5 人。
翁宗耀，男，14 岁，2 保 6 甲 7 户，1 次救护 5 人。
陈林尧，男，21 岁，船伙，1 次救护 5 人。
翁阿荣，男，年龄不详，船伙，1 次救护 5 人。

以上小计第 3 保渔民 54 人，共救护 60 人。截止 1948 年 5 月 10 日统计，陈松茂、陈信良等 2 人已经亡故。

合计青浜岛两保出动渔民 129 人，共救护 278 人。

庙子湖岛第 4、第 5 两保：

沈谒明，男，4 保 1 甲 1 户，2 次救护 11 人。
沈保兴，男，4 保 1 甲 3 户，2 次救护 11 人。
胡大鸟，男，4 保 1 甲 4 户，2 次救护 11 人。
徐谒德，男，4 保 1 甲 5 户，2 次救护 11 人。
颜鹤明，男，4 保 1 甲 6 户，2 次救护 11 人。
颜鹤云，男，4 保 1 甲 7 户，1 次救护 4 人。
颜鹤卿，男，4 保 1 甲 8 户，1 次救护 4 人。
颜财运，男，4 保 1 甲 9 户，1 次救护 4 人。

吴万判，男，4保1甲10户，1次救护8人。
林谒法，男，4保1甲11户，1次救护8人。
王大云，男，4保1甲12户，1次救护8人。
王小云，男，4保1甲13户，1次救护8人。
黄杏棖（黄谒林），男，4保2甲11户，1次救护8人。
虞谒德，男，4保2甲4户，1次救护7人。
韩谒元，男，4保2甲6户，1次救护7人。
黄瑞龙，男，4保2甲8户，1次救护7人。
魏福昌，男，4保2甲9户，1次救护7人。
魏福来，男，4保2甲10户，1次救护7人。
黄瑞虎，男，4保2甲11户，1次救护5人。
黄谒明，男，4保3甲1户，1次救护5人。
黄明德，男，4保3甲2户，1次救护5人。
于谒法，男，4保3甲3户，1次救护5人。
林富尹，男，4保3甲4户，2次救护7人。
王友邦，男，4保3甲5户，2次救护7人。
魏野狗，男，4保3甲10户，2次救护7人。
吴谒鸟，男，4保3甲12户，1次救护4人。
王祥林，男，4保4甲1户，1次救护4人。
王谒明，男，4保4甲10户，1次救护4人。
吴其三，男，4保4甲11户，2次救护11人。
王谒富，男，4保4甲12户，2次救护11人。
马信孚，男，4保4甲14户，2次救护11人。
王谒吉，男，4保5甲1户，2次救护11人。
陈银人，男，4保5甲3户，2次救护11人。
王谒表，男，4保5甲6户，1次救护7人。
刘敦芳，男，4保5甲10户，1次救护7人。
王谒海，男，4保5甲11户，1次救护7人。
陈谒友，男，4保5甲12户，1次救护7人。
以上小计第4保渔民38人，共救护64人。
吴兰芳，男，5保1甲1户，3次救护10人。
吴其龙，男，5保1甲2户，3次救护10人。
周纪坤，男，5保1甲8户，3次救护10人。

黄瑞祥，男，5 保 2 甲 2 户，3 次救护 10 人。

黄谒庚（黄才庚），男，5 保 2 甲 3 户，3 次救护 10 人。

吴谒存，男，5 保 2 甲 4 户，3 次救护 10 人。

吴其元，男，5 保 2 甲 5 户，2 次救护 8 人。

吴其和，男，5 保 2 甲 6 户，2 次救护 8 人。

吴上德，男，5 保 2 甲 7 户，2 次救护 8 人。

吴上水，男，5 保 2 甲 8 户，2 次救护 8 人。

吴上亨，男，5 保 2 甲 9 户，1 次救护 3 人。

赵祥其，男，5 保 3 甲 3 户，1 次救护 3 人。

赵祥林，男，5 保 3 甲 2 户，1 次救护 3 人。

林信法，男，5 保 3 甲 5 户，2 次救护 7 人。

林谒槐，男，5 保 3 甲 6 户，2 次救护 7 人。

胡小鸟，男，5 保 3 甲 9 户，2 次救护 7 人。

吴其麟，男，5 保 4 甲 1 户，2 次救护 7 人。

方来运，男，5 保 4 甲 3 户，2 次救护 7 人。

魏瑞棠，男，5 保 4 甲 8 户，1 次救护 2 人。

林梅兰，男，5 保 6 甲 3 户，1 次救护 2 人。

王仕益，男，5 保 6 甲 8 户，1 次救护 7 人。

张谒吽，男，5 保 6 甲 10 户，1 次救护 7 人。

任林生，男，5 保 7 甲 9 户，1 次救护 7 人。

翁义方，男，4 保 2 甲 7 户，1 次救护 7 人。

马才明，男，5 保 3 甲 4 户，1 次救护 7 人。

许文瑞，男，5 保 4 甲 8 户，1 次救护 5 人。

林定章，男，船伙，1 次救护 5 人。

吕德仁，男，5 保 5 甲 1 户，参加发起救护行动。

沈元兴，男，4 保 1 甲 2 户，参加发起救护行动。

以上小计第 5 保渔民 31 人，共救护 42 人。

合计庙子湖岛两保出动渔民 69 人，共救护 106 人。①

应当指出的是，以上登记的名录只是摇船下海救人的男性渔民，留守在岸上的众多妇女、老人、儿童也参加了营救全程，为救护安顿 400 多名英俘同样做出了重

---

① 《定海县东极乡（民国）三十一年十月二日参加救护英俘居民登记名录》，1948 年 5 月 19 日。浙江省档案馆藏，编号 L030—236。

要贡献。可惜档案只记载了出海的男劳力，未有其他（她）人等详情，是此遗憾。还需要说明的是，上述数百名上岛英俘是在战争结束之后 3 年才开始统计的数据，并非全由渔民从海里营救上来，还有一些人（当然数量不多）自行漂游到附近海岛上岸。此外，按照英国人的说法，包括被救上海岛的战俘们回忆，约有 200 多人死里逃生被救上岸或者自己游到岛上。这个数字与东极乡公所统计大相径庭，两者竟然相差 100 余人。应当指出，东极乡公所统计工作非常细致，对于研究这一历史事件提供了重要的信息，但也不排除当时调查统计工作出现疏漏错误之处。仅在参与救护的人员名单中就存有一些争议，有的自我否定，有的被众人否定。例如，记录在册的颜阿招的妻子朱水花说："1942 年，他在宁波姜山做生意，没有参加过救捞。英国人遇难时，我在家。"① 而据幸存战俘回忆，普遍认为上岛的幸存者只有 200 多人，也符合青浜岛救助的人数，却超过庙子湖岛救助的人数一倍以上。

依据前面统计核实材料，凡是撑船下海救人的没有空船返回的，有的渔民 3 次驶船入海，竟然救起 24 人之多，谁救上来的战俘就先住到谁家去。感慨之余，不难想象这是怎么样极为特殊的情景，海面上云集着十多艘日军舰船，且放下小艇往来冲压落水者，加之枪声四起，普通民众早就唯恐避之不及，躲得远远的，哪里还敢冒死近前"虎口夺食"？恐怕连在场的日军官兵也想不到，在强大武力震慑之下，企图彻底封杀战俘之际，海面豁然冒出几十艘渔船抢人，还没完没了的一次次往返穿梭不停，实在想不明白中国老百姓的举动。惊讶之余，日军才意识到杀戮战俘消息肯定瞒不住了，遂被迫改变策略，转而开始捞人，这才有了 1 000 多名战俘的劫后余生。

据不完全统计，有材料证明（包据口述资料）参与救助人员约达 300 人，基本上都是当地渔民，尚有少数外省籍临时聘用的船伙，以及当地的个别乡绅、渔商和原乡公所办事员等。其后代绝大多数人现仍旧居住在青浜岛、庙子湖岛、沈家门镇，个别迁居定海、岱山、上海、宁波、杭州等地。

需要说明的是，渔民们不只是救起活着的人，同时也捞出死去的战俘。如参与救助的青浜岛第 2 保的庄林财回忆："我吃过中饭下海去捞东西，同去的有七八个人，舢板在下海，船摇到白莲门礁和四良门附近，救起 12 个人，当时只见许多英国人抱着木头浮在海上。我们救起的 12 个人在南岙上岸，都分到老百姓家去吃饭了，我家也分了两个。""当时还捞起一具英俘尸体，埋在老庙桩头上面。"②

不管怎样，几个小岛渔民倾力救助 417 名外籍俘虏，其中 3 名被渔民掩藏起来

---

① 2003 年 8 月，田庆华采访颜阿招的妻子朱水花的记录。

② 2003 年 8 月，田庆华采访庄林财记录。

护送至大陆，而拥有强大救助能力的日军十多艘舰船却只捞起 644 名俘虏。两相对比，真实地反映出在这生死危难关头，谁才是朴实善良并诚心诚意自发地救助落难者，折射出人性良知或扭曲一面。

是时，诸小岛骤增 400 多名青壮年，食物供应顿感紧张，同时渔民群众普遍担心日本人再度回来抓捕，刚刚遭此劫难的英俘面临的危险远未解除。因此，青浜岛的赵筱如、唐如良邀同许毓嵩、唐吕根、翁阿川等连夜紧急会商，拟议既然是盟军战俘遭难，理应速速送往内地政府助其归国；又恐交通隔绝，万一在海上被日军所知，后果不堪设想。直到次日天明，仍苦无良策，议而未决。从当时各方面情形来看，尽管周边各岛并无日军驻扎或者设置伪政权实施严密控制，但是无论运力、时间抑或组织保障等要素，海岛渔民也的确不具备安全运送数百名英俘至大陆抗日武装力量控制区的条件。再者，日军在出事现场目睹了中国渔民群起拯救英国人的全过程，悬水小岛藏匿不了这么多人，料知这批俘虏不能远去，遂暂且搁置上岛战俘，先行安全转移 800 多名官兵和船员至安全地方再说。事实上，受海岛地理环境限制，能留给战俘们的潜逃时间、空间极其有限，根本不同于大陆那样具备躲避搜捕并能安全出逃的宽广空间条件。

# 九、伊文思等 3 人成功逃出，抵达重庆

10 月 2 日晚，上海方面根据地队指挥官电令第 6 警戒队指挥官，指挥本队及其他协助舰，“继续执行对地方潜艇的扫荡监视任务。同时抓紧对漂流至岛上的俘虏的监视逮捕任务”①。3 日早晨，自普陀山港出动的日军舰艇“丰国丸”“第一黄埔丸”，重返东极海域，驶至青浜岛、庙子湖岛，日军朝天鸣枪示威，准备登岛抓捕英俘。13 时，自上海赶来的“正生丸”派队上西福山岛、青浜岛搜人。下午 4 时许，“第十云海丸”亦自普陀山开抵中街山列岛西福山西侧海面，与“丰国丸”会合。“百福丸”则于 4 日早晨从上海赶到西福山，也与“丰国丸”会合。

青浜岛正在计议会商的赵筱如等人得到乡民告知岛外发现日军舰多艘，远看军舰上日军纷纷乘坐小艇朝青浜山疾驶而来，肯定是上岛搜捕战俘的。这时，住在渔民翁阿川家里的 3 个英军战俘急得团团转，似乎在寻找藏身之地。在一旁的唐如良看出了他们的心思，立即上前询问是走还是躲？这 3 人比画着要藏起来。情急之下，唐如良、许毓嵩立即提议，先将看似头目的 3 个英国人伊文思、约翰斯通、法勒斯送至青浜山后紧靠海边的岩石洞隐藏起来。这 3 人的真实身份是：法勒斯在战前任天津市英租界工部局警务处总监，约翰斯通在战前任上海市公共租界工部局警务处会计师，伊文思在战前为英美烟草公司高级职员，他们于战争爆发后在香港皇家海军预备队中服役，也算是军人，被俘后关押在九龙深水埗集中营。这里需要指出的是，3 名英军战俘多少懂点中国话，法勒斯和约翰斯通都曾在天津、上海租界工部局工作，经常与华人打交道，尤其是约翰斯通懂些上海话，而上海话又与宁波（舟山）方言相通。尽管东极诸小岛地处外海远离大陆，外岛方言有些变异，但是约翰斯通应该大体明了渔民说话意思，简单交流应该无甚问题。这 3 个人中有两人赤着脚，一个人单脚只穿了一只靴子。

经过初步简短沟通，渔民们很快就明白这 3 人想要躲藏起来，于是翁阿川便自告奋勇带领这 3 人即刻前往僻静海边避难，并负责照料饮食与安全。白天为不引人注意，则由梁奕卷、王连水、陈阿妹等 3 个小孩也参与送土豆等食物。梁奕卷在

---

① 参见日本海军第 13 炮舰队：《第 13 炮舰队战时日志》，1942 年 10 月 1 日至 31 日，第 13 炮舰队机密第 16 号。

2003 年接受采访时回忆道：“那天早上八九点钟，我发现了那只大船沉没，当时没有参与救捞，但参加过隐藏英俘的事。那 3 个英俘到南田湾，我和王连水、陈阿妹一道把他们藏匿到小洞。我先下去，然后在下面顶着，让他们下来，一连上下爬了 6 次。”① 法勒斯也回忆：“我们冲向山里躲在岩石堆里，在那期间日本兵四处巡逻并抓走了一些人”，“连续 4 天搜查游荡者后他们又回来了，但没发现我们的藏身之处。中国老渔民非常守信，并未暴露我们的存在，这对他们来说是非常大的冒险。头 4 天里我们受到多次惊吓，有时日本兵离我们的藏身处已经非常之近”。“老渔民会在天将黑的时候过来，把我们带到他的小屋，拿准备好的热土豆给我们吃，而白天时候小朋友会拿生土豆给我们，我们也吃得下去”②。该处隐蔽地点系一天然海蚀而成的洞穴，紧贴海岸边，粗看外小里大，弯弯曲曲向里面伸展，洞内可容纳几十人，现因年久坍塌，洞内空间大为缩小，只有岛上的居民熟知其隐匿之处，岛外人根本就无从知晓。实际无论从何角度观察，若不走到近前，根本就发现不了这里还隐藏着洞穴。翁阿川刚刚安顿好伊文思等 3 人，很快约 200 余名日军分路登陆，打着军旗上岛，控制住青浜、庙子湖、西福山诸岛上通道路口，挨家挨户地实施搜查抓捕行动。

中国渔民勇救盟军战俘的果敢义举，的确惹恼了日军，直到下午 2 时复将两地英俘共计 381 人清出，尔后重新押解上船离去。这个数字系战后定海县政府派警察登岛入户逐一核实的统计，难免出现遗漏不准确的地方。而据日海军《第 13 炮舰队战时日志》记载，共计登岛抓捕了 414 名战俘，与中方统计数据相差 33 人。虽然这几百名英俘仅仅在海岛休息了一夜，却被中国渔民的诚实友善举动深深地感动了，只能以自己的方式表达感激之情，从而为平生素不相识的异国人民留下了深刻印象。他们自知难逃日军魔爪，为不使纯朴善良的中国渔民受到牵连，很多人自动走出来集中，脱下衣服还给渔民群众，并且纷纷赠送金戒指、口琴、小刀、照片、印有外文的石板③等随身小物品，最后挥手致意、洒泪告别。这些催人泪下的特殊场景，至今仍旧存留在老一辈东极人的脑海里，一遍又一遍地讲述给子孙后代和来访者倾听。日军在抓走战俘的同时，还全力收缴布匹等物资，只有极少量的花布、木梯、木吊杆、木箱、刷子、旗帜等物品，被渔民群众所掩藏了下来，日后留做生活用途。

同一时刻，庙子湖岛也有人想到了掩藏战俘，并将二三名战俘送到庙子湖后山

---

① 2003 年 8 月，田庆华采访梁奕卷记录。

② 安德鲁·萨尔曼，克里斯汀·亨德森：《记住我的面孔——“里斯本丸”沉船的真实故事》，1997 年。

③ 此乃法国蓬圣马克桑克瓷砖厂的产品。圣马克桑斯桥是法国瓦兹省的一个市镇，位于该省中部偏东，属于桑利斯区。作者则认为此事存疑，一般落水者不会随身携带价值不大又比较沉重的物品，主要便于轻装逃生。

法国蓬圣马克桑克瓷砖厂生产的产品

黄岩岙躲藏。据庙子湖人吴兰舫（吴兰芳）称：“我们庙子湖后山黄岩岙也藏过2个，是吴其章老婆送去的，后来被捉走了。”[①] 另据庙子湖岛参与营救的林万良老人回忆：“当时，我们庙子湖也曾经在黄岩岙藏过3个英国人，是吴云华他爹送去的，后来见日本人来抓人，感到害怕，又叫他们出来了。”[②] 可惜，这几名英国人未能像青浜岛上伊文思等3人那么幸运，如果留下来并和伊文思等人会合，一并成功地潜逃出来，是完全可行的。这里绝无怪罪前辈之意，在当时日军严苛统治下，谁胆敢掩藏正在被日军四处搜寻的战俘，那是要掉头的，甚至于搭上全家人乃至全村人的性命，这种惨案例子在大陆抗日游击区比比皆是。

日军搜走了流落这几个岛上俘虏，即准备押解上海。3日15时10分，上海方面根据地队指挥官电令第6警戒队、第7警戒队、第8警戒队和航空队指挥官，予以善后处置。电称：

“1. 各队的扫荡任务解除。解除第6警戒队指挥官对‘栂’以及第7警卫队派出的炮艇的指挥。

2. 第6警戒队、第7警戒队、第8警戒队各自在对潜警戒的基础上，按照下述

① 2003年8月，田庆华采访吴兰舫记录。

② 2003年8月，田庆华采访林万良记录。

对逃脱的俘虏进行抓捕。

A. 第6警戒队在对中街山列岛各岛进行扫荡的同时对担任海域进行戎克临检。

B. 第7警戒队向中街山列岛附近派遣适宜的炮艇（陆战队适用的登陆艇），协力进行右岛屿的扫荡任务，同时抓紧监视逃脱的戎克①。

C. 第6警戒队按照第6警戒队指挥官的指示，将各舰艇收容的‘里斯本丸’的乘员（包括俘虏）迅速地送往上海的运输陆军第二司令部”②。

4日全天，日本军舰频频开至青浜岛、庙子湖岛、东西福山岛附近海面巡弋，搜寻可能遗留下来的战俘，在列岛南部海面发现数名正在漂流的生还者及溺死者，由此“怀疑有人漂流至普陀山附近陆地或被戎克救出”，但确信“无痕迹表明有人从岛内逃出”③。第6警戒队全部搜寻任务至当晚始罢手，留置“粟”舰和“正生丸”在哨区警戒就位。根据昨天发现的海上尸体，判断经过中街山列岛线的俘虏有可能漂往珞珈山、普陀山方向或是途中被中国渔船救出，因之矢野美年致电第7警戒队指挥官及根据地队参谋长，认为有必要紧急联络地方维持会进行搜索。此前一天夜间21时，“第一黄埔丸”搭载全部“里斯本丸”船员，从中街山列岛出发前往上海，由于右推进器被渔网缠住，航速较慢。

鉴于“里斯本丸”沉没海域尚浅以及船舱装有大量物资，日军并未放弃对该船的船体救助。

如何处理“里斯本丸”船体本身善后事宜，日军也想打捞船体，就算不考虑第4号舱内数百名战俘尸骨，毕竟船舱内装载有大量军需物资，是为支撑太平洋战争的亟须。10月下旬，日本海警救助会社派遣大约15名技师到达现场，对船体现状以及是否能够救助，救助所需要的材料、经费匡算等进行调查。根据前项的调查结果，暂定于1943年3月末时，等待东北季风停息之后再实施作业。主要考虑卸载搭载的船运货物，不可能浮场作业，而且11月以后开始刮起东北季风，一直到翌年3月为止，在此期间进行海上作业十分困难，风大浪急。因此，打捞该船行动遂即搁置下来，再未有动作。谁知这一等便是大半个世纪，迄今“里斯本丸”仍然沉睡在海底。

隐蔽在海岛上的伊文思等3人虽然躲过了日军搜捕，可谓死里逃生，只是经此折腾，身体状况出现了问题，尤其是伊文思患病高烧不退，身体极度虚弱。渔民翁

---

① 注：旧时中国沿海较小帆船，英语称中国帆船为“junk”，音译成“戎克船”。

② 参见日本海军第13炮舰队：《第13炮舰队战时日志》，1942年10月1日至31日，第13炮舰队机密第16号。

③ 参见日本海军第13炮舰队：《第13炮舰队战时日志》，1942年10月1日至31日，第13炮舰队机密第16号。

阿川带领妻子刘阿元、女儿翁流香悉心照料3人起居饮食，使其渐渐恢复体力。据翁流香回忆："1942年10月，我时年20岁，做产休息于丈夫家（三村）。沉船地点就在我家对面海中，'夜桶礁'对直，二三里的地方，先沉尾，后沉头。早上8、9点钟左右，船被'水地攻'（即潜艇）炸时，感到地在振动，但声音不是像有些人说的那么响。人和东西漂浮在海上，随潮流得很快。有3个英国人先住在我爹家，就是现在的南田湾，后来又躲到山洞里去了。我爹叫我娘给3个英国人送饭，因为我娘是小脚，又是女人家，不大方便，就叫我去帮忙。我们一道去，递上递下都是我。我娘叫刘阿元，活到今天该有102岁了。当时一个大块头英国人，是叫什么'思'的，送给我家一张单人照，一直保存到解放初。后来有人吓唬我们，我娘就偷偷地烧了"。[①] 又据翁阿川的儿子翁孔流回忆："那年（1942年）我14岁，有些事都还记得。那船是尾部先沉，没听到爆炸声，只见到水柱冲天。过了好多年，桅杆还一直露出水面。外地人到出事的地方捕鱼，看见水下黑乎乎的，以为是大黄鱼群，所以船上绷满了网。我父翁阿川生前救过英国人，有3个人住我家，后来藏在小洞，都是我娘给他们烧饭送饭。因为穷，也没啥好吃的，都是番薯汤和乌贼肠。为了调调口味，还给他们买过1斤白糖"。[②]

久留此地肯定不行，难免泄露3名外国人行踪，那将招致人为的灾难。为避免不必要的伤害，只有将3名英俘及早护送到安全地带。所以赵筱如等十余人再次会商，决定迅速将他们送给内地政府，以免日久生变，并将此情况告知住在庙子湖岛的第4保保长沈品生。因为沈品生与县里抗日武装关系较熟，赵筱如等才请其帮助寻找有关方面接洽。沈品生当即和第5保保长吴其生驾船到普陀山东北附近的葫芦岛，找到正在岳父家为岳母做寿的定海县国民兵团抗敌自卫第4大队副大队长缪凯运，说明青浜岛藏匿3个英国人实情，请他设法帮助，事情随之转机。

这缪凯运并非等闲之辈，原居定海本岛渔港沈家门附近的芦花乡施家村，其父年轻时到上海谋生，在一家外国人开办的电话公司工作。缪凯运出生于上海，读完中学后随父母返回老家定居。其人颇多见识，精明能干，为沈家门社会名流杨福林所赏识（杨家为当地富裕大户，其产业涉足鱼行、店铺、钱庄等），将女儿许配给缪凯运为妻。结婚后几天，缪凯运即只身到登步乡鸡冠礁小学任校长，实则逃婚，与时任乡长的王继能结拜为兄弟。抗战爆发之后，王继能和缪凯运合力拉起一支抗日武装，逐渐发展并改编为定海国民兵团抗敌自卫第4大队。缪凯运此时正在岳父家为岳母过寿，闻讯后感到此事干系重大，立即带领贴身警卫芦瑞元等数人，在沈

① 2003年8月，田庆华采访翁流香记录。

② 2003年8月，田庆华采访翁孔流记录。

品生和吴其生带引下，冒着日海军巡逻艇盘查的危险，连夜冒险渡海赶至青浜岛，会见了伊文思等人。因缪凯运早年随父母在上海生活学习多年，比较通晓英语，与伊文思等人语言沟通颇为顺利，获知了海难详情。缪凯运当即意识到必须尽快将这3名英国人转移到更安全地带，随即周密布置偷运英俘事宜。实际此事关系极大，牵扯各方面因素较多，无论哪一个环节出问题不幸被日军所侦知，其后果必是灾难性的，涉事海岛渔村群众也将为此付出重大代价。因此，怎样从大海深处小岛转运英国人必须缜密思考处置，其中能否不露任何痕迹实施安全转移为首要，除此之外还要及早安排医治患病的友人。如果转移途中任何环节出现疏漏，都有可能前功尽弃。例如：这一带海域正处于航道上，日本海军戒备程度较高，仅在10天之前就曾发生过美军潜艇“鲈鱼”号袭击日军船只事件，当场打沉一艘日本商船。因而转运船只若遭遇到日军巡逻艇怎么办？夜间行船经过众多岛礁，航线如何选择？伊文思等经历了数次生死考验，承受了在“里斯本丸”船舱里种种煎熬、跳海逃生时的冰凉海水浸泡、上岛后接连数日躲藏在潮湿阴冷的岩洞中，导致3人均不同程度地患病，其中伊文思发烧最重，如若不及时医治恐危及生命。然小岛穷乡僻壤缺医少药，必须尽快就近送往大岛重镇求医诊治，但大岛重镇全由日本军队控制，不能冒此危险就医，必须另图良策。

伊文思等藏密洞穴

上述客观因素，促使缪凯运不能不慎重多加思索。而眼前青浜、庙子湖海岛渔民竟在日本人眼皮子底下掩藏下来3名英国人，可谓有胆有识，已经闯过了最难的关口，其余的事情也应当由缪凯运来谋划。至于怎样接力转移出去到大陆，确实需要当地更具有实力的政治和军事力量介入，缪凯运及其领导下的地方抗日武装正是派上用场，大显其身手之时。

由于缪凯运先前在大上海闯荡多年，见过一些世面，凭其丰富社会经验，很快便判断出拯救盟军战俘的重要政治影响，随即采取多方面措施，想方设法确保转运过程万无一失。缪凯运首先想到将这3名英国人转移出青浜岛，就近暂时安置在葫芦岛，同时派芦瑞元等人乘船速往沈家门通知岳父杨福林，设法请医生赶到葫芦岛出诊。沈家门是定海本岛繁华地带，人口密集，码头、商家众多，各种生活设施比较齐全，且距离葫芦岛不远，交通便利。芦瑞元等人赶至沈家门找到杨福林，立即将缪凯运所嘱之事据实相告。杨福林稍加思索，即刻决定帮助成全此事，实则以其身家性命担保。他修书一封给芦瑞元，一再叮嘱："你们千万千万要注意安全，一定要设法躲过日本人的眼睛，把这封信带去葫芦岛交给我老婆，她会配合你们行事的，我也会及时带医生赶去的。这事只许成功，不能失败。"① 之后杨福林亲自到本地名医李启良家拜访，以葫芦岛家里人患重病为由，花重金说动李启良出诊。9日夜，3位英国人换上渔民破烂服装，隐藏进一条小舢板内，由唐品根、许阿台、李朝洪、郭阿德、任信仓、王祥水6人驾船，缪凯运另派船武装护航，安全秘密转移至葫芦岛，入住缪凯运的岳父杨福林家，唐品根等随船返回青浜岛。此一转运过程，知道的人范围极小，无人泄露天机。

伊文思等3人在杨家受到妥善安置，换上干净整洁的衣服，情绪很快稳定下来。唯有经过连日折腾，3人都患有不同程度的病情，其中伊文思发烧患病最重。已有准备的杨福林亲自陪同从沈家门请来的医生李启良帮助诊治，经打针、服药及休息，至10日天明进食热番薯稀饭，3人高烧逐渐减退。待这3位英国人病情稍许稳定之后，杨福林和李医生因不便久留，即时匆匆返回沈家门。伊文思等3人自从香港战败被俘以来的300来个日日夜夜，第一次享受这么好的人间礼遇，吃着热饭，喝上中国茶，不禁百感交集，悲喜交加，向缪凯运等倾诉噩梦般的痛苦经历。缪家人则百般安抚，细心照料，殷勤招待。只是葫芦岛距离普陀山、沈家门实在太近，这两个地方均有日军驻扎，一旦有变，事态难以预料。况且进出葫芦岛水面航道唯有一条，若被日军舰艇封堵，不仅仅是伊文思等人束手无策，连缪凯运所带之抗日武装都难以逃脱。尽管缪家人对于藏匿3名英国人之事多加掩饰，格外小心谨慎，还是为小岛乡民所察觉，继续滞留此地已十分不安全，必须从速决断。两天之后，为尽

① 2007年4月24日，唐洪森和田庆华共同采访缪凯运的女儿缪芝芳记录。

葫芦岛之葫芦口，为当时缪凯运等人转移3名英军战俘经停之处

早脱离危险区，缪凯运亲自带人护送伊文思等趁夜色掩护，乘船沿着葫芦岛——朱家尖南沙——乌沙门——登步岛鸡冠礁——小蚂蚁岛——点灯山——桃花岛方洋——峙头洋——大陆峙头路线，绕过很多无人礁，选择近海岛屿迂行，目的是躲避日军巡逻艇盘查，安全抵达镇海县之郭巨上岸进入康头，直接带到大队部，交由定海县国民兵团抗敌自卫第4大队大队长王继能照顾①。到此，伊文思等人才算真正安全了，缪凯运几天来高度绷紧的精神气也随之松弛，众人皆感兴奋。3名英军战俘在这里第一次舒舒服服地洗了澡，换上干净衣服，吃上像样的饭菜。

中国普通民众从大海深处，辗转多岛，终于成功地将3名落难英军战俘“捞”了出来，而且所做的一切都发生在日军眼皮子底下，这件事不仅仅是个抗战史奇迹，而且日后扬名四海，的确让中国人十分自豪。

这时，王继能担任定海县六（横）桃（花）朱（家尖）普（陀山）守备区主任兼国民兵团抗敌自卫第4大队大队长，系桃花岛以北之登步岛人，曾任登步乡长。该大队正在康头整训，缪凯运大队副突然陪护3名英军战俘来到大队部，颇令众人惊愕。王继能知悉情况之后，一面“优礼相待，供食添衣，拍照留念”②；一面派遣忻元寅等16名精干人员武装护送至象山县之桥头湖，交给转移至此活动的定海县长

① 王继能此前曾率部投靠日军，1944年9月任职国军浙东先遣第3纵队司令，1949年后去台湾。

② 王继能：《抗战期间援救英俘追记》，载台北舟山同乡会编辑《舟山乡讯》第14期，1985年5月出版，第20页。

苏本善处理善后工作。[1] 面对突如其来的变故，涉及盟军战俘安危，军人出身的苏本善，虽然头一次经历这事，深知不能丝毫怠慢，须尽早送至后方。苏本善于妥善安置英军战俘的同时，急电浙江省政府，告知详情，请示对策。遵照省府指示，继由苏本善派遣武装专程送他们前往浙江省政府战时驻地浙南的云和县，再计划辗转抵达大后方四川之重庆，由英国政府驻华大使馆接回。

限于战时条件，基层县政府没有汽车可供乘坐，所以这 3 名英俘基本步行，一路冒雨艰苦行进。到达 Liang Wong（作者注：地名未译出）后，3 人“受到中国人最热情的接待，也是在这儿他们终于能够电传英驻华大使”。接着途径临海县时，“受到中国传教士英格兰（England）夫妇的欢迎”[2]。尔后顺利抵达云和县。

纵观整个组织转送过程，计划周密，选择行船航线正确，确保安然无恙。无论是青浜岛隐藏，还是葫芦岛中转，牵涉面广、人物众多。这当中包括：唐如良、翁阿川等善良的渔民，赵筱如、沈品生、吴其生等乡村政权最底层实力派，杨福林、李启良等社会头面人物，缪凯运、王继能等地方抗日武装领导人，这么一大群人竟然在日本侵略者严密监视之下成功运作，却未跑漏半点风声，也未招致日军事后疯狂杀戮报复，简直就是一个奇迹。众所周知，1942 年正是抗日战争中国战场相持阶段的困难时期，江浙一带为日本全面侵华最先占领地区，殖民统治极其严密，汉奸伪政权到处都是，抗日军民却能够从大海深处逐岛营救出 3 名英国友人，是为中国人民抗日战争闪光的一亮点。同时说明中国人民团结一致，同仇敌忾，坚决反抗日本侵略的民族精神。唯有引以为憾的是：当时落水者众多，尚有未及救起者命丧大海，皆因事起仓促、中国渔民救助力量有限、日本人袖手旁观。最主要的是海难之初，日方非但不出手施救而且还残害战俘，故意溺杀全体战俘，致使 800 多生灵涂炭。救上海岛生还的 400 多名战俘，由于时间紧迫，仅仅留驻岛上一天，未能抄存所有战俘的名录，实际偏远小岛渔民群众基本无人通晓英语，更想不到留下文字材料日后能派上什么用场，这也是实情。日军很快返回登岛搜捕，以致乡民们来不及将这些人尽可能多的藏匿起来送往内地，仅仅保住青浜岛的 3 名英国人不被日军搜走，即使是掩藏这么几个人，在当时肃杀氛围之下也需要非凡的勇气。一旦风声泄露，必将招致临头大祸，甚至搭上全家人、全岛人的性命。中国渔民以其无所畏惧的精神和果敢行动，尽了自己最大的努力，挽救了逾千名盟军战俘的性命，实乃千古传颂，壮哉，伟哉！

---

① 苏本善（1909—1996），湖南省湘潭县三门镇人，黄埔军校第 6 期生。1939 年起，苏本善先后任职定海县长、象山县长、定象地区保安总队长、绍兴地区督察专员、浙江省保安第 3 纵队司令，1949 年参与湖南和平解放，1951 年被捕，1961 年获得特赦。

② 安德鲁·萨尔曼，克里斯汀·亨德森：《记住我的面孔——“里斯本丸”沉船的真实故事》，1997 年。

接下来，便是如何护送伊文思等人到重庆了，这也是一个棘手的问题。当时摆在浙江省政府面前的一个难题是，因前往重庆路途实在是非常遥远，跋涉千山万水，而为避开日伪占领区，从浙江到重庆的路线并非走直线或者取近路，交通亦极其不便。为确保人身安全，还需要派出武装和车辆护送，所需经费自然不是一笔小数目。此时浙江省内主要城市和交通干线已经沦陷于日军手里，大部分经济富庶地区已成为敌占区，地方政府财政收支捉襟见肘，仅仅初步匡算护送费用即需 3 万元法币左右。为此，浙江省政府不得不向中央政府请示解决办法，希望帮助解决经费问题，尽早让他们起程，平安交由英国驻华大使馆，这才有了下面浙江省政府和国民政府外交部、军事委员会外事局暨英国驻华大使馆之间来来往往电报磋商此事。据笔者从台湾查阅到的外交档案，虽仅有若干份史料，却可基本厘清中英两国之间为此事沟通的历史脉络。

先是浙江省政府于 10 月 22 日 19 时致电外交部，据定海县长苏本善电称：“载英美籍俘虏之敌舰‘天津丸’，驶经普陀、洛迦山附近，被美潜艇击沉，兹经朱铁钧部于万难中救得英人 Johetong、Faeeace、Evens 3 人护送到象（作者注：即象山），其余二千，据英侨自称，于船身将沉时，夺舱呐喊，为敌军机枪扫射海中，残酷之惨，声泪俱下”。3 人并要求我政府转告英国驻华大使馆有关情况，帮助护送其到后方去[①]。24 日上午 8 时，外交部收到浙江省政府来电，遂电告军事委员会外事局，说明此事原由。称：“载英美籍俘虏之敌舰‘天津丸’，驶经普陀、洛迦山附近，被美潜艇击沉，当地中国地方政府经于万难中救得英人 Johetong、Faeeace、Evens 3 名，其余二千，据被救英俘称于船身将沉时，夺舱呐喊，为敌军机枪扫射海中，现正将该英俘等转送后方等由。相应略达，即请查照为荷。”[②] 军事委员会外事局接获后当即转送外交部办理事宜，后者随即于 10 月 30 日向英国驻华大使馆告知，“致意并申述”。所不同的是，伊文思等误以为乘坐的是“天津丸”，抑或是翻译口误的问题，误将“里斯本丸”视为“天津丸”，才导致第一时间出现在外交辞令当中。

上述浙江省政府、军委会外事局、外交部辗转苏本善来电寥寥数语，却透漏出若干重要信息，也是极为重要的证据。即是如下三点：

一是该船载有战俘数量两千人，不只英国人，还有美国人；

---

① 《浙江省政府关于救助英美籍俘虏三人致国民政府外交部电》，1942 年 10 月 22 日 19 时。载台北“国史馆”藏《载送英美籍俘虏敌舰为美潜艇击沉》，馆藏号 11-32-11-3-028，全宗名，外交部，1942 年 10 月至 11 月。现由台北“中央研究院近代史研究所”藏。

② 《国民政府外交部关于收到电》，1942 年 10 月 24 日 8 时。载台北“国史馆”藏《载送英美籍俘虏敌舰为美潜艇击沉》，馆藏号 11-32-11-3-028，全宗名，外交部，1942 年 10 月至 11 月。现由台北“中央研究院近代史研究所”藏。

二是当船身即将沉没之际，战俘们奋不顾身冲出船舱跳海，遭到日军使用机枪直接扫射海里，此种非人道行为昭然若揭；

三是中国地方政府于万分为难中拯救了剩余的英美籍战俘，并且救出3个人抵达安全区域。这是最早揭露海难事实的历史证据。

英国驻华大使馆获悉此事之后大为惊喜，立即表态愿意承担中国政府垫付的所有费用，并由武官处负责经办此事。11月9日，英国驻华大使馆正式致函中国政府外交部，表示“关于装载战时同盟国俘虏之敌舰在普陀附近沉没一案，本年10月30日来略，业经阅悉。英国大使馆接读来略，深为铭感，对于当地政府援救英籍官员3人之努力，尤志感动。拟请为上述获救官员尽一切可能予以协助。兹并特通知外交部，英国大使馆武官处现正与中国主管当局接洽关于给予彼等协助，以及送达桂林等办法。合即略复。”① 该电不仅明确表达感激之意，表示愿意承担给予伊文思等3人协助的费用，还披露了拟取道广西省会桂林的信息。在此期间，英国通过中立国瑞士已经向日本提出交涉，唯不明了海难细情，只有日本一面说辞，伊文思等人能够来到重庆正是关键时候。在此前后，浙江省政府于10月29日、11月14日先后两次致电外交部，催问结果。

11月20日，外交部遂就路费问题已经解决一并答复浙江省政府，告知“救护英籍俘虏事，西养艳（作者注：即10月22日、29日）及戌寒（作者注：即11月14日）电均悉，英籍俘虏3人救济后川资，英国大使馆请我方垫支，由该馆负责归还。特点查照”②。21日，外交部致函军事委员会外事局，电称：“本部送准浙江省政府来电，略以载运英美籍俘虏之敌舰天津丸，在普陀附近为美潜艇击沉，经于万难中救获英人 Evens 等3名。该英人等拟来重庆，但身无路费，经垫借1万余元，应由何方归垫，请查照见复等由。当经转准英国大使馆，复称所有垫支款项，该馆当负责归垫，并称此事已由该馆武官处向我有关当局迳洽，俾其能行抵桂林云等由，徐分电浙江省政府外，相应电请查照为荷。”③

于是，浙江省政府便派出武装护送伊文思等3人乘坐汽车出发，先经浙江省南

① 《英国大使馆关于请为获救官员尽一切可能予以协助致函中国政府外交部》，1942年11月9日。载台北“国史馆”藏《载送英美籍俘虏敌舰为美潜艇击沉》，馆藏号11-32-11-3-028，全宗名，外交部，1942年10月至11月。现由台北“中央研究院近代史研究所”藏。

② 《国民政府外交部关于英籍俘虏川资致浙江省政府电》，1942年11月20日。载台北“国史馆”藏《载送英美籍俘虏敌舰为美潜艇击沉》，馆藏号11-32-11-3-028，全宗名，外交部，1942年10月至11月。现由台北“中央研究院近代史研究所”藏。

③ 《国民政府外交部关于英国大使馆负责归垫所有路费致函军委会外事局》，1942年11月21日。载台北“国史馆”藏《载送英美籍俘虏敌舰为美潜艇击沉》，馆藏号11-32-11-3-028，全宗名，外交部，1942年10月至11月。现由台北“中央研究院近代史研究所”藏。

部的龙泉县就近进入福建省境内，继经南平县往西途径江西省赣州，再取道广西省会桂林市，12 月安全抵达重庆。凭借英国驻华大使馆关系，伊文思等 3 人又乘坐美军飞机经由昆明，越过喜马拉雅山脉抵达印度加尔各答，最终辗转才回到英国本土。

纵观“里斯本丸”事件全程中，唯有这 3 名英军俘虏得以逃脱日军之毒手，顺利到达中国战时后方重庆，与一起蒙难的同胞们相比，他们总算是不幸中的万幸了。在他们停留重庆期间，曾以亲身经历向英国驻华大使馆详细诉说苦难遭遇，揭露日军暴行，遂引发国内外强烈公愤。亦幸亏逃出这 3 名战俘，他们全程经历了这场海难，在中国舟山渔民和地方抗日武装的帮助下有幸逃离了苦海，详细地告诉世人所受到的非人虐待折磨，包括在海上船运期间低劣的生存环境，为英国政府对日进行外交抗议交涉提供了非常有利的证据。这一近乎传奇般的曲折经历，不但当时即传为佳话，亦深深感染着今世人们的精神世界，闻者无不为之动容，叹为今古奇观。

这里顺便简介 3 人有关情况，以及因为“里斯本丸”事件而获得英国的荣誉：

亚瑟·詹姆斯·威廉·伊文思（又译埃文斯），1902 年 4 月 6 日出生于英国诺丁汉，系香港皇家海军志愿预备队炮手。曾经参加香港保卫战，1941 年 12 月 25 日被俘，因此被英国授予 1939—1945 战争奖章。其妻子艾琳·埃文斯，系美国肯塔基州路易斯维尔人。1943 年 7 月 2 日，英国伦敦《宪报》刊登伊文思获得“英勇行为”荣誉。

詹姆斯·威尔弗雷德·法瑞斯（又译法勒斯），1902 年 12 月 29 日出生于英国肯特的迪尔，系香港皇家海军志愿预备队准尉。曾经参加香港保卫战，1941 年 12 月 25 日被俘，因此被英国授予 1939—1945 战争奖章。1943 年 6 月 18 日，英国伦敦《宪报》刊登法瑞斯获得“勇气及进取心”嘉许。

威廉·查尔斯·约翰斯通（又译庄士顿），1882 年 1 月 25 日出生于英国佩克汉，系香港皇家海军志愿预备队准尉。曾经参加香港保卫战，1941 年 12 月 25 日被俘，因此被英国授予 1939—1945 战争奖章。1943 年 6 月 18 日，英国伦敦《宪报》刊登约翰斯通获得“勇气及进取心”嘉许。

至于缪凯运人生结局，则是个悲剧。可叹，这么一个有大功的军人，没有牺牲在抗日战场，却遭人暗算。多年以后，王继能在台湾撰文回忆这段奇遇，尤为感叹其英年命运多舛。王文简略：“缪大队副凯运，年轻志壮，勇敢有为，我任登步乡长时，聘他为鸡冠礁小学校长，抗战军兴，大家为救乡救国，投笔从戎，参加抗敌自卫工作，以功擢升为第 4 大队大队副，往青浜救英俘，在日军舰艇严密环伺之下，可说是冒险犯难，不顾生死。在不入虎穴，焉得虎子的情况下，不避艰险，勇敢地抢救了 3 名英俘，实在功不可没。可怜他于胜利后，有功未得赏，反而被盛名所害，竟于卅七年间，因徐小玉股匪在县境作乱，郑小隐专员亲莅沈家门平乱时，妄听人

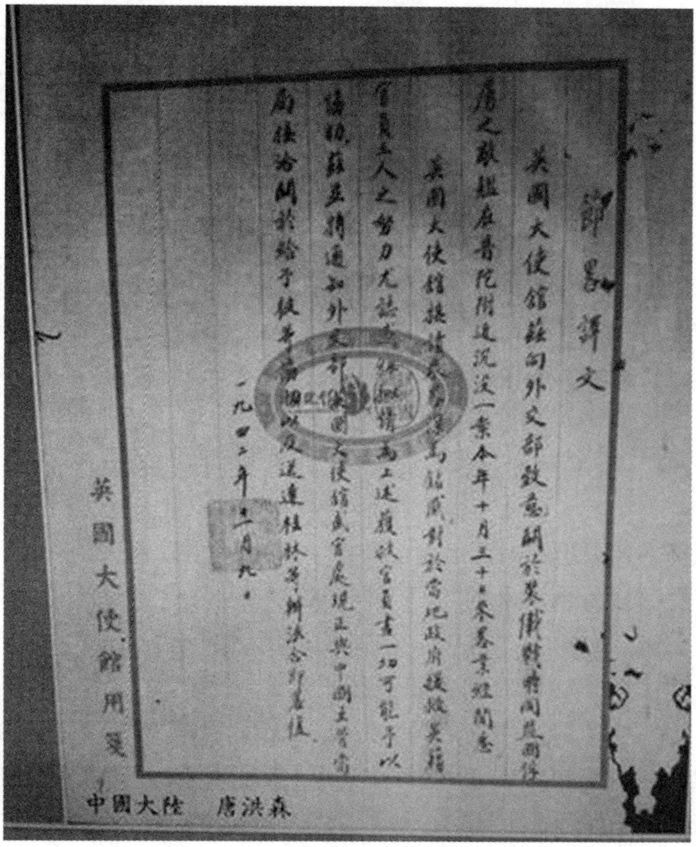


1942 年 11 月 9 日，英国驻华大使馆致函中国外交部

言，玉石不分，以‘莫须有’将他置死。可云惨矣，噫悲愤之余，不胜感慨系之。”①

① 王继能：《抗战期间援救英俘追记》，载台北舟山同乡会编辑《舟山乡讯》第 14 期，1985 年 5 月出版，第 21 页。

# 十、900余名幸存者被押送日本，分赴各地苦役

在青浜、庙子湖两岛上重新被搜捕的英俘，连同以其他方式生还的幸存者，一起被日军送往上海集中。这些幸存者总数有1 000多人，分乘数艘舰船，匆匆忙忙北运上海港，再转运日本各地做苦工。

## （一）幸存英军战俘集中上海

在海上飘荡的3天里，因无运输船装载，只能使用数艘大小吨位不等的舰艇运送上海。幸存者回忆各自乘坐的船只不同，说法亦不一。而据日海军《第13炮舰队战时日志》记载，4日由“131G、132G、134G承担运送任务，预计明天5日上午抵达上海，抵达饭田栈桥时间各舰进行报告。”① 经过笔者核对，这3艘炮舰是131号“丰国丸”、132号“第十云海丸”、134号“百福丸”，承担运送千余名幸存俘虏和原“里斯本丸”搭载的20多名日军警卫队的任务。前两艘船由于补给原因，至4日才完成，下午便开往上海。

参与搜索俘虏与警戒潜艇任务的这几艘舰艇返程行动是：

“第十云海丸”4日13时03分从西福山出发，深夜5日零时58分抵达吴淞，上午8时28分由吴淞出发，9时35分抵栈桥向陆军移送俘虏，续航至12时20分到达上海装载石炭63吨，补给后于9日返回泗礁山。

“正生丸”2日上午9时从上海出发，向“里斯本丸”遇难海域极速前进，夜间23时到达现场，此时搜索俘虏工作已经结束。“正生丸”即停留该片海域搜索美军潜艇，3日11时30分抵进西福山巡航警戒性停泊，13时30分派遣陆战队登上西福山岛、青浜岛，抓捕俘虏269名，至20时始收队。4日上午8时30分，派队登陆东福山搜索，12时归舰，14时将269名俘虏中的134名转移到另一艘舰上，16时从西福山出发，20时到达长途港。

“百福丸”1日12时13分从泗礁山出发，18时10分到达“里斯本丸”附近，

① 参见日本海军第13炮舰队：《第13炮舰队战时日志》，1942年10月1日至31日，第13炮舰队机密第16号。

“收容中尉以下陆军 348 名”，尔后连夜驶往上海。2 日中午 12 时 20 分抵达上海，陆军部队在铁路栈桥登陆，当晚返回吴淞停泊待命。3 日晨 7 时自吴淞出动，向东极海面搜索美军潜艇，4 日晨 7 时到达西福山，与“丰国丸”会合，派兵登陆东福山搜查俘虏，15 时 15 分搭载从“丰国丸”转移过来的 269 名俘虏，遂前往上海。5 日上午 10 时许，抵达吴淞铁路栈桥，“将俘虏运送上岸”①。8 日，“百福丸”返回泗礁山。

而历经磨难幸存下来的战俘们被限制在舰艇的甲板上，衣着单薄，大部分人只着一件内衣裤，穿得最好的也只不过是一件衬衫和一条短裤，几乎是赤身裸体，忍饥挨饿。经历了在“里斯本丸”舱底饱受闷热之苦旅的战俘们，现在又要忍受暴露在甲板上秋雨淋漓。要命的是时值秋季，寒冷的秋雨一直不停地下着，战俘们即使逃离了海难，也难以抗拒新的考验，一些人为此丧生。战俘们为防寒冷不得不用油涂抹全身，身盖破损严重的帆布。汉密尔顿所在的炮艇上，每人每天分到的仅是几块压缩饼干和两小碗水和牛奶，第 3 天喝了一碗汤，在此期间有两名战俘死亡。“这 3 天的寒冷，给我们之后的健康都造成了很大的影响”②。海伍德所在的船上则“不给衣物，有几人冻死。期间没有任何食物。看守我们的士兵却有饼干和一碗汤。”③ 这种凄惨状况，可谓衣不遮体，食不果腹。

10 月 5 日上午在上海码头，所有再次被捕的战俘们齐集一处进行早晨点验，仍以原来每 50 人为一组集合点名，由幸存的原带队军官负责召集，仍由斯图尔特负总责。新森源一郎态度很凶，用棍子把战俘打成一排。在第 20 组的 50 名战俘中，包括弗朗西斯·亨德森（Francis Henderson：1914 年英国出生，皇家苏格兰兵团，鼓手）在内的 26 人已不在那里，豪威尔那个小组也只剩下不到一半的人。结果只剩 971 人应答④，少了 845 人（伊文思等 3 人在内），将近半数同胞丧生大海。幸存战俘们听到点验结果，多达 845 人点名时没有回答，就知道已经遇难了。这些不幸遇难的英军战俘，现已查清名字、年龄、在英国的住所以及原隶属部队番号是：皇家海军陆战队 140 人，皇家炮兵部队 235 人，皇家信号团 45 人，皇家苏格兰团 160 人，密德尔斯团 150 人，皇家陆军工兵 100 人，皇家医疗部队 3 人，海军防卫团 3

---

① 参见日本海军第 13 炮舰队：《第 13 炮舰队战时日志》，1942 年 10 月 1 日至 31 日，第 13 炮舰队机密第 16 号。

② 《证人汉密尔顿在香港军事法庭审判经田茂提供的证书》，1946 年 3 月 6 日，于英国切斯特郡宣誓。载《香港军事法庭审判经田茂记录》，第 565 页。

③ 《证人海伍德在香港军事法庭审判经田茂提供的证书》，1946 年 5 月 14 日，于英国德比郡克雷克罗斯宣誓。载《香港军事法庭审判经田茂记录》，第 560 页。

④ ［日］矢野美年：《“里斯本丸”事故始末报告》，1942 年 10 月。载《香港军事法庭审判经田茂记录》，第 530 页。

人，另有2人不清楚其所在部队番号，合计838人。

必须指出“里斯本丸”沉没时，现场日军共计打捞上来644名战俘，加上从东极诸岛搜索出的414名，合计1 058人，又在中街山列岛南方海面发现数名生还漂流者，总计1 060人以上，实到上海971人，少了90多人。个中缺额实际被抛尸大海，即在转运途中3天发生的。而从东极到上海航程仅半天有余，何以在海上转悠3天？据考证得知，2日沉船现场全部获救俘虏644人被集中在“丰国丸”“第十云海丸”两船上，当晚开抵普陀山基地，3日早出发，午前到青滨、庙子湖、西福山抓走414名俘虏，4日又原地搜索一天，晚上结束全部任务，增加“百福丸”搭载战俘和陆军官兵，连夜赴上海，5日上午到达。这3天折腾，饱经磨难的战俘有90多名未能挺过去，被直接抛向大海。战俘回忆在到达上海之前，“又有一些战俘在途中死亡，他们的尸首则被扔到一边”①。

近千名海难幸存者们，身心疲惫，饥肠辘辘，坐在码头冰冷的石头上，被架着机枪的日本兵包围着，彼此不敢讲话。当天晚上，战俘们被驱赶进码头旁边的民船上过夜，日本看守趁机抢劫战俘们的手表、戒指等财物。战俘们面对强盗式掠夺无可奈何，也不敢表现丝毫反抗意图，只能听之任之。查理德回忆：3天后，幸存的战俘在吴淞码头集中接受点验，大部分的战俘只穿了缠腰布。翻译新森源一郎命令我们上交这些剩余衣物。“我无视了他的命令，他踢了我的下体。”② 克拉克森也回忆道：“在吴淞码头，战俘们没有任何衣物。中国人给我们的所有衣服都被日本人没收了”③。点名时，新森源一郎还用棍子把行动迟缓的战俘打成一排，他虐待战俘的罪行成为日后香港军事法庭指证之一。

在上海集中时，战俘们谁也想不到伊文思等3人成功逃脱出来，后来到日本营地，才渐渐流传在出事海域“有人已经成功逃离了”④，即是指伊文思等3人的事。

## （二）再次被押运日本做苦工

10月6日，战俘们再次集中到码头上，先是每人领到一条裹腰的布用以遮体，后来又分发给每个战俘几件简单衣物，包括一件浅色的灯芯绒夹克、一条长裤、一

① 转引自安德鲁·萨尔曼，克里斯汀·亨德森：《记住我的面孔——“里斯本丸”沉船的真实故事》，1997年。

② 《证人查理斯在香港军事法庭审判经田茂提供的证书》，1946年4月2日，于英国米德尔塞克郡斯威斯敏斯特城宣誓。载《香港军事法庭审判经田茂记录》，第561页。

③ 《证人克拉克森在香港军事法庭审判经田茂提供的证书》，1946年1月26日，于英国威斯敏斯特城宣誓。载《香港军事法庭审判经田茂记录》，第568页。

④ 《证人汉密尔顿在香港法庭审讯经田茂的证词》，1946年11月2日。载《香港军事法庭审判经田茂记录》。

件衬衣、一双毡拖鞋，这些东西是准备在日本过冬御寒的。据幸存战俘海伍德回忆："船上提供了一件外衣、一条裤子、一件衬衫、一条内裤，所有的衣物都很脏"①，也没有任何替换衣物。另一幸存战俘韦斯特伍德（R. W. Westwood）回忆道："没有什么比赤身裸体，躺在雪地里，担心接下来会发生什么，更能摧毁人类的精神了。你会觉得自己现在和动物已没什么区别，都是处于地球生命的最底层。在你一丝不挂时，就像许多垂死的战俘一样，被赶到雪地中躺着，生命几乎就不值得活着。然后，在事情已不可能变得更糟时，你突然就有了衣服，整个世界似乎变得更美好了。尽管所提供的衣服满是虱子和虫卵，而且外套、裤子以及破旧的拖鞋显然是刚从死去的亚洲苦力身上取下来，但这都无关紧要，因为它至少是衣服。"②

是夜，除了36名患痢疾较严重的战俘留在上海外，另有患病入院船员1人、日军下士官及士兵8人，其余935名战俘被押上运输船"第一真盛丸"前往日本国。这艘船的设施条件与"里斯本丸"的差不多，战俘们这次才表露出来真正的恐慌，担心会再次遭到美军潜艇袭击，却又别无选择。

战俘们大部分被安置在"第一真盛丸"船尾的两个底舱，一部分住在船头下面底舱，船舱内的空间非常狭窄，大家只能尽量不活动。日军每天提供的简单食物，勉强能够活下来，而且几乎都是难以下咽的饭菜。全程航运，船舱都是关闭的状态，舱内通风条件很差。克拉克森回忆："厕所在甲板上，而且数量不够。因为我们都患有痢疾，船舱里有桶供我们解决生理问题。"③巧合的是，"里斯本丸"船长经田茂等也乘这艘运输船回日本。5天航行途中，痢疾和白喉病仍在战俘们中间流行，加之衣服里的虱子肆意折磨，使战俘们的生存状况更加糟糕，有5人病死于途中。所幸，这次东北向航行未再遇到美军潜艇攻击，这片东海海域水深，非常适合潜艇伏击。

这里介绍下经田茂情况。他也随运输船到达上海，立即被日本海军上海基地指挥官传唤，主要问其有关"里斯本丸"船舶的损坏、泄漏以及其他的情况，责令其提交3份关于"里斯本丸"沉没的细节报告。于是，经田茂找了在现场的各方面军官、船员等人收集资料，加上自己航行日记信息，形成3份报告上交。在经田茂提交的报告当中，战俘居住的舱口被关闭是其中之一，内中说明自己"拒绝运输部队

① 《证人海伍德在香港军事法庭审判经田茂提供的证书》，1946年5月14日，于英国德比郡克雷克罗斯宣誓。载《香港军事法庭审判经田茂记录》，第560页。

② 转引自安德鲁·萨尔曼，克里斯汀·亨德森：《记住我的面孔——"里斯本丸"沉船的真实故事》，1997年。

③ 《证人克拉克森在香港军事法庭审判经田茂提供的证书》，1946年1月26日，于英国威斯敏斯特城宣誓。载《香港军事法庭审判经田茂记录》，第568页。

指挥官关闭舱口的命令，但是他根本不听我的，我不得不关闭舱口”的苦衷①。之后经田茂随同“第一真盛丸”赴日本九州的门司港途中，又撰写了一份报告，抵达目的地后交给了陆军省航运司令部，内容大致同交给驻上海海军基地的文本差不多，后来还当作香港审判时的呈堂证供。

10 日，“第一真盛丸”安全抵达日本九州门司港停泊，港口区域直通火车，战俘们下船踏上陆地后，看到绿色的山峦及远处的雪山，呼吸着难得的清新空气，精神状态为之一振，终于结束了令人担忧的海上航行。在码头候车时，战俘们聚集在仓库前的小广场上，照例接受卫生防疫检查，除了 36 名病重的战俘留下送往医院治疗外，其余 800 多人乘坐火车分散至大阪、神户、广岛、小仓等地。在门司留下来的 36 人，陆续病亡 28 人，剩余存活的 8 人当中就有豪威尔在内，他们怀抱着装有战友骨灰的白色盒子，用白色吊带挂在脖子上，亦乘火车全部被遣送至大阪战俘集

① 《经田茂在香港军事法庭审讯的辩词》，1946 年 11 月 14 日。载《香港军事法庭审判经田茂记录》，第 293 页。

中营。

当天傍晚，经历了几个小时的等待，大部队乘坐火车继续出发，整晚及次日大部分时间都在火车上渡过，餐盒里装的是米饭、蔬菜、腌制的海带。在前往大阪的小仓，约55名重病患者下车到医院诊治，其中的21人死在小仓。

10月12日，约有326名战俘抵达大阪，前几周被安置在码头区中间的一座两层木制楼房内，并且被迫学习日语，学会随时向日军官兵鞠躬礼节，伤病员则被送往数英里之外的一座运动场更衣室改建的简陋医院治疗，负责这家医院的是英国皇家海军后备队医生杰克逊。战俘主要工作是装卸轮船物资，每天从早上5点开始，持续至晚上8点，各工作小组于上午7点开始工作，通常是在下午5点结束，每个月休一天假，领取微薄的工资。斯图尔特也在大阪集中营，他给人的印象是"戴着尖顶帽，穿着卡其色的军装，拿着摇臂手杖"。被关押在大阪市中心的战俘营主营里，坐落在靠近海边的地方，远离城市。

抵达神户的这组战俘，被迫接受新闻记者代表采访，事先曾被警告不要随意地谈论他们自己的经历，只能异口同声地赞扬日军和水手的英勇。当时战俘们个个营养不良、形容枯槁，体质相当虚弱，浑身上下邋遢肮脏。经过一周时间休整，战俘们开始慢慢恢复体力，然后就被分派到钢铁厂、港口、码头、水泥厂、木材厂、食品厂等地，每天为各个不同的企业从事繁重体力劳作。伴随着每天超强度的工作量、少量的食品、极差的卫生医疗条件、武装看守的苛刻暴行，使得战俘们生活异常艰难，挨饿、挨打和缺医少药成了常事，可谓度日如年，苦不堪言。因此，许多人受尽种种折磨而死，没能挺到战争结束。

11月4日，一些"里斯本丸"沉船的幸存者，经过日本人的准许，用短波无线电通信对他们的家人进行广播。如11月10日，安德鲁·萨尔曼的妻子，在澳大利亚收到了安德鲁的广播文稿。广播中，安德鲁向家人表达了自己的爱，接着又向家人描述了沉船的另一个版本。"……过去几周，我们在经历这些之后，我很高兴来到了日本。从香港离开的几天后，我们的船舶遭到鱼雷袭击，而这枚鱼雷来自美国的一艘潜艇。这是一段可怕的经历，但幸运的是，日本军舰很快就赶到了现场。虽然人员伤亡损失惨重，但我们必须感谢日本人……（广播暂停）打捞我们的船舶并不重，我们一被接上船，他们就给了我们饼干和热牛奶，在海里待了两三个小时后，这种做法肯定是非常受欢迎的。"① 很显然，安德鲁若不按照日方说辞，根本不会给他联络的机会，但家人总算是知道了安德鲁还活着，这就够了。

---

① 引自安德鲁·萨尔曼，克里斯汀·亨德森：《记住我的面孔——"里斯本丸"沉船的真实故事》，1997年。

战俘在到达日本的第一年里，即有 244 人因患各种疾病死亡，其中神户有 114 人、大阪有 55 人、小仓有 21 人、门司有 24 人病逝，再加上其他地方约 30 人。斯图尔特、皇家苏格拉团的卡斯伯特森上尉等军官，于抵达大阪之后不久即病故在运动场医院里。

“第一真盛丸”抵达日本九州门司港，英军战俘上岸乘坐火车分散各地。

即使战俘们身陷敌国，仍以自己力所能及的行为方式、方法，继续参加反法西斯战争。例如：利用在船上工作之便，暗中往海里倾倒战争物资；破坏各种机械设备，给日本企业制造一些麻烦；甚至往回偷拿糖、水果、衣服、罐头食品、药品等，以调解生活乐趣。据“里斯本丸”幸存者来自皇家苏格兰团第 2 营的士兵詹姆斯 · 麦克哈格 · 米勒回忆：“我们被选派到一艘船上运送生铁，这是个很不愉快的工作，我们决定尽可能地制造麻烦。我们破坏了用来从我们卸货的船舱里举起装载生铁的

门司港英军战俘上岸时的铁轨遗址

网兜的绞盘。通常情况下，驳船靠近船边接受生铁。我们看见举起的吊钩朝我们放下，要吊起重达约 3 吨的已经装好的货物。货物挂在吊钩上，我们看着它慢慢升起出了船舱。装着的货物摇晃着出了船舱吊过去，直到对准驳船的船舱。操纵绞盘的人松开下降的操纵杆，但是操纵杆在他手里变松了，装着的货物以比上升快得多的速度下降，对驳船造成相当的损坏。在紧接着的恐慌中，日本人叫我们停止工作，到船舱外帮助干活。"[①] 从米勒的叙事当中，不难看出战俘们采取消极怠工的方式，表现出"弱者"睿智和非凡的勇气。

而留置在上海的 36 名患病战俘，起初被带到虹口区提篮桥监狱关押大约 1 个月，在这里病死了两名战俘，再被转送至市区东北部殷行区的江湾高境庙乡集中营（今宝山区殷高路 15 号，现为上海市高境强制隔离戒毒所）。这座集中营修建在一块比较干燥的高地上，汇集了 1941 年 12 月 8 日在上海浦江被日舰"出云"号击沉的英国海军"海鸥"号幸存战俘、被迫投降的美国海军"威克"号官兵，12 月 23 日威克岛之战被俘的美国海军陆战队官兵和平民，守备美国驻华大使馆、驻上海领事馆的海军陆战队警卫，日海军在其他港口捕获的英美船队船员，原盟友意大利在

① ［英］詹姆斯·麦克哈格·米勒回忆，转载于 http//www. far_ eastarm_ heroes. org. nk/James. mcharg miller/index. htm。

上海的军人和平民，有800~1 000人，附近也是侵华日军建造的远东地区最大（海军）军用机场。

1944年11月至1945年4月，美军飞机开始频繁空袭轰炸上海周围江湾机场、龙华机场以及停泊黄浦江上的日军舰艇，日军遂决定整体转移江湾集中营盟军战俘，取道中国东北、朝鲜半岛赴日本。距离上次“里斯本丸”战俘乘坐“第一真盛丸”出发，已有两年零4个月，只不过这次转移行动路线诡异，判断东海海域已不安全，美军飞机和潜艇非常活跃。

此一过程，根据留在上海的“里斯本丸”幸存战俘卡维尔（D. E. S. Cavill），于1993年9月16日写给另一幸存战俘朋友安德鲁·萨尔曼（Salmon）的信中有所描述。该信叙述道：约在1945年四五月间，江湾集中营战俘押解上大型货车，每“100人一辆货车，横跨卡车中央过道的两边各50人，被带刺的铁丝网隔开，由两名警卫看守”。尔后经南京乘船渡过长江，北上天津，抵达北平郊区停留10天至15天，再转移辽宁过鸭绿江，穿越朝鲜半岛抵釜山港，继续乘船至日本的门司港上岸。在这休息一晚，次日乘坐火车驶过广岛、名古屋、东京等地，从东京出发时再换乘火车至北海道西南部的滨海港城函馆的尽头，换乘渡轮过津轻海峡，最终到达北海道北部的一座煤矿，在那里安营搭建茅屋，从事繁重的矿山工作，直到数月之后美军占领日本为止①。这漫长出行等于兜兜转转了一大圈，走了一个“N”字形，相比先前战俘大部队从上海直接去日本门司港复杂得多了，在这样的环境下能够侥幸活下来实属幸运至极。

随着时间的推移，盟军逐渐掌握了战争主动权，日益缩小对日本本土的包围圈，数百架美军重型轰炸机不停顿地轰炸日本各地城市和工业区，地处大阪湾的密集的战俘营也受到空袭的影响。1945年6月1日，美军飞机将大阪战俘主营夷为平地。5日，位于神户的战俘分营也未能幸免。但战俘们都极其幸运地躲过了这场大轰炸，未受到大的损失。

日本投降后，美军部队登陆日本国土，散处各地的战俘营随之解体，3万多名盟军战俘重获自由，其中“里斯本丸”上的900多名战俘仅剩下763名，另有1 053人死难。历尽艰难困苦而顽强存活下来的人们，终于熬到了胜利的日子。接下来的若干日子，“里斯本丸”的战俘们同其他英邦联军队的战俘一道集中横滨等待回国。如在神户的战俘于9月6日乘火车出发，次日抵达横滨汇合。按照事先安排的步骤，战俘们脱掉所有的衣服交给美军在码头附近焚毁，尔后接受医疗中心全面体检，换

① 引自安德鲁·萨尔曼，克里斯汀·亨德森：《记住我的面孔——“里斯本丸”沉船的真实故事》，1997年。

上全套美军制服和配件，依返途方式分类，决定是坐医疗船、运输舰还是空运回国。如其患有传染性痢疾等病，则安排乘坐医疗船。乘飞机回国的人员先转移到驻冲绳美空军基地，再转机菲律宾的马尼拉飞回国内。稍为健康些的人员则搭乘美海军运兵船前往菲律宾首都马尼拉中转，驶抵加拿大的哥伦比亚省维多利亚城的爱斯基摩港，摆渡到温哥华改乘火车，沿着“加拿大太平洋铁路”横跨整个加拿大，到达哈利法克斯港，再换乘“法兰西岛”号巨型班轮，于10月26日起航赴英国的南安普敦，抵达目的地之后最终分别返回原籍。

回顾“里斯本丸”1 816名英联邦军队战俘生死劫难，仅剩下不到一半幸存者。在死去的人们当中，有的尚未离开“里斯本丸”即被打死、病死、淹死（负责交涉的波特中尉、第1号舱的2名战俘，第2号船舱、第3号船舱和第4号船舱里的皇家炮兵部队官兵）；有的落海后体力不支被淹死；有的被海岛岩石间巨浪卷走吞没；有的落水后被日军野蛮射杀；有的死于各种疾病、营养不良症；有的在日本战俘营不堪折磨而痛苦地死去。总而言之，一个最为至关重要的环节，即是如若没有中国渔民的及时出手援助，“里斯本丸”运载的所有战俘恐怕都将作古，一个也不剩，当然也就没有了700多名幸存者的传奇经历。

祖祖辈辈生活在大海深处勤劳善良朴素的中国舟山群岛渔民，并没有那么多的见识，却抱定必须于危难之中救人的亘古理念与传统意识，无须动员组织，亦无企求回报索取之意，男女老少一起上阵，争分夺秒奋力抢救落难的英军战俘，那种场景不难想象，只能永生铭记。多年以后，幸存者基本都离开人世了，其后代每每忆及此事，特别是面对来访的中国人，仍然心潮澎湃。而所有参与救助的渔民群众则自1948年以后闭口不提，将其封存在历史记忆里几十年，再也无人声张，更不为世人所知。

诚如“子张问善人之道。子曰：不践迹，亦不入于室。”所谓“不践迹”，是行善不求人知；“不入室”，是不要为了做善人而做好事。善良而纯朴的中国渔民不事张扬，弄出了这么大惊天动地的事情，却轻轻拂过，仍一如既往地打鱼、晒网，生活照常如旧。

# 十一、国际舆论反响，日本诡辩

“里斯本丸”事件发生之后，很快引起了国际舆论强烈反响。日本方面虽然不知跑漏了3名俘虏，却抢先发布新闻稿讲歪理，战时画报也出版发行专刊，并配以图片曲解。中国方面则因奇迹般救助了3名逃生英军俘虏，揭开了海难真相，让世界为之震惊。

## （一）海难发生后的日本辩词

海难发生5天之后，日本方面以为做事隐蔽，外界无人知晓，即使是事发地东极岛也孤悬茫茫大海，且受控于驻扎舟山群岛的日军严管。所以抢先发布新闻稿，拿美军潜艇“乌龙”来说事。

10月8日，日本《朝日新闻》以从上海发来特电专稿形式，刊登了两篇相关消息，总标题为《载有1 800英军俘虏的“里斯本丸”遭美潜水艇袭击在东海遭难》。

其一说：“昨日，载有1 800英军俘虏以及少数日军官兵的陆军运输船‘里斯本丸’从南方某港出发，向内地航行中，在东海海域遭美潜水艇袭击而沉没。我军立刻派船前往现场救援，救起了数百名英军俘虏。日军官兵伤亡较轻。救援时还发现部分英军俘虏游到附近的岛屿避难。事件发生后，虽然我军及时采取了救援活动，但其他人员均已溺水身亡。”

其二说：“载有1 800余名英军俘虏的我陆军运输船‘里斯本丸’昨日在东海海域遭美潜水艇袭击沉没，大部分英军俘虏溺水身亡。”“这次他们居然盲目袭击，牺牲了这么多他们自己的英同盟军。实行非人道不法攻击而习以为常，自己给自己挖掘坟墓，这种丑态真具有讽刺意义。这次非人道攻击事件败露后，被逼到生死边缘的英军俘虏们一起抗议美军的暴行。”报道还指出：“对于濒于战败边缘的英美敌军而言，发生这种悲惨事件并非首次。前不久，他们空袭了我停靠在马来海岸哥打巴鲁海边的医疗船；1月10日，在南海海域，敌方潜水艇击沉了我军医疗船‘哈尔滨丸’。他们撕毁了日美双方于明治45年（1912年）1月12日重新修订的《日美通商通航条约》所规定的‘条约同样适用于海战’的原则。3月26日早，我军医疗船‘朝日丸’船在帝汶岛库帕湾沿岸单独航行时，突遭英轰炸机袭击。英轰炸机在距该船尾100米远处，投下了5个炸弹。英美敌军他们敢把金科玉律般遵守的国际法如同草鞋一样丢弃实行暴行，是有类似的事实的”。[①]

《朝日新闻》报道显系日本军方提供，用作统一外宣口径。因此，香港出版的由日方控制的《香港日报》，同一天转载了上述消息源，文章最后称“美国此举不外为盲目之潜击行为，彼等皆败于日军之手，故找寻机会，图复其失去之声望”[②]。

同日，日本国内《日本时报与广告报》也按照日本官方的口径，发表了更加荒诞不羁的消息。内称：“日本人在营救英国战俘时所展现的高度英雄主义，遭到美国人奸诈行径袭击的受害者则有幸成为为此付出生命的主题。船舶沉没后，许多令人心碎的声音响起。救援人员，冒着自己生命的危险，在撕心裂肺哭喊声的牵引下，来到在水里奋力挣扎的英国人边上，将他们一个接一个地救上来。至于美国潜艇击沉‘里斯本丸’这种不人道的行为，尽管这艘船手无寸铁，毫无防御能力，但这个世界也不会接受最轻微的怀疑。那些因日本人的英勇行为，在沉船中存活下来的英国人，见证了这一点。值得注意的是，营地正在为这些活着的英国人提供临时住所，而这些英国人对已停止攻击运输船舶的美国，表达出最强烈的不满，因为这艘船是载有与美国同立场的一个国家人民。对英国来说，美国潜艇的行为是违背信仰的一种行为。幸存的英国人也知道，所以他们谴责美国的这种懦弱行径。美国将自己盟国的 1 500 多个人民，丢入大海，任他们自生自灭。这就是美国潜艇的行为，导致‘里斯本丸’沉没的原因，而美国潜艇本应充分了解这艘船的性质。这就衍生出很严重的一个问题，关乎美国的荣誉，以及美国拥有世界立场的原则。美国因对日本的愤怒，而被蒙蔽了双眼，这就可以解释‘里斯本丸’为什么会沉没了。对美国来说，船上是否有其武装盟国的人民，日本手中是否有无助的战俘，这些都无关紧要。而美国唯一想到的是，日本是其死敌，必须把日本击入海底，等等。”[③]

这些经过刻意修饰一番的日方新闻报道，比对前面我们研究披露的史实真相，不难看出其差异性在哪里。

首先，“里斯本丸”是从南方香港起航没错，目的地却是到日本，不是赴中国内地。日方新闻报道之所以将“里斯本丸”说成是“从南方某港出发，向内地航行”，实际是隐瞒了押运英军战俘往日本国内做人质和劳役的真相。日军这一根本目的，日方新闻媒体当然不可能自行透露了。

其次，“里斯本丸”运输船遭遇美军潜水艇袭击而导致最终沉没，日方新闻报道为此远则援引历史上签订的《日美通商通航条约》中相关规定，近则列举日军医

---

① ［日］《朝日新闻》，1942 年 10 月 8 日。

② 《美潜艇击沉日陆军输送船》，《香港日报》1942 年 10 月 8 日。

③ 引自安德鲁·萨尔曼，克里斯汀·亨德森：《记住我的面孔——“里斯本丸”沉船的真实故事》，1997 年。

疗船“哈尔滨丸”“朝日丸”先后被袭击的例子，说明美英军是如何的“非人道不法攻击而习以为常”，如何的“敢把金科玉律般遵守的国际法如同草鞋一样丢弃实行暴行”的。然而，就“里斯本丸”自身而言，其主要“过错”在于被利用来运兵（搭载了700多名官兵）、装备军事设施，但却不标明运输俘虏的识记物品，这是对全船战俘生命的极不尊重、极度轻蔑、极不负责任。所以该船不幸遇袭葬身大海，既有其偶然性（如在特定的时间、水域），也有其必然性（只要使用于军事目的，终究逃脱不了倾覆的命运）。

再次，当“里斯本丸”被攻击时，负责看守的日军立即将全部战俘驱赶进船舱里，随后为防止战俘暴乱，竟然不顾船长反对，封堵住至为关键的生命通道——舱盖口，一旦发生沉船悲剧，其后果可想而知。若不是已被逼到绝路上的战俘们拼死冲出跳海自救，恐怕早已随船全部沉入大海，仅尘封在第4号舱里的数百名生灵即是明证。但是，日方媒体却一再表白自己如何的实施“现场救援全部，救起了数百名英军俘虏”，“及时采取了救援活动”，闭口不提被封死在舱中的数百名战俘是如何随葬大海的，更不敢讲被关押在船舱中的千余名战俘是如何冒死破舱而逃生的。事实是近一半战俘并不都是“溺水身亡”的。最先遭射杀的是担负全体战俘交涉使命的波特中尉；接着是发生在甲板上的肉搏战，这场短兵相接以日军和田秀男带领的留守官兵全部跳海逃生而很快结束，当然战俘一方也付出不小的伤亡代价。继之是前4号舱中的千余名战俘纷乱跳船入海后，却遭到舰艇上的日军有组织、有目的地屠杀，如若不是中国渔民群起出手营救，则很难说还能生还971余人；最悲惨的是未能逃出舱的几百名冤屈的战俘，全部随同“里斯本丸”葬入茫茫大海，可谓阴阳相隔、生死两重天。

这里需要指明的关键问题是：无论是“里斯本丸”上的日军，还是赶来增援的日本海军驱逐舰“粟”和炮艇“百福丸”和“丰国丸”等官兵，绝未曾料到极其普通的一大群中国渔民竟敢也到现场救急，这种果敢义举极大地扭转了蒙难战俘们的险恶形势，从而奇迹般地避免了降临到战俘们头上的灭顶之灾。回顾中国抗日战争全过程，出现这种事情恐怕也是绝无仅有的。

日本大阪出版社出版的《大东亚战争记录画报》，系自太平洋战争爆发后，描述日军在各个战场作战写真，当年即出版过前篇。大阪出版社于1942年12月发行的《大东亚战争记录画报》后篇，以大幅文图并茂形式刊登了这一事件的整个过程，显然与《朝日新闻》同一论调，但留下了一些弥足珍贵的老照片。当然，大阪出版社发布这些照片无论哪一张，都需经过与陆军省和门司要塞司令部的许可。兹照录如下，文内黑体字系标题：

### “美国潜艇在东支那海的暴举
### 袭击护送英国俘虏途中的‘里斯本丸’

我方陆军御用船‘里斯本丸’（7.053 吨），为了护送南方战线捕获的 1 800 余名英国俘虏去往内地，我方陆军官兵不久前从南方某港起航，但途中在中国东海（作者注：日本当时称其为东支那海）被突然出现的美国潜艇袭击而沉没。我方立刻派救助船到现场进行救援，经过努力，成功救助了数百名英国俘虏，另外，发现若干名正在附近的岛上避难。余下下落不明的，根据附近情况推测在搜寻溺亡的人，而同乘的陆军官兵损伤极其轻微。

### 揭露美国之凶恶，连友军也屠杀的背信弃义行为

美国终于露出了其凶恶的毒牙，用其潜水艇屠杀了同盟国英国的将领以及士兵。初战便遭受大败的美国响应战争发起者罗斯福的号召，此时正一心努力挽回颓势，但是其尚未显露的凶恶罪行已经在 10 月 1 日的‘里斯本丸’袭击事件中暴露出来了。无视他们的英兵战友一行，不带一丝怜悯的任他们和中国东海的藻屑一起消失。

这就是将人道主义挂在嘴边，时常自我宣扬为正义的拥护者的美国，一旦面对战败，连至今一起扛枪的战友英国也无情打击。这一千真万确的背信弃义的本性显露无遗。假借英国防卫为名，之前美国强行派兵入侵英国的领地，诸如爱尔兰岛，格陵兰岛，非洲各地。另外，现在美国不断采取手段谋取英国的澳大利亚、印度等殖民地的主权。这一连串的事实背后，即便英美两国相互谅解，但也隐藏着现在美国想要夺取过去几百年来英国的世界霸主地位这样的企图。在我国护送英国士兵途中所发生的‘里斯本丸’袭击事件中，美国潜水艇不但对哭喊的英国士兵见死不救，反而仓皇逃离。但是英国被援英的美名所欺骗，现在其命脉不断被美国蚕食，开始要踏上荷属东印度的命运。

在‘里斯本丸’即将沉没的时候，我方立刻派遣救助船，运用各种手段努力施救，抛开对本应憎恨敌人的仇视，解救了数百名英国士兵的性命。将这一行为与美国的背信弃义行为相对比，可以说更加彰显了我们大日本帝国的正义身姿。除了美国的背信弃义行径之外，我们大日本帝国的国民们还需要留意美国为挽回战局而拼命奔走这一点。美国从国民身上压榨庞大的军事费用，为将来的反攻不断扩充军备。同时通过夸大宣传，来煽动国民的士气。美国最重要的反击方法无外乎通过陆上基地或者航空母舰对日本本土进行空袭，或是通过潜水艇来破坏我们的交通线路。虽然美国想通过这些手段企图瓦解我们大日本

帝国国内的斗志，但是我国的铜墙铁壁自不用说丝毫没有动摇。美国的前进基地，北有阿留申岛，东有威克岛，南则延伸至新几内亚，爪哇，缅甸等地。为了守卫好，我们大日本帝国的陆海军各将领以及士兵日夜奋战。

然而我们大日本帝国的占据地实在是过于辽阔，全线长达 2 万公里，并且四面环海。纵使我们大日本帝国陆海军万般无敌，（美军）逃过严密的监视网络的监控悄悄靠近也并没不可能。我们要充分考虑到，特别是拥有隐蔽性，耐久性特质的潜水艇正在靠近我们本土周边这一事情。‘里斯本丸’就是这样的一个例子。既然战局已经进入长久战，那么敌人对我们大日本帝国本土的空袭，利用潜水艇对我们交通线路破坏的可能性今后将不断增加。

对此，我们大日本帝国的防备只有以忠义勇敢的陆海军的准备为经线，以 1 亿国民的高涨的战斗热情为纬线，形成浑然一体的团结之后，才能够期待完美应对。

## 天罚

陆军御用船‘里斯本丸’从南方某港口出发返航日本途中，于 10 月 1 日在中国东海被美国潜水艇击沉。此船担负着将皇军在南方战线俘虏的 1 800 多名英国俘虏护送至日本本土的任务。虽然我们日本帝国一收到遇险报告便立即伸出援助之手，但据说同乘的我国少数将领与士兵，同大多数英国俘虏还是成为了不归之客。

这是继某某号遇难之后又一悲痛报道。同时这一事件也如实地让我们了解到，对南方皇军占领地跟我们本土连接地交通路线，敌方将持续策动潜水艇袭击。由于敌方失去了多数的主力战舰，到新的主力舰队彻底建成还需要很长的一段时间。在这种时期，他们所采取的战略就是利用海上游击部队，企图阻碍我国在广阔的大东亚进行的设施建设。自不用说，皇军对此也是做了万全的应对，并且积极落实。然而警戒放哨的区域实在是太过宽广，我等国民必须做好精神准备，像此次这样的牺牲是不可避免的。另外，除了做好心理应对之外，也必须要不畏牺牲去推进设施建设。

姑且不谈那个，此次事件也让敌方出尽了洋相。相较于攻击悉尼港口时所展现的我国 4 勇士精神，我们也对敌方所展现的骑士风度表示敬意。但是在慰藉死去敌人亡魂上，任何国家的军队都是无法跟皇军相提并论的。此外，对于投降的将领和士兵，我们也是怀着武士道精神厚待他们。此次亦是如此，很多英国俘虏在皇军的庇佑之下，正在海上平稳航行之时，突然遭受友军攻击。从战争中幸存下来，本应继续生存的众多生命就在这里徒然消散了。就是死了也不甘心。此次事件在敌方阵营中会掀起怎样的风浪，就让他们自己解决吧。仅仅因为过于急切地想要挽回颓势，就不择手段，不顾一切地往前冲，难免不会出尽这样的洋相。我们称它为上天的惩罚。”①

处于战争年代，信息披露往往滞后，又发生在日军占领区的海上沉船事件，具有一定的封闭性，日方独家新闻当然具有相当程度的欺骗性，况且尚不知漏网3名战俘，唯有自说自话，信与不信均由你。

未出几年，一俟日本战败，“里斯本丸”沉船事件真相即彻底大白于天下。

## （二）世界媒体报道

紧跟着日方报道，美国、英国、澳大利亚、中国等新闻媒体陆续公开报道“里斯本丸”海难真相，且持续追踪多年，影响范围极其广泛。

第一份官方盟军报告是来自于意大利广播新闻。1942年10月8日，《纽约时报》刊登了一篇文章：

“昨日，美联社于纽约录制的一档意大利广播节目中说道，来自东京方面的一份声明，报道了一艘美国潜艇于10月1日在中国的南海击沉了一艘7 000吨的日本船只。报道称，这艘前往日本的船舶上，大约有1 800名英美战俘，其中有数百名战俘被赶走现场的两艘日本船舶救起。东京的这份报道还说，而其他幸存者能够抵达邻近岛屿。”

同日出版的《纽约时报》另一篇文章则说明：

“10月8日，伦敦（美联社）——今天，东京播出了一则同盟通信社来自上海的报道，报道确认了10月1日被美国潜艇击沉的日本船舶，就是重达7 152吨的陆军运输舰‘里斯本丸’。据说，这艘运输船舶，从南部基地前往日本的途中遭遇袭击。”

与此同时，澳大利亚《悉尼先驱晨报》亦报道了此事：

“10月8日，伦敦报道（澳大利亚美联社）（A. A. P），陆军部当前正在调查日本所发表的声明，10月1日，载有1 800名英国以及澳大利亚战俘的一艘日本船舶——‘里斯本丸’（重达7 053吨），在中国南海海域遭到潜艇击沉。据说，幸存者正在前往日本的途中。

陆军部已要求防卫当局，证实这一报道是否属实。如果属实，要求其尽快取得

① ［日］《大东亚战争记录画报》后篇，大阪出版社1942年12月出版，第102页至第107页。

战俘名单。

东京电台报道，美国潜艇击沉了‘里斯本丸’，两艘日本船舶挽救了数百人的生命。

据说，其他幸存者抵达邻近岛屿。

另一种说法是，有 800 人随船沉没，而军官和船员的伤亡很小。”①

上述报道，基本引用日本新闻素材，因无具体真实线索，盟军方面无从知晓细节真相。恰好有 3 名战俘在中国军民掩护下，逃到了大陆安全地带，这为盟军获悉事件真相提供了尤为关键的第一手证人证词。

平心而论，发生在中国海域的“里斯本丸”沉船事件，相比之中日战场惨烈凶猛厮杀，战时媒体关注度显然并不高。迄今为止，笔者努力找到《中央日报》两则消息报道，尽管少了点，但也算是比较权威的官方报纸，并且在当时通过正规渠道向全社会披露相关信息。

一则消息，为伊文思等 3 人已经脱离威胁地带，在中国武装力量的护送之下，由浙江入福建，经南平赴重庆。1942 年 12 月 19 日，《中央日报》第 5 版报道本报驻南平特约通信稿，介绍伊文思等 3 人抵达浙江省政府驻地云和县并受到热烈欢迎，出席报告会，尔后取道龙泉县（浙江省属）、南平县（福建省属）等地，继续西进拟往重庆。这则消息以“浙江舟山群岛海面盟艇击沉敌舰，被俘英军官泅水脱险，经我方护送过闽来川”为标题，由中国政府首次公开披露了“里斯本丸”海难。该报道全文如下：

“【本报南平特约通信】

香港沦陷后，英军被俘颇众，均被敌方囚禁于集中营中，英海军军官华莱士、伊士等数人同被拘禁。10 月中旬，敌派兵 120 人，将渠等押上兵舰运送赴日，声言将送入工厂，罚充苦役。该舰于 10 月 14 日行经舟山群岛附近海面，突被盟国潜艇击沉，华莱士、伊士等数人乘机跃入海中，浮泅 50 余英里，经我沿海民众及游击队之救护，乃得生还。历经艰苦，以抵浙新省会之云和，当地政府热烈招待，华莱并参加政府早会，报告脱险经过，对我方救护，深致感谢之意。20 日，由浙省府派专车护送至龙泉，2 日过南平赴渝。据谈：敌方对待英俘极为残酷，在集中营中禁止以英语交谈。每人日给黄豆一盅，作为粮食，不得一饱。英俘均次服苦役，并聆听所谓‘皇军’指导员之训话，如拒服苦役或听讲者，辄被侮辱，或遭枪杀。战友中或患疫病，敌即认为传染病，以各种方法处死。战友内因营养不良，且遭虐待，故死亡已达 2/3，生者亦憔悴不堪。敌

① 上均转引自安德鲁 · 萨尔曼，克里斯汀 · 亨德森：《记住我的面孔——“里斯本丸”沉船的真实故事》，1997 年。

军指导员虽对战局时作夸大宣传，但述及粮食、空袭及海运时，亦流露忧郁之色。”①

上述新闻报道，实则暗藏着诸多玄机，如全篇最重要的地方有四处闭口不提。

一是不提被救英军战俘的真实名字，只以极普通的或者并不完全的人名华莱士、伊士出现，更未提共有多少人脱险。因为船载所有英军战俘名单都有登记在案，免得过早暴露身份，牵扯还在香港羁留的亲友们。实则浙江省政府早就知晓这 3 人名字，提前通报给重庆方面了，后者再转告英国驻华大使馆知晓。

二是不提具体脱险路线，只是以他们“跃入海中，浮泅 50 余英里”来表达，换算成千米，即有 80 千米之多，这么远的海路是怎么浮泅的？这就巧妙地避开了东极海岛渔民实施逐岛递送过程，他们之所以能够脱险上岸，与当地渔民群众无关，希冀保护恩人。

三是不提参与救护人员，只以“经我沿海民众及游击队之救护，乃得生还。”至于什么人、多少人参与救护，则一丁点信息也见不到，实际参加救护的人林林总总也不算少，伊文思等人直至抵达浙江省政府所在地云和县才算安全些。

四是不提东极渔民群众集体果敢义举，因为一旦报道事发地，也就那么几个小岛，日军极易锁定目标地，恐怕为此会牵连很多人的生命及财产安全，以故只字不提东极海岛渔民群众，通篇有意隐去有价值的信息。

因此，采取含糊不清的写法，仅仅点出大概的新闻脉络，可以看出作者的良苦用心。

二则消息，为伊文思等 3 人经由广西桂林赴陪都重庆，中经江西赣州。1942 年 12 月 5 日，《中央日报》第 3 版报道中央社赣州 4 日电讯，这则消息以“香港英三军官脱险抵赣”为标题，因纸张年代久远，字迹多处模糊难以辨认，缺字的地方以“□”代替，故大意如下：

“【中央社赣州四日电】

英舰□脱花号□□□□伊文思、□□□□□□□□等 3 人，脱险抵赣。香港陷落时，为敌所□，旋被解北上，同行者约 2 000 余人，中经□□□潜艇击沉，淹毙者甚众。彼等泅水到海岸，□□游击队□□□□，□□□□，穿过敌封锁线，经浙闽抵赣，4 日赴渝。彼等对我官兵之帮助，深为感谢。”②

这篇新闻稿发表时间在上一篇之前，系中国政府中央级报纸第一次公开向全世界报道“里斯本丸”有 3 名英军战俘，竟然奇迹般生还，并且被中国抗日游击队护

① 参见《中央日报》，1942 年 12 月 19 日，第 5 版。

② 参见《中央日报》，1942 年 12 月 5 日，第 3 版。

送至安全地带，准备奔赴重庆。至于为何千里迢迢去重庆，不言而喻，目的地自然是英国驻华大使馆。这对侵华日军不啻是一枚重磅炸弹，任其怎么也想不到，在严密封锁的大海深处，有几十艘军舰到场合围狭窄空间里，如何漏网这3名英军战俘的？之前日本《朝日新闻》等单方面说辞，明显地不堪一击。

结合定海县长苏本善发给省府电报，以及浙江省政府与军事委员会、外交部与英国驻华大使馆往来函电，比对《中央日报》两则相关新闻报道，不难看出中国政府明里和暗里谋划，积极做好善后工作。

正是在中国政府妥善安排之下，伊文思等3人平安抵达重庆，当面向英国大使馆人员详尽报告了海难经过，使英国政府全面深入了解了“里斯本丸”事件真相，从而掌握了第一手资料。

12月22日，英国最有影响力的媒体之一《泰晤士报》刊登了重要消息，标题为“失事的日本战俘船——幸存者遭受的不人道的经历”。全文如下：

“【重庆，12月22日报道】3个月前一艘日本战俘船在长江口海域遭鱼雷攻击，来自香港的数百名英国战俘丧生。今天英国大使馆在这里首次披露了事件的整个过程。

重庆收到的事实报告是由当时在船上的3名英国人提供的，他们分别是天津警察局前总督察J·C·法拉斯先生、上海市警察局前会计师W·C·约翰斯通先生和供职于英美烟草公司的A·J·W·埃文斯先生。他们现正在前往印度的途中。

他们先前被关押在九龙深水埗集中营，九龙是香港领土的大陆部分。他们于九月27日乘坐一艘日本商船离开香港。同船的还有2 000名海军和陆军将士，他们先前属于同一防区。这些战俘被安排住在不同的船舱内。鱼雷攻击发生在10月1日上午。

当天傍晚舱板紧闭。夜间两名战俘死去。后来，有人撕开船舱防水帆布，战俘们得以爬到甲板上。那时，船尾已沉入水下，搁浅在海底，船头翘出水面。日本人已经弃船。成百上千的人跳入大海，拼命游向五六艘日本辅助船。这些辅助船缓慢地游弋于沉船和陆地之间。陆地离此地并不遥远，肉眼可见。有些落水的人被日本人枪杀。船全身突然沉了，只有桅杆顶部露出水面。辅助船搭救了一些人，但对大多数落水的人并没有全力救助。

这3人称自己游过一艘辅助船，但没人搭理他们的呼救声。他们决定游到海滩去。他们在海里挣扎3个多小时，终于被中国的渔民搭救，把他们带上岸。6天后，他们遇到了中国非正规军人（游击队员），在后者的帮助下，他们得以前往中国的非敌占区。

10 月 7 日东京宣布，排水量为 7 152 吨的‘里斯本丸’船在 10 月 1 日遭到‘一艘美国潜艇’的鱼雷攻击后沉没。船上搭载有 1 800 余名英国和澳大利亚战俘，战俘口‘有 900 多人获救并被带往日本’。日本机构宣称，船只受到攻击时，战俘们正在集合点名。”①

较之前面《中央日报》有关消息报道，英国《泰晤士报》更为详细地披露了海难发生细节，及其当事人身份资料。例如：

第一次公开了获救 3 人的名字和原职业身份；

第一次公开了首先救助者为“中国的渔民”；

第一次公开了“有些落水的人被日本人枪杀”，日本“船搭救了一些人，但对大多数落水的人并没有全力救”。

由此比对日本东京于 10 月 7 日发布的消息（疑似《朝日新闻》10 月 8 日报道），显而易见不符合事实。显然，如若没有伊文思等 3 人死里逃生辗转到达重庆，英国政府在战争状态下不可能获悉这么准确翔实的信息，中国民众义举和政府组织得力功不可没。

紧接着，英国政府据此通过中立国瑞士，加紧向日本政府交涉善后事宜，争取改善在日本的幸存战俘的生活待遇。

---

① 参见《泰晤士报》，1942 年 12 月 22 日。

# 十二、英国政府出面交涉，中立国瑞士转达东京

“里斯本丸”沉船事件发生后，英国政府很快从国际新闻报道中获知此事，甚为关切战俘生死命运，也是在第一时间通过中立国瑞士驻日本东京公使，向日本政府数次提出外交函询和抗议。

1942 年 10 月 13 日，瑞士驻东京公使致电日本外务省，转达英国政府关于询问“里斯本丸”战俘下落事宜。电文称：

“此次英国政府通过同盟通信社的新闻得知，日本输送英国、澳大利亚[①]俘虏到日本本土的‘里斯本丸’遭到鱼雷攻击的事情。英国政府想要知道幸存者以及行踪不明者的姓名，托我方通知阁下，希望能够尽快向英国政府告知相关信息。

我谨向贵国大臣（首相）表示崇高的敬意。”[②]

此乃英国于出事之后最早委托瑞士向日本询问之意，因不了解实际情况，外交措辞比较简单谨慎，明显具有试探性质。

日本外务省收到瑞士转达英国询问战俘函电，一边报告首相周知；一边信函陆军省俘虏情报局局长，了解该事件有关情况及说法。与此同时，红十字国际委员会也通过日本驻会代表，要求日本方面能够提供“里斯本丸”上的战俘姓名，以便确认这些人的生死下落及现状与否。

10 月 19 日，外务省次官以书信方式致函俘虏陆军省情报局长官，跟红十字国际委员会日本代表 Paravicini 提供的另附译文写的一样，红十字国际委员会本部发电报要求提供本次事件中英国俘虏的姓名。该电报译文如下：

“据同盟通信社信息，输送英国俘虏的‘里斯本丸’于 10 月 1 日（作者注：实是 2 日）沉没，有近千名俘虏溺亡，也有的俘虏被救助，也有的俘虏行踪不明。请将船上所有俘虏的姓名写一封电报发还。”[③]

次日，外务省条约局第 3 科科长起草信函，主要内容是已完成瑞士驻东京公使送交的电报翻译，由外务省次官寄送陆军省俘虏情报局局长周知，要求提供战俘姓名。

---

① 此处为“濠”字，按照日语词典翻译，“濠”是澳大利亚的意思，是日本对澳大利亚的别称。

② 《瑞士国驻东京大使馆转达英国询问“里斯本丸”战俘情况致日本外务省电》，1942 年 10 月 13 日。

③ 《红十字国际委员会关于要求提供“里斯本丸”所有战俘名单致日本红十字会电》，1942 年 10 月 19 日。

这时的英国政府可谓忧心如焚，不断催促瑞士国加紧外交斡旋，以期尽早明了事情的真相，并且请瑞士国派专人代为访问俘虏收容所，希冀间接力保幸存战俘的生命无忧。因此，在10月23日，瑞士国公使应英国政府要求向日本提出，将“里斯本丸”遇难的英国、澳大利亚俘虏的姓名以及幸存者的状况告知，并希望能够尽快得到答复。日本外务省次官当天即信函陆军省俘虏情报局长官，告知在东京瑞士国公使请求知晓“里斯本丸”遇难俘虏的姓名。

10月27日，驻东京瑞士公使再次信函日本外务大臣，进一步表达了英国政府的忧虑。该件内称：

“英国政府担忧‘里斯本丸’幸存者的状况，请求我（瑞西国公使）特向阁下咨询。

另外，英国政府希望我能够访问拘留在俘虏收容所中的俘虏。

由于是访问俘虏，我需要立刻派遣代表前往。希望帝国政府能够给予许可。

代为转达英国政府的请求，我对大臣您表示深厚的敬意。”①

12月11日，外务省次官函告陆军省次官，连带瑞士国公使信函译文一并告知处置意见。该份信件表明态度是：

“英国政府担忧‘里斯本丸’幸存者的状况，希望瑞西国公使能够访问拘留在俘虏收容所中的幸存者俘虏，故申请俘虏收容所的访问许可。根据实际情况，此次许可是难以实现的。”②

这就明确拒绝了瑞士国希望派人访问被拘留的英、澳籍战俘的可能性，事实上，日本政府根本就做不到，其结果是英国一直心悬此事，牵挂在异国他乡的战俘群体之命运。

为应对英国抗议以及国际舆论，日本方面不得不提供一些有关战俘的情况。例如，在1943年3月16日，陆军省次官信函外务省次官，简要告知：大阪俘虏收容所中有英国俘虏400余名，将校军官8名，其他人员50名。英国俘虏自香港出发搭载“里斯本丸”前往日本本土，途中死亡750名，其死因主要是“里斯本丸”遇难导致，也有痢疾，过度疲惫导致。□□的收容所里，美国人50人，将校26人；英国人383名，其中将校12名，都是“里斯本丸”的搭乘者。死亡35人，全都是“里斯本丸”的搭乘者。③

在这期间，英国政府也未闲着，继续跟踪追问此事，且有伊文思等3人证言船

① 《瑞士驻日本公使关于请求访问“里斯本丸”战俘收容所致日本外务大臣函》，1942年10月27日。

② 《日本外务省次官关于难以实现访问“里斯本丸”战俘收容所致陆军省次官函》，1942年12月11日。

③ 《日本陆军省次官关于“里斯本丸”俘虏收容所情况信函外务省次官》，1943年3月16日。因原件为手写，部分难以辨别，这里仅大意翻译，仅供参考。

上生存细微状况，可谓言之凿凿，令英国政府十分担忧。因之英国政府在后续外交抗议中，措辞愈加严厉，直指问题核心。

1943年3月26日，英国仍经瑞士转交日本外务省抗议件。这次不同于以往，采取英国政府代表本国政府和澳大利亚政府、新西兰政府，以极其详尽的事实描述，强烈谴责日方虐杀战俘行为，提出严厉惩罚责任人。全文如下：

"瑞士公使馆替英国政府将如下，关于去年9月21日乘坐受鱼雷攻击的'里斯本丸'的俘虏的通告转交给帝国政府，要求帝国外务省做出通告。

英国政府直接基于若干事实，并未进行充分的调查和检验，便要求对应负责的将校予以处罚。

'里斯本丸'于去年9月21日将1 800多名英国俘虏从某地出航，10月4日遭受鱼雷攻击。受到鱼雷攻击，船长以及船员，护送人员毫无作为。对于文明之国的海陆军传统而言，这是耻辱。

将校，士兵，船员在船体受到鱼雷攻击后，不顾俘虏，任其自生自灭，离开邮船。俘虏因营养缺乏，被封闭在船舱内所带来的不适，并且人挤人没有缝隙。在这种状态下，病人数量增加。也正如此，他们被丢弃在船舱内，只能自己打破船窗。船内救命设施以及安全道具缺乏，辅助舰船仅有五六艘在附近，只可以救助数名俘虏而已。由此，俘虏受到炮火攻击。'里斯本丸'在靠近陆地处沉没，辅助舰船均在其附近。至少八百条人命死去这一事实，证明了本应承担救人义务的海军却将其义务抛开。如果换作是英国海军的话，这种义务是铭记于当事将校的内心。对于文明进步的海军传统而言，必须给违背的相关人以严肃的处罚。

根据有关证人的证词，被鱼雷攻击前，'里斯本丸'船内的状况也是糟糕无比。俘虏相互间没有空隙，身体都贴在一起，排列成横队。大部分俘虏缺少营养，患传染病，痢疾，脚气，皮炎等病的俘虏也占多数。日本当局没有做任何医疗准备。沐浴设施基本没有，厕所也是明显数量不足。一个船舱内两名俘虏死亡，其尸体也不搬运至他处。英国政府充分认为日本政府签署了1929年7月29日关于俘虏待遇的政府条约，期待日本海陆军的军官能够尊重之前签订条约中的原则，并以文明国家所应该有的措施来对待俘虏。'里斯本丸'沉没前以及沉没时所给俘虏的待遇，明显违反了两国的惯例，以及1929年7月29日签署的政府条约的明文规定。

英国政府代表英国本国政府、澳大利亚政府、新西兰政府，要求日本政府对此次重大事件进行调查，并将决定尽快通报出来。日本政府应当为防止将来再发生类似事件，发布严格的命令。此外应对其负责人予以处罚。

瑞士公使馆应英国政府要求，将通报帝国外务省和帝国政府对此通告的答复。

瑞士公使馆对帝国外务省表示敬意。”①

由于战时来不及准确核实时间，上述文件涉及的船舶起航、被鱼雷攻击日期有误，但不影响事件主体责任认定，这一点应当确凿无疑。

4 月 8 日，日本驻瑞士公使铃木就英国抗议之事信函陆军省军务局长、俘虏情报局长官，提出否定意见（外务省此件编号为第 267 号）。主要内容如下：

“关于本文件，是在本国（日本）的瑞士公使馆寄来另附来进行传话。对此，我国已经在‘里斯本丸’遇难俘虏的待遇和遇难时对俘虏的救助上尽了最大努力。因此不应该对参加行动的相关人士有任何批评。很难认同英国政府为抗议所用的理由。然而英国政府单方面对我国进行夸张式的批判。实则批判背后是对自己的辩解。遇难时，对俘虏人员的救助，参加救助的人员，天气都是对我方有利的证据，加上这些能够更加合理地进行解释。但是英国政府只考虑宣传，而忽视这些。”②

铃木公使的意见，很快便被陆军省、外务省采纳，用来答复瑞士、英国的外交辞令基调。

4 月 9 日，日本陆军省次官富永恭次和外务省次官松本俊一联名回复：

“根据 4 月 8 日第 267 号文件，英国政府的抗议完全就是捏造事实，意图诽谤我们帝国正义之资而故意采取的措施。遇难时，护送人员，船长以及下属船员都跟着俘虏行动到了最后一刻，其中还有一部分人员壮烈牺牲。想到这样严肃的事实，连细节部分也能够辨明。

附言，遇难时的具体情况的细节只有当时担负任务的人员知道。”③

日方这种诡辩，其实是掩盖不住历史真相的，迟早会被正本清源的。

5 月 20 日，日本外务省经由瑞士国驻东京公使馆，正式以书面形式答复英国政府，声称：

“帝国外务省通过在本国瑞士公使馆于 3 月 26 日所附的第 1310 号的文书，了解了英国政府就‘里斯本丸’遇难俘虏所提出的抗议，并作如下回复。希望瑞士公使馆代为转达给英国政府。

英国政府以毫无事实依据的情报为基础，对帝国当事人所采取的妥当措施进行歪曲诽谤。抛弃病患，将俘虏置身炮火之中，这是一个有常识的人也想象不出来的虚构。遇难时，俘虏护送人员，输送船员等全体人员跟俘虏们命运绑在了一起，战

① 《瑞士驻日本公使关于转达英国政府抗议“里斯本丸”事件致日本外务省函电》，1943 年 3 月 26 日。

② 《日本驻瑞士公使铃木关于英国政府抗议“里斯本丸”的意见致日本陆军省军务局长、俘虏情报局长官函》，1943 年 4 月 8 日。

③ 《日本陆军省次官和外务省次官关于“里斯本丸”答复英国政府抗议致日本驻瑞士公使铃木电》，1943 年 4 月 9 日。

斗到了最后一刻，甚至牺牲。救助900多名的俘虏这一事实就是对英国政府抗议中的捏造事实最好的抨击。这一点是有必要去辨明清楚的。”①

与此同时，陆军省俘虏情报局针对英国政府抗议内容，逐条提出“反证意见”如下：

1. “英国对遭受鱼雷攻击时，船长，船员，护送人员的诽谤，对日方行动冷淡的反证。”

护送人员将自己的性命与俘虏捆绑在一起坚持到最后一刻，溺死的人员也有。也有的护送人员在救助中不顾自己，回来后卧床数月而不起。

俘虏领导者Steward中校和Bed少尉对拖航表示理解。

给俘虏进行食物配给

2. “任其自然，弃船离开，错误认为归还将领和士兵离开‘里斯本丸’。”

判定可以向安全地域进行拖航，能够从帝国军人以及全体船员的行动中得到印证。

3. “关押在船舱内。”

在拖航可行这一判定之下，执行者为了避免骚乱而采取的一种措施。并不能去批判这种行为。

4. “抛弃病人离去。”

毫无事实根据

5. “救生工具数量不足。”

战时紧张的时候顾及不周全，是理所当然的。

6. “只不过救助了几名俘虏。”

事实是成功救助了935名俘虏。

7. “俘虏受到过炮击。”

俘虏跟留在船上的103名船员一起行动，受到炮击也是意料之中的事情。

最后，俘虏情报局还将研讨结果建议外务省应对三点：

“附页中英国的抗议完全是捏造的事实，意在故意诽谤我们帝国的正义之姿。我们应当以强硬的态度对此予以反驳。

可以推算出他们将事实歪解并且传播主要是通过俘虏患者和外国代表者之间的邮件交往和会话。对此，相关管理者有必要注意。

所幸本次事件的经过已经在适当时间正确处理了。今后类似事件无论大小都可能成为敌方外交战略宣传上的手段。当事人需要将足以粉碎反击的资料尽早送至相

① 《日本外务省关于“里斯本丸”答复致瑞士国驻东京公使馆转达英国政府函》，1943年5月20日。

关当局。”①

以上文件虽对封舱之事有所提及，却狡辩说是“为了避免骚乱而采取的一种措施”，绝口不提弃船弃俘、开枪镇压之事，仿佛从来就未发生过。而其“成功救助了935名俘虏”自辩，根本就没有中国舟山渔民什么事。后来揭开的事实真相已经大白于天下，日军封舱、弃俘行为，目的非常明显，如若不是最后时刻战俘冒死冲出舱门，夺命跳海自救，若不是中国舟山渔民奋勇抢救，仅存的900多名战俘必将无一人生还。

英日两国之间围绕着“里斯本丸”蒙难战俘的交涉，经过多轮回较量，最后也毫无结果，只能一拖了之。残酷的事实表明，处于战争状态下的交战国，只要战争尚未结束，战俘问题根本就谈不拢，一切有待于战争结束胜负分晓，方能最后解决战俘问题及其虐待战俘的罪行。无论如何，英国政府为此尽然采取了种种办法，明知成效甚微，却仍然努力为之，充分体现了国家责任担当。当然，所有这一切问题的彻底见光，乃于4年后由盟国设置的香港军事法庭审判有关当事人，正义才得以最终伸张。只是那时的和田秀男已经阵亡，杉山不知所踪，矢野美年躲过了审判关，唯有船长经田茂和翻译官新森源一郎受到了法律惩处。

① 《日本陆军省俘虏情报局关于应对“里斯本丸”外交答辩致外务省函》，1943年5月20日。

# 十三、英国主导的香港军事法庭审判，经田茂等受审

第二次世界大战刚一结束，同盟国方面立即组织专门机构逮捕犯有战争罪行的日本军人及其相关人员，在日本东京成立远东法庭审判甲级罪犯，乙级、丙级战犯审判则在受害国和地区进行。当时由英国主导的军事法庭分别在中国香港，缅甸的仰光，马来西亚的吉隆坡、槟城、新加坡等地设置，这些国家和地区均是日军侵略战争造成的重灾区。而与“里斯本丸”虐待并杀害战俘有关的日本人则交由香港军事法庭审判，船长经田茂等人被从日本押到香港过堂，10余名幸存者证人出庭指证其犯罪行为。

## （一）审判概述

战后清算日本战犯问题，缘起《莫斯科宣言》（1943年）、《波茨坦公告》（1945年），英国作为香港的实际控制国，主导了涉及中国、日本和公海的日本战犯案件，其犯罪事实起自1939年9月2日至日本战败为止，所发生的不法战争和战争犯罪行为，包括滥杀无辜、虐待战俘、杀害虐待英国公民、在公海上强制劳役等具体侵害行为。

1945年8月20日，英国海军特混舰队登陆香港，从中国政府手中接过了香港的管辖权。9月1日，驻港英军成立军政府，英军统帅被授予立法、司法裁判、执法全权，旋即在铜锣湾现在的崇光百货附近组建了4个法庭，审判实体和程序问题终决权掌握在英军统帅手里。从1946年3月28日开始审理第一宗案件“大屿山银矿湾屠杀案”，到1949年2月18日审理最后一宗案件“上海虐囚案”，共审理46宗战犯案件，被控日军中将以下官兵以及日本公民共计123人。经过复核之后，判处死刑21人、终身监禁2人、有期徒刑85人、无罪释放14人[①]。

1946年8月至10月，“里斯本丸”船长经田茂、翻译官新森源一郎作为战犯，从日本被押送至香港赤柱监狱（此地战前已兴建）收押，准备接受香港军事法庭审

① 张越：《香港审判日本战犯扫描》，载《人民法院报》2015年9月30日第30版，纪念中国人民抗日战争胜利70周年特刊。

判，且以犯“战争罪”受到起诉。另外，二副、三副（9 月 1 日来香港）也被监押在赤柱监狱，并且出庭作证或者以信函方式作证。该法庭编号为 5 号，位于怡和集团/洋行东角货仓举行，即今铜锣湾一带。

这是香港军事审判 5 号法庭的原址，俗称“帮办楼”，战前是供警官住宿的地方。

“里斯本丸”一案早已引起盟军重视，在香港审判之前即已实施搜集证据链、讯问主要犯罪嫌疑人和准备证人等项工作，所以经田茂曾于 1945 年 11 月、12 月，1946 年 1 月，先后 3 次在日本被东京第一复原局官员提审，讯问记录等文件提交给远东盟军总部。经田茂回到日本后，为预防居住区遭到盟军飞机轰炸，便将私人财产包括“里斯本丸”海难报告和记事本一并交给政府有关方面保管，直到 1946 年 3 月才发还给经田茂。[①] 据此，经田茂将其使用于香港审判过程参考资料。

根据 1945 年 7 月 14 日和 8 月 4 日附属于英国皇室认证法规第 2 条例，东南亚陆军盟军总指挥官授权香港一名陆军指挥官负责审理经田茂犯有的战争罪。

法庭组成人员是：

庭长，拉明（Laming）陆军上校（印度军法部）；

成员，拉莫特（Lamotte）皇家海军上校、加拿大陆军军法署分署罗兰杰（Lor-anger）少校，公诉人皮特·艾伦·瓦因（Vine）皇家海军陆战队少校（R. M.），战

① 《经田茂在香港军事法庭审讯的辩词》，1946 年 11 月 28 日。载《香港军事法庭审判经田茂记录》，第 415 页。

争罪军法署署长副助理[1]。

辩护律师，高桥干夫（Takahashi Mikio）先生（日本律师）、和仁分百合人（Nibun Yurito）先生（日本律师）。

辩护律师顾问，P·E·克斯蒂洛夫（Kostiloff），来自第一廓尔喀（Gurkha）步枪团。

出庭证人先后有"里斯本丸"战俘幸存者5名、经田茂的4名证人、英军驻台湾负责战争罪调查的联络处军官、香港战争罪行调查组警官等，以及证词、证物若干份。

从10月22日第一次开庭，至11月29日审理完毕，最后判决经田茂有期徒刑7年予以监禁，1947年2月18日由英军驻香港总指挥官证实，次日正式公布。此案，如果算上此前审理新森源一郎的案子，可谓香港历时最长的战犯审判案，当时便引起了英国海军高层的格外关注。驻港海军最高指挥官要求"所有未在海上执勤的海军军官，都将身着1号军装、携挎佩剑、佩戴奖章参加法庭开庭。当天，大约50名左右海军军官到场，早早坐在旁听席前排"[2]。所谓英军1号军装，即为礼服，可见英国人对"里斯本丸"案件审理的重视程度。

如前所述，在第二次世界大战的亚洲太平洋战场，也发生过多起日军押送盟军战俘船海难事件，唯有"里斯本丸"封舱并于最后关头弃船弃俘，直接导致八九百名英军战俘沉冤茫茫大海，亦让所有英军战俘受尽了屈辱与折磨，其性质极其恶劣。此时此刻，公开审判制造这一人间惨案的日本相关罪犯，其历史深远影响与现实意义不言而喻。

此前，首先提堂过审翻译新森源一郎，交由第7号法庭主审，审讯编号WO235892。

1946年8月27日上午10时，正式开庭审讯日本战犯第11宗——新森源一郎，该犯被控告"虐待战俘罪"，主审法官史超活中校，陪审法官阿姆斯比少校及一名上尉，主控官少校，被告辩护律师高桥及其助理辩护官基利少校等人出席。至10月18日结束庭审，判决新森源一郎有期徒刑15年。

值得注意的是，虽然英国在新加坡、香港临时组建的若干专门军事法庭，但却

---

① 瓦因战时系英国海军登陆艇炮长，1945年8月随船至新加坡，任职马来地区海军司令部参谋，1946年6月通过律师考试，随即参加战犯审批工作，担任检察官，并被任命为军法署署长副助理。他以检察官身份第一次出庭，便是在审理安达曼岛日军暴行案子，结果以判处一人死刑、数人监禁结案。瓦因从新加坡调到香港参与审判的第一件案子是有关台湾金瓜石战俘营和"地狱矿山"的日军暴行，第二件案子便是"里斯本丸"案，时年才24岁，军龄却已有5年。

② 瓦因：《在港担任战犯检察官的经历》，编译郭旸，载《人民法院报》2015年9月3日第30版，纪念中国人民抗日战争胜利70周年特刊。

图左上角就是日军占领香港时的“帮办楼”（审判地址）

严格遵守被告人拥有的各种权利，包括聘请辩护人（律师）、证人出庭、得到法庭帮助的翻译人员，甚至于请盟军协助的其他事项，等等。因此，以审判“里斯本丸”船长经田茂为例，全部庭审过程中，传唤了众多英国人、日本人等证人到场，事无巨细反复辨析，仔细斟酌国际法和日本法的表述以及差异化，确认每一件事发生的准确时间、具体空间、模拟场景、人物动作、肢体语言、情绪表达，甚至站位角度，等等。根本目的是经得起历史的推敲，努力办成“铁案”。

## （二）庭审过程

1946 年 10 月至 11 月，香港军事法庭正式开审“里斯本丸”船长经田茂，历经 10 月 23 日、24 日、25 日、28 日、29 日、30 日、31 日，11 月 1 日、2 日、4 日、5 日、8 日、13 日、14 日、15 日、16 日、18 日、19 日、20 日、21 日、22 日、28 日、29 日，共计 23 天庭审，予控辩双方充分自由证言机会。

10 月 23 日上午 10 时，这一天是星期三，香港军事法庭在怡和集团的洋行东角货仓举行开庭，审理效力于日本陆军的运输船“里斯本丸”船长经田茂，该地址现为铜锣湾市区中心。庭长拉明，审判官拉莫特、罗兰杰，公诉人彼得·艾伦·瓦因（Vine）皇家海军陆战队少校（战争罪军法署署长副助理）等出庭，日本律师高桥干夫和仁分百合人到庭。同样，辩护律师顾问克斯蒂洛夫（来自第一廓尔喀步枪团）也出庭。该法庭全程公开审理，允许市民旁听。但在 10 月 26 日早，当地华文

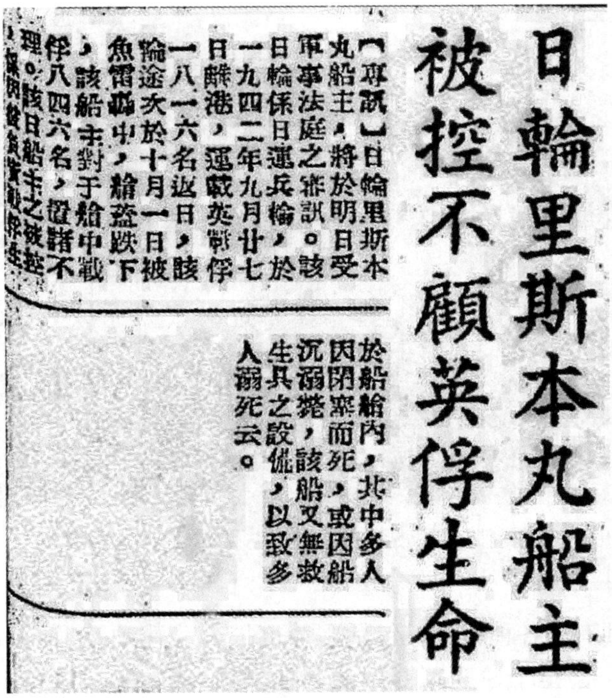

日輪里斯本丸船主被控不顧英俘生命

【專訊】日輪里斯本丸船主，將於明日受軍事法庭之審訊。該日輪係日運兵輪，於一九四二年九月廿七日離港，運載英戰俘一八一六名返日，該輪途次於十月一日被魚雷轟中，船漸跌下，該船主對于船中戰俘八四六名，置諸不理。該日船主之被控，[illegible]於船艙內，其中多人因閉塞而死，或因船沉溺斃，而該船又無救生具之設備，以致多人溺死云。

香港《工商日报》1946 年 10 月 21 日第 4 页刊登“里斯本丸”船主即将被提审消息

报纸《中国邮报》刊登了一则投诉信，即是法庭外面的警卫不允许公众进入法庭旁听，显然有些误解。因之，当天上午 10 时法庭重新开庭，庭长拉明在开庭前申明，“我想简要提及下在今天《中国邮报》中一份投诉信的报道，即外面的警卫不允许公众进入法庭。他们收到的命令只是以防未经授权的人在法庭没有开庭时，进入法庭。法院始终向公众开放。他们参加本法院的任何听证会，都是没有任何限制的，除非法院另有决定，听证会才会秘密进行的。公关人员也将就此发表声明。”①

按照审判程序，首先让被告报上自己的姓名，然后庭长在被告面前宣读了召集令。

庭长和成员们进行宣誓。

监察员、口译员以及速记员宣誓。

庭长宣读对被告的控告：“经田茂，你被控告犯有战争罪。原因如下：

1942 年 10 月 1 日至 2 日，你是航行于公海上军用运输船‘里斯本丸’的船长，负责上述运输船船上大约 1 800 名英国战俘的生命安全。

① 《香港军事法庭审判经田茂记录》，第 77 页。

船舶遭到鱼雷袭击而沉没时，你违反了战争法及惯例，（A）因封舱，上述战俘受困于底舱内，许多人死于窒息，遭受精神与肉体的折磨，还有其他许多人在沉船之际因困于底舱而溺亡；且（B）因你未能为战俘提供可用的救生艇和救生衣，使得他们中的许多人在船舶沉没后被淹死，更多的人受到精神与肉体上的折磨。”①

庭长问：“经田茂，你对刚刚所宣读的指控，是否认罪？”

经田茂回答：“我不认罪。”

为显示本法庭的公平性，庭长接着询问为经田茂辩护的律师高桥干夫，是否希望申请休庭？“原因是你觉得与审判前程序有关的规定没有得到遵守，而你因此受到了偏见对待，或者你觉得你没有足够的机会为你的辩护人做准备？”②

高桥干夫明确回答，已准备好了进行辩护，无异议。

随后，公诉人瓦因发表了开庭陈词，使用了 25 分钟。

接着法庭轮番传唤控辩双方证人、证词、证件到场，哪怕每一处细节都不放过，体现了国际法庭的权威及其严谨，且给予被告充分表达意愿的机会。

公诉人瓦西向法庭递交了经历海难幸存者的宣誓证书，包括皇家苏格兰第 2 兵团杰佛里 · C · 汉密尔顿中尉、皇家工兵部队威廉 · 克拉克森中尉、皇家通信兵部队西里尔 · 爱德华 · 巴克中尉、皇家海军志愿后备队查尔斯 · 安东尼 · 杰克逊中尉、米德尔塞克斯军团准尉罗伯特 · 赫伯特 · 查利斯、皇家印度海军志愿后备队（RINVR）詹姆斯 · 威尔弗雷德 · 法瑞斯（J. W. Fallace）中尉、皇家军队炮手乔治 · 阿瑟 · 海伍德等人提供的宣誓书。

提交法庭参考的还有两份日本人宣誓书：一为德重曾田船长，时年 29 岁，出生于日本本州岛岛根县簸川郡津村；一为长友芳忠陆军中尉，时年 47 岁，出生于日本北海道旭川市。这两人均被盟军拘押在新加坡樟宜监狱。

法庭传唤了战时日本海军巡洋舰“鹿岛”舰长横田实，该舰停泊在香港，让他解释清楚运输船船长和船上的军队指挥官的职责、权限关系。横田实认为“如果船舶被军队征用，船员将由军队管理”，所有船员“都将成为附属于军队的平民”，在战争期间，附属于军队的平民不能“向军队人员下达命令”，“商用船的船主无权命令船上的任何军事人员”③。

法庭传唤了日军军需中尉小泽（东京帝国大学毕业，接受过 4 个月的军需基础

① 《经田茂在香港军事审判法庭被询问答辩》，1946 年 11 月 13 日。载《香港军事法庭审判经田茂记录》，第 19 页。

② 《香港军事法庭审判经田茂记录》，第 18 页。

③ 《证人横田实在香港军事法庭审判经田茂的证词》，1946 年 10 月 23 日、24 日。载《香港军事法庭审判经田茂记录》，第 29 页至第 33 页。

培训)，询问根据日本海军传统，有关在海上航行中船长和军队指挥官到底谁负全责等问题。小泽回答取决于两人的军衔，如指挥官军衔高于船长，那么指挥官负全责；如两人平级，则船长有权决定一切。而“在紧急情况下，船长有责任拯救船舶，船上的人员还有货物。”①

法庭传唤了当时任职“里斯本丸”二副的荒木枢。他于1927年4月进入日本邮船会社，曾担任船舶“竹山丸”的三副，在“里斯本丸”上的6天是他唯一在军用运输船的经历，之后便留在日本邮船会社总部工作，也是一名日本海军军官，曾在日本的藤野宣誓加入军队。荒木枢于10月26日至30日出庭。荒木枢明确回答法庭提问：所有受征用船舶上的高级船员，即依附于军队的平民，都会获得等同于军队少校或中尉的军衔；船长的责任是竭尽全力救下其船上的所有生命，这是日本航海的最高准则，从人性的角度，都必须这么做；“里斯本丸”船长有“A”级资格证书，应有等同于陆军校级军官的军衔；大副应在船长的指挥下，指导管理救生艇、船载小艇的维护以及确保其在紧急情况下妥善使用，包括在紧急情况下放绳下降这些救生艇。当然，“在紧急情况下，全体船员在船长的指挥下，应竭尽全力救下船上的所有人员。船舶船长责任的必要性就是必须竭尽他们的全力去做这件事，因为船上的军事人员没有航海经验，因此有航海经验的船舶船长，他应竭尽全力。”② 荒木枢还详尽地描述了“里斯本丸”船体内部结构，叙述了两次封舱盖口、战俘押运官和田秀男两次下令开枪的细致过程。

荒木枢证词与经田茂供词相互印证，可以从中发现一些问题，同样具有研究价值。尤其是他明确和田秀男若使用武力胁迫船长执行封舱命令，那么和田秀男会受到日本军事法庭审判的。反过来的意思，船长在没有受到武力威逼的情况之下，便执行了封舱命令，应当负责任。正如他所肯定的那样：“当军队指挥官的指令是由军队发出，如果是在战时，船舶的船长必须服从指令，但万一发生紧急状况，船舶的船长必须努力地并尽其所能让军队指挥的指令进行变化。如果军队指挥官不改变他的指令，我想船舶船长的职责是尽其所能救下船上的那些人。在这种情况下，如果船舶船长为拯救生命，不服从军队指挥官的指令，那么在那样的情况下，船舶的船长不能承担起不服从军队指令的责任，并且军队的一些规章是有违常识的。”荒木枢进而表明：“我认为这样一艘船的船长不会被带到不服从军队指令的审判场。

① 《证人小泽在香港军事法庭审判经田茂的证词》，1946年10月24日。载《香港军事法庭审判经田茂记录》，第37页。

② 《证人荒木枢在香港军事法庭审判经田茂的证词》，1946年10月26日。载《香港军事法庭审判经田茂记录》，第81页。

如果问服从命令或拯救生命，哪一个更为有理，我觉得拯救生命是更为有理的。”①面对公诉人追问关于“紧急情况”的具体含义，荒木枢回答“是船舶在遭受潜水艇或飞机攻击后，船舶处于沉没的危险之中或被损坏了，还有受损船舶上的生命处于危险之中。”② 荒木枢证词观点非常有价值，这为法庭考虑量刑，提供了有价值的参考。

法庭还传唤了一些幸存战俘出庭指证，他们对4年前亲历的往事记忆犹新，无一例外地替死难战友也替自己讨还公道。

第一个出庭作证的战俘幸存者是豪威尔，当时在第2号舱，系皇家陆军补给与运输勤务队中尉军官，此时在香港拥有自己的进出口贸易公司，10月24日下午出庭。豪威尔首先向法庭详细描述了战俘们所进入的船体结构，包括上下层周围空间距离尺寸大小、悬梯、走道、床铺、盥洗室、厕所等位置。接着讲述自己按照斯图尔特中校的命令，三次实施突破第2号舱盖上到甲板，并帮助第4号舱内战友逃生，间接帮助第1号舱打开舱盖，以及自己跳海之后又遭受到日军步枪射击的事实。

第二个出庭作证的战俘幸存者是伊文思，当时在第1号舱，系皇家海军志愿者预备队机枪手，也就是被渔民掩护脱险到重庆的那位传奇人物，10月31日出庭。伊文思主要讲述了第1号舱内战俘生存状况，明确指证有两名战俘病死在底舱，未得到有效治疗，还有一些病员在痛苦地备受煎熬，尤其是在封舱之后断水、断粮、断电难熬的日子里，常人难以想象。他还指证日本舰船见死不救，自己和战友们竭尽全力游到海岛上的，并在中国渔民的帮助之下，与另两个人一块逃出来了，安全到达重庆。

第三个出庭作证的战俘幸存者是约瑟夫·希尔（Joseph Hill），1903年出生，战前是香港皇家警察中士，11月1日上午出庭。约瑟夫·希尔住在第2号舱，回答了自己所知道的若干问题。他特别提到船沉之际，第2号底舱的木梯底部被踩坏了，甲板上的战友找到3条绳索放入底舱往上拽人，仍有上百名病情严重者无力亦无法逃生，最终与船同归于尽。他还证实日军射杀甲板上和海里的战俘行为。

第四个出庭作证的战俘幸存者是弗兰克·基维·加顿（Frank Kekwich Garton），1900年生，系皇家海军志愿者预备队员，战前是港府无线电技术工程师，曾有过在英国商船任职无线电员的工作经历，11月1日下午2时出庭。加顿当时入驻在第1号底舱，船最后沉没之前，他曾经三次往返底舱寻找救生衣，讲述了亲身遭遇的苦

① 《证人荒木枢在香港军事法庭审判经田茂的证词》，1946年10月26日。载《香港军事法庭审判经田茂记录》，第82页至第83页。

② 《证人荒木枢在香港军事法庭审判经田茂的证词》，1946年10月28日。载《香港军事法庭审判经田茂记录》，第89页。

难航行。

第五个出庭作证的战俘幸存者是汉密尔顿，系苏格兰皇家军队少尉，11 月 3 日上午 10 时出庭。汉密尔顿住在第 2 号舱二层后半部，沉船之前约 10 分钟才跳海。

庭审在进行到第 14 天，即 11 月 13 日上午 10 时以后至 17 日，再次传讯了经田茂。他先是回答了各舱使用和战俘、日军部队官兵分配入住问题，接着从遭到鱼雷攻击、船舶损坏、拖航和封舱过程，直到弃船弃俘、自杀未遂、提交海陆军报告等，详细说明整个过程，并且刻意强调依附于日本军队的平民船长不同于世界惯例，这是由战时日军指挥体制造成的。经田茂最后一再表示内疚，“对战俘所造成的困难和阻碍感到抱歉”；“我很苦恼，因为我给军队、船员和战俘都造成了困难，我感到责任重大”。

11 月 18 日，法庭审问担任“里斯本丸”警卫队翻译的新森源一郎，时年 53 岁。

为证实日本军队征用商船之后的有关指挥制度及战时体制，法庭于 19 日上午传唤了原日本陆军少佐阿多侃，时年 34 岁。他毕业于日本陆军参谋学院，曾经参与过发动侵略中国东北的战争，1944 年调任驻台湾的日军第 10 地区司令部参谋（包括菲律宾吕宋岛、巴丹半岛向北 35 度以内），同时负责该地区之内的军事运输参谋工作。阿多侃主要解答战时海军和陆军在发生海难时指挥权如何衔接、加入陆军的平民船长如何处置海难食物及其权限问题。

法庭接着于 19 日下午传唤了原日本海军军官西古赤，时年 54 岁。此人自日本军事学院毕业后，担任军事法庭审判官 4 年，参加过日军侵略中国东北的战争，后来回到日本军校教授“铁路运输和海运交通”课程，并先后担任驻防中国内地日军部队的参谋长、驻台湾部队的参谋长、日本久留米市防御长官等军职。此人比较精通海上军事运输事宜，也主讲过这方面的课程，他在法庭上逻辑思维清晰，语言简练，比较贴近事实。他明确回答如下问题：

登船部门负责救生设备、救生圈和救生船的准备，如数量不足够，船长“有责任处理保证设备充足，但是如果船长的要求没有得到满足，那也没用”，船长不可以拒绝这种出海指令；

在和平时代，船长身上没有任何强加的限制，船长对船只全权负责；

然而在战争时代，船只被军队征用，船长是附属于军队的平民，船上人员的安全责任完全取决于运输部队指挥官；

当船上运输的乘客是战俘时，情况也一样处理；

对于运输部队的指令，船长除了服从命令没有其他方式；

如果船上指挥官没有听取船长的意见而导致许多人的丧生，那么他回到日本之后，“在某些情况下他会受到惩罚”；

“在日本军队中有一条黄金准则，当出现紧急情况没有时间可以浪费时，任何人都可以在权力范围内下达命令”，利用救生设备；

船长有明确职责在权力范围内拯救生命；

“应该尽最大的可能”，“以同样的方式像保护船上任何日本军队那样保护战俘”；

现实情况不允许战俘们享受到同船日军诸如卫生、饮食、通风类似的一样待遇；

大部分情况下，船员是最后一波离开船只的①。

11 月 20 日上午 10 时 47 分，法庭当着经田茂的面，提审三副桧山清之进对质。此人时年 34 岁，讲了一些简单的事情，如证实卫兵开枪弹压俘虏，拖船时负责绘制航行轨迹，最后携带航海日记逃离，等等情形。因无多大价值，所以很快结束讯问。

为经田茂辩护的日本职业律师高桥，从事律师工作 5 年，1944 年起在日军担任文职工作。此时身份是专门为日本战争罪犯辩护的律师。

法庭翻译牧田爱知，1924 年毕业于东京外语学院英语系，具有政府颁发的英语教师资格，能够熟练翻译英日文。

11 月 29 日上午 11 时 13 分至中午，法庭最后提审经田茂，明确告知他“已被法庭裁定犯了被控罪行”，此判决必须得到上级军事当局的确认，经田茂可以在两天内提出上诉请求，并在 14 天内提出上诉。法庭还告知经田茂，已经“非常仔细地考虑了证据中提出的案件的所有相关情况，以及起诉和辩护方提出的所有论点。辩方律师在他的发言中所敦促的几点是减轻的，因此，法庭对你的判决是，你将被判入狱 7 年”。之后，庭长宣布：“现终止本法院的法律程序。”②

实际问题是，经田茂心里应该比谁都清楚，他的主要罪责是不应当同意并指示大副封舱门，明明知道这样做的严重后果，置战俘于死地，至少成为虐待战俘的帮凶，严重背离日本已经加入的日内瓦公约。他的另一项罪责，便是最后沉船时刻之前半小时，与撤离卫兵和船员的同时，也应该想办法阻止和田秀男下令开枪，放出舱内全部战俘，为战俘逃生尽早赢得宝贵的时间。值此这两个关键节点，经田茂都木然没有担当得起一名船长应尽的责任和义务，除了日军运输体制与英国不同的托词之外，确实令人费解。为何航海经验如此丰富的船长，竟然愚蠢到如此不计后果的程度？恐怕原因只有一个，那就是几乎全体日本国民都被绑上狂热的“战车”，肆意践踏人性的尊严。

---

① 《证人西古赤在香港军事法庭审判经田茂的证词》，1946 年 11 月 19 日。载《香港军事法庭审判经田茂记录》，第 373 页至第 381 页。

② 《香港军事法庭审判经田茂记录》，1946 年 11 月 29 日，第 428 页。

还有一项事实，即救生衣究竟准备了多少？法庭存在着两种控辩说法：经田茂和二副、三副均持“2 700 件”；而法庭得到的证据是“2 000 件”，两者相差“700 件”。按照时间推算，23 日，救生衣即已上船到位；24 日，和田秀男登船察看，大副当面移交供战俘使用的救生衣数量；25 日，战俘登船；26 日，日军 778 名官兵登船。若合并 1 816 名战俘、77 名船员、26 名警卫队员，共计 1 919 名，那么 2 000 件救生衣足矣。晚一天上船的日军 778 人，以及船员、警卫队，必须优先保证人手一件救生衣，只能克扣战俘的救生衣了。既然救生衣数量不足，根本就达不到现场一对一发放，便随意丢弃在舱内角落处搁置，任由人们捡拾。所以，40%的战俘没有得到救生衣，导致很多人落水溺亡。这一数字在幸存战俘集中上海时，除了伊文思 3 人外，缺少了 842 人，救生衣短缺与死亡人数几乎正相吻合。经田茂在法庭上诉苦，他如何争取到 2 700 件救生衣，也知道还有 300 名日本乘客要上船，却不知道登船这么多部队，显然在隐瞒事实真相。实则战时军需品供应紧张，不会非常富裕地提供运输船超量救生衣的，经田茂按照预备运输人员数量，一次性要到差不多等额救生衣在先，部队批量登船在后，两者必定存在事实差距，经田茂是知情的，再未采取任何措施。因之，法庭合议对此存疑。

为比对性质相同之运输问题，法庭还出示了“田中丸”运输船指挥官证词。这名日本陆军军官证词如下：

1944 年 6 月 1 日前后，日军驻泰国战俘集中营总部决定从泰国坎布里运送 740 名战俘到新加坡，然后乘坐“田中丸”赴日本，指定一名陆军军官全程负责押运。16 日左右，这批战俘走陆路抵达新加坡，18 日登上“田中丸”。船长陪同军官首先察看了战俘入驻船舱，接着交谈了饮食、淡水等事宜。当时船长和军官心里都清楚各自必须担当的责任及义务。

对船长来说：

“1. 提供战俘住宿区域；

2. 定量供给食物；

3. 供给可饮用的淡水；

4. 确保救生圈数量足够，每一位战俘有一个救生圈；

5. 发放救生圈；

6. 确保需要弃船逃生时，有足够的救生船或者木筏转移所有战俘；

7. 船上应有的卫生条件；

8. 保证船员和船只的纪律；

9. 除非需要弃船，否则不得让战俘离开船只。但是考虑到战俘状况，他可以根据我的指令行事。”

对押运军官来说，既对陆军纪律负责，也对船长必须尽如下义务：

“1. 考虑到战俘健康，保持船只整洁干净。

2. 以适当方式指导战俘完成救生演习。

3. 作为陆军部队成员，我全权负责生病的战俘。当不得不弃船时，我有义务告知战俘何时及何种方式离开船只。当战俘离开船只，我有责任控制所有战俘。船长不能直接下命令让战俘们弃船，这个命令必须由我本人亲自下达。

4. 如果战俘抱怨食物量不足，我可以向船长要求增加供应量，但不能直接向船长下命令。

5. 除非天气恶劣，否则我无权让船长寻找避难点或停靠最近港口。

6. 日本军方有明文规定，如果发生船只沉没或其他海上紧急事故，陆军对救援工作负责。”①

1944 年 7 月 4 日，“田中丸” 载着近 740 名战俘，启程前往日本。

上述材料，由盟军东南亚战区陆地部队指挥官提供，经由战争罪犯处理委员会转交香港法庭使用。

这样，“田中丸” 运输战俘事例极具典型，同样是日本陆军长途海上押运，船长和警卫队指挥官各自职责十分明确，为的是确保航运安全。相比较之下，“里斯本丸” 相形见绌多了，发生了这么大的事情，也就不足为奇了。

法庭出具的战俘幸存者文字材料，更加详细有力地指证了发生在“里斯本丸”上日方人员虐俘的战争罪行。摘要如下：

证人詹姆斯·威尔弗雷德·法瑞斯陆军准尉，时年 44 岁，出生于英国肯特郡，战后参加香港调查局战争罪拘留所工作。他自述乘坐“里斯本丸” 1 号舱，里面特别拥挤，晚上睡觉时所有人都挤在一起，四肢交叠。船上没有医疗设备，病人们被放置在各舱口之间的甲板之上。他们所患疾病有白喉，痢疾，多重营养不良和皮肤疾病，至少 75%的士兵患有其中一种疾病。从鱼雷击中船只开始，无人可以上甲板，没有任何的食物或水源供给，船舱没有厕所，所有人只得躺着或者站着解决生理问题，很快船舱就变得臭气熏天。当舱口盖都封闭上了，进一步阻挡了空气流通，舱内漆黑一片。从此时开始，恶臭令人窒息，舱内还充斥着病人的哭喊与呻吟，场面实在难以忍受。

我自行跳海游泳，看到日本人根本无心救水中游泳的人，或者是沉船上的人。事实上船上剩下的人一直期望日本人来救他们，但是最终他们却和船只一起沉没了。在几次尝试登上围绕着我们的日本船只未获救之后，我游了约 45 分钟，最终抵达了

① 《香港军事法庭审判经田茂记录》，1946 年 11 月 29 日，第 508 页至第 509 页。

（香港军事法庭审判日本战犯）

青浜岛附近海面，数百米外的岛屿来了一艘中国渔船，渔民接走了我。由于海水汹涌，许多尝试登岛上岸的人都被冲上岩石死亡。

詹姆斯·威尔弗雷德·法瑞斯陆军准尉最后刻意强调并且归纳如下8点：

“1. 拥挤不堪的住宿条件；

2. 没有医疗设备；

3. 不完善的卫生设施；

4. 既没有供人使用的洗浴设施，也没有清洗食物器皿的设施；

5. 救生圈数量不足；

6. 关闭舱门，盖上防水帆布，导致空气无法进入，舱内没有任何光源。这一切行为的使得大部分战俘溺亡；

7. 不提前告知战俘准备弃船；

8. 战俘在水里叫喊救命，日军不作为。”①

---

① 《证人詹姆斯·威尔弗雷德·法瑞斯在香港军事法庭审判经田茂提供的证书》，1946年3月5日，于香港战争罪调查局法律科宣誓。载《香港军事法庭审判经田茂记录》，第556页至第557页。

证人乔治·阿瑟·海伍德，炮兵，永久居住地为英国德比郡佩斯里柳叶街。自述于1937年11月20日入伍，1939年1月16日来到香港，1942年12月26日被俘先后关进两个集中营，登船时住进第4号舱。他亲眼目睹了受难过程：船内进水时我们正在睡觉，我们想要离开，日军却立即把舱口封闭了。之后，日军给我们手泵让我们抽水。由于太闷热，缺乏通风，我们的人抽了6下之后便体力不支。船舱内没有任何卫生设施，也没有任何食物供给，很多人患了猪痢疾和白喉病。翌日早晨8时，一半的人已不省人事。船只经过剧烈的摇晃，明显正在下沉。船舱一半进水，失去意识的人都淹死了。

当时只有第4号船舱使用人工水泵抽水，海伍德的叙述符合实际情况。尤其是他证实日军不但在船上开枪，而且还射杀海里的逃命战俘，甚至当渔民救助时，日军竟然枪击渔民，阻止救援行动①。

证人乔·佛利·汉密尔顿，皇家苏格兰团陆军中尉，永久居住地为英国切斯特城南路。汉密尔顿于1941年12月25日被俘，至1942年9月期间，先后被关押在深水埗、亚皆两个集中营内，登上“里斯本丸”后入住2号船舱。他在叙述被俘、登船、遇袭、底舱糟糕环境、日军开枪、中国渔民救助并善待战俘、再次被押往上海集中一系列情况，尔后得出结论：“日本士兵对英国战俘的不作为，是对美军攻击船只并使其沉没的报复。但是英国人都不会赞同这样的做法。我认为，如果不是看见中国帆船里的中国人救了很多战俘，日军是不会改变主意来接走战俘的。”②

证人罗伯特·休伯特·查理斯，米德尔塞克斯军团士兵，永久居住地为英国米德尔塞克郡斯哈罗区格罗夫新月56号。他表示已阅读过1946年3月6日皇家苏格兰团汉密尔顿陆军中尉所作的宣誓书，完全同意他对于“里斯本丸”的情况描述，包括“里斯本丸”下沉和日军的暴行。他当时住在2号舱，并且明确目睹了以下情况：

在船只受袭后，我看见翻译朝着船舱点头，听见他突然用日语下了一个命令，一位日本哨兵用他的来复枪朝着英国战俘们所在的2号船舱开火。毫无疑问，这应该就是翻译下令，让哨兵们向战俘们开火，米德尔塞克斯团一位军乐队成员普鲁梅里奇被击中。

10月2日，日军撇下岌岌可危的“里斯本丸”及被困在船舱里的战俘们，只在船上留下了四名日本哨兵。船舱被水冲破后，战俘们仓皇逃生，却被4名日本哨兵

---

① 《证人乔治·阿瑟·海伍德在香港军事法庭审判经田茂提供的证书》，1946年5月14日，于英国德比郡克雷克罗斯宣誓。载《香港军事法庭审判经田茂记录》，第559页至第560页。

② 《证人汉密尔顿在香港军事法庭审判经田茂提供的证书》，1946年3月6日，于英国切斯特郡宣誓。载《香港军事法庭审判经田茂记录》，第563页至第566页。

开枪射击。因此，斯图亚特中校下令让战俘们都跳入水中。许多人照做了，企图游到 2 英里以外停泊的附近船只。“当我朝着船只游去时，有一些日军朝我们开枪。两名和我一起游泳的战俘被击中。”①

证人威廉·克拉克森，永久居住地为英国威斯敏斯特城，皇家工兵部队中尉。他主要叙述了第一次自香港乘船出发、第二次乘船集中上海、第三次海运日本门司港、第四次乘火车抵达神户的比较完整经历。克拉克森这些人乘船到达日本门司港之后，有 36 名战俘被送往当地的医院，接下来其他人乘坐火车前往广岛，又有 50 名战俘在路上生病被留下，“随后我知道大部分的人都死亡了。战俘们被分成两部分，一部分去神户，而另一部分去大阪，我被派往神户。”②

证人西里尔·爱德华·巴克，皇家通信兵部队中尉，永久居住地为英国布里斯托城丘吉尔镇高街区。巴克所述内容与前面几人材料差不多，一一提到了船上糟糕生活、封闭船舱、日军开枪、见死不救等不堪回首的情景。他还回忆到日本时的一些情况。即是：“当我们到达日本门司时，5 名战俘葬身大海。约 36 名战俘被送往三协医院。我们从门司出发坐火车，在广岛留下了约 51 名重病战俘。约 500 名战俘在神户下车，约 343 名战俘在大阪下车，还有 19 人立即被送往医院。”③

证人查尔斯·安东尼·杰克逊，皇家海军志愿后备队军医中尉，永久居住地为英国萨里郡哈利镇克兰农场。杰克逊十分肯定地指证：“我不得不认为，日军是有意留我们在船上，意图淹死所有英国战俘。我们中有一半人命丧于此，这是由于船只右舷触底，遭遇的巨大漩涡。日军看见中国人救了很多战俘后，他们才开始营救。”当“里斯本丸”上的日军部队转移到别舰船时，旁边就停靠着这些舰船，“此时本可以把‘里斯本丸’号上的所有战俘都救出。之后，日军尝试掩盖这些事实。他们在大阪时，向英国战俘和美国战俘宣称，是美军的行为导致这些英国人死亡。”④

上述庭审过程，充分听取辩诉双方意见，互相提供佐证材料，有效行使权利和义务。日方当事人有船长、二副、三副和翻译官等四人到场，幸存战俘代表有 5 人亲自出庭指证，为法庭最终判决奠定了公正而客观的基础。

---

① 《证人查理斯在香港军事法庭审判经田茂提供的证书》，1946 年 4 月 2 日，于英国米德尔塞克郡斯威斯敏斯特城宣誓。载《香港军事法庭审判经田茂记录》，第 561 页。

② 《证人克拉克森在香港军事法庭审判经田茂提供的证书》，1946 年 1 月 26 日，于英国威斯敏斯特城宣誓。载《香港军事法庭审判经田茂记录》，第 568 页。

③ 《证人巴克在香港军事法庭审判经田茂提供的证书》，1946 年 1 月 23 日，于英国威斯敏斯特城宣誓。载《香港军事法庭审判经田茂记录》，第 570 页。

④ 《证人杰克逊在香港军事法庭审判经田茂提供的证书》，1946 年 2 月 19 日，于英国威斯敏斯特城宣誓。载《香港军事法庭审判经田茂记录》，第 571 页。

特别是经田茂在法庭上的表现，正如公诉人瓦因所描述的那样："被告人中等身材，年龄45岁，在被告人席上自我控制得很好。他的英语还过得去，但更喜欢用日语介绍自己的证据"①。经田茂出庭全程供词，总是强调客观原因，极力突出和田秀男的指挥决策作用，反正人死无对证。

## （三）正义判决

经过38天审理（含休庭时间在内），在当时允许的条件下，根据清晰客观真实的事实，以及人证、物证所组成的证据链，香港军事法庭做出经田茂有罪判决。其起诉书摘要如下：

首先，根据1929年7月27日在日内瓦签订的关于战俘待遇的国际公约（以下简称"日内瓦公约"），虽然日本后来并没有批准这一公约，但是仍受其制约，原因如下：

一是指定日期47个国家代表签订的公约，包括日本在内，每个国家都签订了这一公约，超过40个国家批准该公约，因此成了战争法则和惯例的部分证据。

二是1942年1月29日，在东京，日本外交官东乡茂德代表日本和瑞士大使签署了一项协议，声明"虽然日本不受日内瓦公约中关于战俘待遇法的约束，但是日本会对这一法则稍做修改后，用这一法则对待美国战俘。"

1942年1月30日，在东京，日本外交官东乡茂德代表日本和阿根廷大使签署了一项协议，声明"大日本帝国至今尚未批准1929年7月27日签署的日内瓦公约关于战俘待遇的部分。因此，该公约对日本尚无约束力。但是日本仍然会对这一法则稍做修改后，尽可能用这一法则对待英国、加拿大、澳大利亚和新西兰的战俘。关于战俘的食物和衣物，他们会考虑对战俘采取国际互惠和人道主义政策。"

根据上述两个协议，日本已同意了日内瓦公约第95个条款，就应做出与该条款相符的行为。

三是上述协议受到了美利坚合众国、大不列颠及北爱尔兰共和国、加拿大、澳大利亚联邦和新西兰的确认，该协议已被接受。也就是说，任何国家与日本作战，都认为日本会遵守这一协议的。

除非日本在协议中提到对日内瓦公约"进行修改后批准"，但却并没有照协议去做。

---

① 瓦因：《在港担任战犯检察官的经历》，编译郭旸，载《人民法院报》2015年9月3日第30版，纪念中国人民抗日战争胜利70周年特刊。

实际这是事实认定。

其次，根据日军野战勤务规则当中有关海运登船和着陆、船上行动指挥与管理、补给与卫生设施等具体规定事项，可见在日军海运人员行动中均有非常详细的规定动作。对比“里斯本丸”运载大批战俘行动，显然存在许多不当纰漏。

再次，根据从日本东京“中央调查委员会”缴获的文件《关于“里斯本丸”灾难的数据》，存于第 2662 号第 15 部分，此乃于 1946 年 9 月 9 日在日本第一批复员局的档案中找到。该文件日文共计 10 页，翻译成英文打字共计 6 页。

基于以上庭审情况和一系列文件证据，香港军事法庭指控经田茂犯有战争罪，犯罪时间为 1942 年 10 月 1 日 至 2 日，主要犯罪内容为“他是航行于公海上军用运输船‘里斯本丸’的船长，负责上述运输船船上大约 1 800 名英国战俘的生命安全。船舶遭到鱼雷袭击而沉没时，其违反了战争法及惯例”：

“（A）因封舱，上述战俘受困于底舱内，许多人死于窒息，遭受精神与肉体的折磨，还有其他许多人在沉船之际因困于底舱而溺亡；

（B）因其未能为战俘提供可用的救生艇和救生衣，使得他们中的许多人在船舶沉没后被淹死，更多的人受到精神与肉体上的折磨”。①

经田茂站在军事法庭上，对自己曾经历过的罪过表现出忏悔。日本律师高桥为经田茂作无罪辩护。军事法庭经过详细审理，听取了十余位证人证词，以经田茂未受到真实的胁迫为由，最终裁决经田茂有罪。法庭裁决的犯罪具体内容主要涉及：

“两个而不是‘许多’战俘受 1 号底舱状况的影响而死亡，他们许多人是身体虚弱，而非窒息；

沉船时，其他人而不是‘其他许多人’受困而溺亡。

此外，因其未能为战俘提供可用的救生艇和救生衣，使得他们中的许多人在船沉而溺亡，更多的人受到精神与肉体上的折磨”。②

基于此，法庭判决经田茂有期徒刑 7 年，由英军香港总指挥官陆军签名认定。

之后，经田茂被关押在香港赤柱监狱（大潭半岛）服劳役。在劳改期间，经田茂的心态有了明显的变化，从心灵深处醒悟到人性的本意，表示要重新做人。鉴于经田茂的良好表现，他的刑期减少到 5 年，并于 1951 年 9 月出狱押送回日本，继续在东京的巢鸭拘留所服劳役。2 个月之后，经田茂刑满释放回家。

与“里斯本丸”沉船事件有关的另一个关键人物——翻译官新森源一郎，也在 1946 年 8 月受到审判。27 日 10 时，第 7 号法庭正式开庭审理新森源一郎。

---

① 《香港军事法庭审判经田茂记录》，第 13 页。

② 《香港军事法庭审判经田茂记录》，第 13 页。

首先，由主控官宣读被告罪名，然后代表各个证人向法官诵读口供。因多名证人已经离港，未能等候到开庭日子，但是各位证人之证词，均与上述遇险经过情形相同。宣读完毕，第一个传唤证人加度到庭指证。他说：“余为邮政局职员，本港沦陷时，被扣于深水埗集中营内。1942 年 9 月 25 日，与英军俘虏同被载至‘里斯本丸’轮船上，时余被关于第 1 号大舱内，舱内约有 400 人，舱内空气极为恶劣，光线黑暗异常。在往星洲途中，1942 年 10 月 1 日晨约 7 时，该轮突遇鱼雷，船身穿一大孔，海水频频而入，舱内英军俘虏逃出舱外逃生，被告新森命日军开枪制止，致大部分溺毙。余幸被另一日轮救回，载至上海，后继续被囚禁，至胜利后始释放。”① 第一名幸存者直接指证新森源一郎命令卫兵开枪，将甲板上豪威尔等人逼退回舱内，失去了宝贵的自救时间。

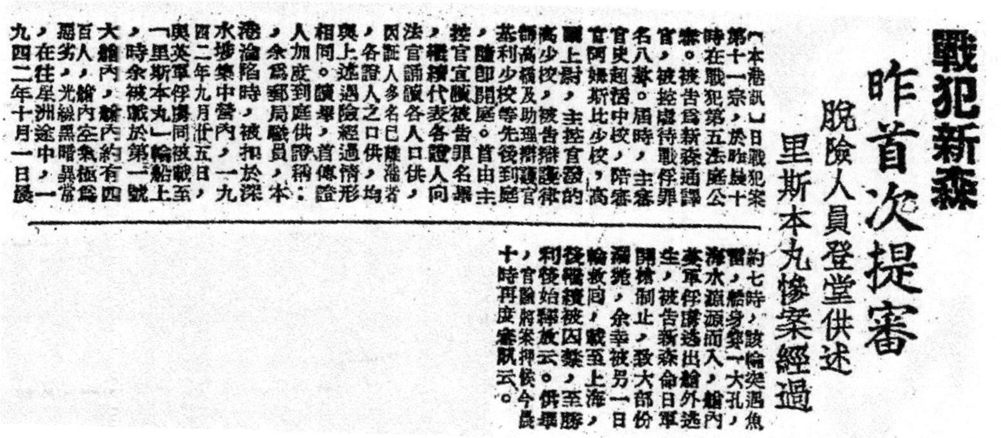
戰犯新森
昨首次提審
脫險人員登堂供述
里斯本丸慘案經過

〔本港訊〕日戰犯案第十一宗，於昨晨十時在戰犯第五法庭公審。被告爲新森通譯官，被控虐待戰俘罪名八華。屆時，主審官史超話中校，陪審官阿婦斯比少校，高[illegible]上尉，主控官發的高少校，被告辯護律師高級少校及助理辯護官恭利少校等先後到庭，隨即開庭。首由主控官宣讀被告罪名畢，繼續代表各證人向法官誦讀各人口供，因證人多名已離港者，各證人之口供，均與上述遇險經過情形相同。讀畢，首傳證人加度到庭供證稱：余爲郵局職員，本港淪陷時，被扣於深水埗集中營內，一九四二年九月廿五日，與英軍俘虜同被載至「里斯本丸」輪船上，時余被囚於第一號大艙內，艙內約有四百人，艙內空氣極爲惡劣，光線黑暗異常，在往星洲途中，一九四二年十月一日晨約七時，該輪突遇魚雷，船身穿一大孔，海水源源而入，艙內英軍俘虜逃出艙外逃生，被告新森命日軍開槍制止，致大部份溺斃，余幸被另一日輪救回，載至上海，後繼續被囚禁，至勝利後始釋放云。供畢，官隨將案押候，今晨十時再庭審訊云。

香港《工商日报》1946 年 8 月 29 日第 4 页刊登新森源一郎被提审消息

新森源一郎在法庭上辩称，每个战俘都有救生衣，每次点名的时候，他都检查过。尽管翻译没有实权，若是能够从人性角度出发，站在人道主义立场上，他的作用极有可能影响杉山、和田秀男、经田茂等主要人物，对事态发展走向的判断。遗憾的是，幸存战俘无论是出庭指证还是提供宣誓证词，均对其无好感，甚至内心极度反感之种种不友善行为。例如，封闭船舱门之后，波特整夜持续呼叫新森源一郎，却未予搭理；船上卫兵射击豪威尔、波特等人时，新森源一郎就站在卫兵旁边观看，也未立即阻止，凡此种种事例还有一些。由此可见，新森源一郎实为和田秀男帮凶，两人行为如出一辙。

① 《罪犯新森昨首次提审——脱险人员登堂供述“里斯本丸”惨案经过》，载香港《工商日报》1946 年 8 月 29 日第 4 页。

法庭调查结果，10 月 18 日，最终因新森源一郎虐待战俘被定罪，尤其是他与“里斯本丸”的沉没以及后来在上海吴淞口码头相关的罪行。法庭判处翻译官新森源一郎 15 年监禁，超过经田茂有期徒刑一倍以上。此人原本以为自己罪孽深重会被判处死刑，岂料还能活命，所以当听到宣判结果时竟然喜出望外，高兴的立即手舞足蹈起来[①]。

1947 年 2 月 18 日，由英军驻香港总指挥官证实判决新森源一郎的结果，次日正式公布法律文书生效。

香港军事法庭审判“里斯本丸”案件结果，极大地伸张了世界正义，将违反人类战争罪犯永远钉在耻辱柱上。遗憾的是，主角之一的和田秀男因为“在战争中没有幸存”[②]，本人在东南太平洋地区战争中阵亡，因此不能以战争罪受审，逃脱了被正义审判；另一个主角矢野美年战后仍然健在，亦不知何故，未被盟军追究战争犯罪责任。

---

① ［英］杰弗里·卡佐·汉密尔顿著：《“里斯本丸”的沉没》，香港绿塔出版社 1966 年印制。

② 瓦因：《在港担任战犯检察官的经历》，编译郭旸，载《人民法院报》2015 年 9 月 3 日第 30 版，纪念中国人民抗日战争胜利 70 周年特刊。

# 十四、英国政府答谢中国渔民义举，香港隆重仪式馈赠礼物

“里斯本丸”海难事件发生，东方大国国民慷慨出手及时施援，第一时间救人于危难之际；西方大国国民知恩图报，念念不忘。战后，英国政府出面欲答谢朴实善良的中国舟山海岛渔民，向中国政府提出军舰访问、馈赠钱物等建议。战俘幸存者也开始募集资金，准备报答东极海岛渔民。

## （一）英国政府最先提出答谢动议

中国作为第二次世界大战期间的同盟国之一，在亚洲战场与美英军并肩作战，相互支援。如美军杜立特率领的轰炸机大队执行完轰炸日本东京等地任务，顺势西飞降落中国江浙皖区域，众多美军飞行人员第一时间得到中国军民救助；为配合英军在缅甸作战，中国精锐部队组建远征军赴缅甸北部抗击日军进攻，解救受困的英军部队；华南抗日游击队解救被困香港的英美籍人士和美军飞行员等。诸如此类事例，数不胜数。

而当“里斯本丸”大批战俘遭难之际，普通的中国舟山渔民群众自发地展开海上大营救行动，成功地迫使日海军不得不改变“灭绝”决策，使沉溺于汪洋大海中绝望的英军战俘看到了一线生机。那种任人宰割，孤苦无助，欲哭无泪的凄惨恐怖场景，令幸存者一辈子铭记在脑海里。既然“里斯本丸”残忍封闭舱门，是为日军发动亚太战争运载战俘的唯一案例，那么也是中国抗日战场上绝无仅有的唯一史例。

众所周知，由于侵华日军极其残暴，一般情况下，中国群众往往采取避而远之的态度，尤其是在日军执行军事行动“扫荡”期间，民众生命和财产损失甚为严重。而这次就不一样，深受处理海难事故传统的常规手段影响，根植于海洋博大文化意识，一旦渔民发现了海上漂浮着遇难者，无论生死绝无回避之道理。试想距离东极海岛群不远的那片海域，密密麻麻环布着大小几十艘舰艇，围绕着体型庞大且即将沉没的运输船，持枪日军个个虎视眈眈，枪声接连不断响起，千余人苦苦挣扎于海面，场景氛围恐怖肃杀，任谁敢贸然打扰上前？此事若发生在陆地，就是一场惨绝人寰的屠杀，手无寸铁的老百姓绝不敢冲入现场救人，亦极不现实。可是，事情偏偏就能反转，令人匪夷所思的奇迹出现了。正是中国渔民不畏生死，毅然决然

地撑船下海，成群结队地迎头截住顺流飘荡的落难者，一船船来，一船船回，来来回回往返，不顾被日军枪伤的危险，仿佛如同虎口拔牙般，愣是直接或间接地救下了千百名英军战俘。此一出旷世罕举，视如惊天地，泣鬼神，永载世界正义史册。

善良的中国舟山渔民并未把这件事记牢留待日后邀功请赏，而是如同往常救助落水者一样，很快便“翻篇”了，恢复了日常生产生活。抗日战争结束，百废待兴，中央政府抑或地方省、县政府均未将此当回事儿。直到英国政府旧事重提，一方面追责罪犯，另一方面主动筹划答谢事宜。这对英国政府来说，参战的近千名军人俘虏得救于特定场合，不是一般的小事情，环顾全部世界大战其他地方没有如此事例，必须以国家名义真诚地表示感谢中国政府和民众所做出的贡献。

因之，待香港军事法庭审判完结“里斯本丸”罪犯之后，英国政府便转向认真考虑如何答谢中国政府和民众的具体事宜。且几经变化，最终落实之，是为战后中英一段友好佳话。

## （二）中英两国政府处理馈赠事宜

太平洋战争爆发之初，美国、英国、荷兰、澳大利亚盟军在亚洲各地战场蒙受了重大损失及屈辱，例如有“巴丹死亡行军”之称的虐待美菲联军战俘的恶行、修筑泰缅铁路致使 16 000 多名英军战俘和 60 000 多名当地劳工死亡等，“里斯本丸”上的 800 多名英军战俘海上集体罹难也是重要一例。战后，与“里斯本丸”沉船事件有关方面的诸多信息不断增多，使该事件逐渐明朗化。直到 1946 年 8 月起，香港军事法庭开始审判日本与此有关罪责之人终结，使这一耸人听闻的海难事件大白于天下，英国政府便开始考虑怎样答谢中国政府和中国人民的问题，并且指示驻华大使与中国政府联系，积极准备衔接答谢方式，如何惠及渔民群众。差不多同时期，战后，米德尔塞克斯团的上尉曼恩（C. M. M. Man）在幸存者中筹措了一笔基金，目的是将所得款项捐赠予中国海岛渔民群众以表示真诚的感谢。曼恩后来升任少将。

1948 年 4 月 12 日，英国驻华大使馆在南京致函中国外交部次长叶公超，陈述英军战俘搭乘“里斯本丸”遇难过程，表明英国政府已专门准备一笔款项赠予东渔父岛（即东极诸岛）居民。信函中说：

“日本船‘里斯本丸’运载 2 000 名英国战俘自香港前往日本，该船于 1942 年 10 月 2 日在舟山群岛附近被一艘潜艇击沉。大约 200 名幸存者被东渔父岛上中国人救起，然后在 10 月 2 日晚上和 10 月 3 日上午得到了他们的照料。如果没有他们的帮助，战俘中许多人早就淹死，或者被海浪冲击到岩石峭壁上摔死。

这些中国人以最大的爱心给幸存者们食物、衣服和照看。但是到了 3 日上午，很明显岛上的食物远远不能维持幸存者们的需要，所以除了3人外，其余人都向从军舰上登上该岛的日本人投降。

这3个不愿投降的英国人，在岛上居民的帮助下逃到了同盟国。在他们逃跑过程中，是岛上居民冒着极大生命危险把他们隐藏起来，帮助他们设法逃生。”

英国大使接着提出拟采取的主要答谢方式为：“为了承认这种慷慨勇敢的行为，英国政府为表示感谢起见，已准备出一笔款项赠与该岛上的各位居民。英国舰队总司令建议，如果中国政府不反对的话，国王陛下的‘康姆斯’号将于5月7日随带这笔款项前往东渔父岛访问，正式授予此项赠款。完成这一仪式后，‘康姆斯’号将继续开往上海，准备在5月9日到达，一直停留到5月17日。‘康姆斯’号是由伊凡斯海军上校指挥的一艘现代驱逐舰，号码为R. 43，舰上不带飞机。”①

此事得到中国政府的高度重视，迅即落实核办有关事宜，从国民政府外交部到浙江省政府、定海县政府、东极乡公所层层查清事实，尔后逐级上报。当此时刻，正是国共两党、两军对决的巅峰状态，战事主要集中在长江以北的中原、华东、华北、西北、东北地区。受中国内战形势的影响，国民政府处理此事并不张扬，媒体也未实施深度报道，以致该重要事件淹没于近半个世纪的历史长河之中。

4月16日，国民政府外交部就此事给浙江省政府发出“外（37）欧字第九一八二号代电”，并附英国驻华大使馆函件，要求尽快查明英国驻华大使馆所提“东渔父岛中国居民救助英国战俘”事宜，“如确属实情，本部拟准许该英舰为授予赠款之目的前往该岛。唯该岛居民是否确曾于1942年10月2日救助日船上之遇险英俘须予查明”。该代电还提出具体接受赠款的办法：“如此事果经查明属实，并经贵府同意英方赠款，则应由贵府派员代表居民接受，然后转发岛上居民，而不宜听任英方人员将该项赠款直接授予岛上居民。”最后说明前述事项，请浙江省政府“分别调查核办，相应拟同英国大使馆来函一件，电请查照迅予办理见复，以便答复英国大使”②。20日，浙江省政府主席沈鸿烈批示：“急派要员于明日前赴定海，会同县府亲往东渔父岛查勘具报，并先行电复。”③ 24日，浙江省政府给定海县政府发出“民字第一九一八一号训令”，指示定海县长徐国杰即刻派员切实查明“东渔父岛”当年参加救助英俘的居民情况，并造名册上报核要。接到此令，定海县长徐国杰不

① 国民政府外交部：《为准英国大使函致浙江省政府电》，1948年4月16日。浙江省档案馆藏，编号为L030—236。

② 国民政府外交部：《为准英国大使函致浙江省政府电》，1948年4月16日。浙江省档案馆藏，编号为L030—236。

③ 浙江省政府主席沈鸿烈：《关于外交部来电要求查明救助英俘的批语》，1948年4月20日。浙江省档案馆藏，编号为L030—236。

敢怠慢，立即派人查看《县志》，发现本县只有东渔父岛，属于青浜山、庙子湖，系东极乡管辖境地，并无东渔父岛，而且经过仔细核对海图，“英文名称亦属相符”。县长即交警察局派人员前往东极乡公所，查明当年渔民救护盟军战俘的事实，并查报此事的人员名单造册，“具报核转”。30日，定海县警察局奉令派员前往东极岛调查。

难能可贵的是，当东极乡长沈品生召集有关当年参与救助的群众会议，周告大家有关政府接受英国政府赠款的诚意，务请人们据实报名登记时。众人等皆以救助英俘为义务，不图报酬，坚决请辞。

这里还有一个重要缘由。即是1945年8月抗战胜利之后，10月间恢复东极乡公所，前乡长陈顺甫仍复任原职。1946年12月，沈品生当选乡长。乡公所曾以4年前救助过英国人之事，主张“应即呈报政府备案”，皆因各位发起人及参与救助的渔民们，以“过去义务为吾人应有天职，罔求邀功等语”极力推辞。乡长见“众意难强”，遂搁置此议未报案，一直等到县政府派警察专门赴东极乡调查核实，此事方才最终“曝光”。由此可见，纯朴善良的中国渔民群众所体现出来的宽阔胸怀，既平凡又伟大。然而此事已引起中英两国政府关注，业经各级地方政府层层彻查，经年久事重被提起，应当说于国、于民皆利。因此，乡长沈品生一再晓以“此乃盟邦政府爱戴、荣誉赠予。却之，未免不恭；受而无伤大雅、大义”。经此劝说后，乡民们始纷纷到乡公所报名登记、画押。继经东极乡公所逐一查明实情，并附乡民名册，内含姓名、性别、年龄、住址、身份、参与下海救助次数等信息，于5月10日上报县政府有关救助英俘经过实情。特别值得一提的是，沈品生在报告中提出接受赠款分配办法：“拟分别以两山发起救护赵筱如、吴其生等10人，及参与动员各船户暨冒险护送3英人至内地之唐品根等6人列为甲等，凡献衣供饭者列为乙等，其各帮同送衣服送饭者列为丙等，用示大公，以励将及义务来兹。再，是案当日，尽最大力以举家衣服、食粮尽数贡献，又为热心发起救护已故许毓嵩，今其妻、子尚住本乡，可否列于被赠；又，不愿受赠健在之七十有八老人沈万寿，拟求钧府特分别予以追加褒扬”①。字里行间，处处表现出海岛渔民纯朴无私的奉献精神和大海一样的胸襟，令人信服、敬佩、赞叹。5月24日，定海县长徐国杰将已查明东极乡居民当年救助英俘情形连同名册，一并备文呈报浙江省主席沈鸿烈，同时说明“本县仅有渔人岛属于东极乡，核对海图，英文名称亦属相符，经即饬警察局派员前往

① 沈品生：《东极乡为救助英俘经过情形呈定海县长函》，1948年5月10日。浙江省档案馆藏，编号为L030—236。

切实调查具报。”①

令人费解的是，浙江省政府一面查实东极渔民救助英俘具体情况，一面提出受赠办法为：推定省政府委员周象贤赴上海英国舰队司令部，作为浙江省方面的代表领款，“再行转发民众”。显然，浙江省政府隔断渔民的用意非常明显，按照此调处理，失去了本来意义。个中原因，一方面交通不便；另一方面战场形势吃紧，无暇顾及，因之一切从简。为此，浙江省政府致电南京外交部，请外交部函复英国大使，“转告英方舰队司令部，船舰不必开赴定海，并决定在沪领款日期，以便通知周委员前往承领。”② 与此同时，浙江省政府沈鸿烈电示周象贤，告之其使命是“赴沪英军司令部代表领款，再行转发”③。等到定海县政府好不容易将查办结果并附东极乡公所出具画押的统计名录据实上报后，延宕半年，所谓赠款一事也未落实。其中一个很重要的因素，即卡在国防部审查环节上。

国民政府外交部对于英国军舰拟访问东渔人岛之事原本拟予以同意，唯按照程序转送国防部核复时受阻。国防部认为：舟山群岛附近为计划筹建之海军基地区域，英舰曾经屡次请求访问该地，均遭中方拒绝。此次英舰访问名义固然在于赠谢东渔人岛居民，然而实际目的无从探悉。为国防军事保密计，对英国派军舰访问一事自然难以同意。国防部提出的理由看似无可置疑，外交部遂简略答复英国驻华大使馆，对英舰访问东渔人岛一事予以婉言谢绝。至于英国政府原拟拿出一笔款项赠予该岛居民之事，也因其派舰之事遭到中国方面拒绝，此后未再向外交部提及。7 月 7 日，外交部致电浙江省政府，透露“关于东渔人岛居民营救英俘经过事，英舰恐不来访”的信息，提出应当采取自行奖励措施，“希酌定政府褒奖办法”④。8 月 3 日，眼见英国政府再无半点动静，外交部即再次致电浙江省政府，明确提出解决问题的具体思路是：“该岛居民于战时奋勇营救盟俘，殊堪嘉尚。现英方既已取消赠谢该岛居民之议，我国政府尤应自行酌予奖励。除将贵府民字第 2747 号代电所附调查报告略送英国大使馆参考，并检同上述代电暨附件，电请国防部暨内政部咨商贵府办

① 定海县长徐国杰：《关于遵令查明东渔人岛居民当年救助英俘情形并造具名册呈报》，1948 年 5 月 24 日。浙江省档案馆藏，编号为 L030—236。

② 浙江省政府：《关于派周象贤委员赴沪代表领款致外交部电》，1948 年 4 月 24 日。浙江省档案馆藏，编号为 L030—236。

③ 浙江省政府主席沈鸿烈：《关于赴沪代表领款致周象贤委员电》，1948 年 4 月 24 日。浙江省档案馆藏，编号为 L030—236。

④ 国民政府外交部：《关于英舰恐不来访致浙江省政府电》，1948 年 7 月 7 日。浙江省档案馆藏，编号为 L030—236。

理外，相应电复即希查照为荷。”① 据此，浙江省政府分别函电国防部、内政部，协商如何褒奖东渔父岛居民营救英俘的行为，且于24日将事情原委告知定海县政府。21日，内政部复电浙江省政府指出：“查人民在抗战期间努力与有关抗战之工作，自可予以奖励。”要求查明并详列受奖人姓名、年龄、籍贯及救助英俘事实，一并转给内政部，“以凭核办为荷”②。9月13日，浙江省政府将应当受奖人胡阿法等198名清册电报给内政部（民字第10543号代电）。10月11日，内政部函复浙江省政府（礼字第2836号代电），正式发布褒奖令计198件，奖励东渔人岛居民胡阿法等人。公函指出：“贵省政府37年9月13日民字第10543号代电查复奖励定海县东渔人岛居民救助英俘一案，检送事实清册到部。查册列胡阿法等198名在抗战期间奋勇营救盟俘，核与褒扬抗战忠烈条例第一条第八款尚符，应照准同条例第二条第一款规定，由本部予以部令褒扬，以昭激励。除分函外交部及国防部查照外，相应检同褒扬令函请查照，特发具领，见复为荷。”③

10月16日，浙江省政府收到内政部电令后，即于20日分别电告定海县政府、内政部，通报有关情况。在给定海县政府的代电中指出：“准内政部函送该县东渔人岛居民胡阿法等褒扬令198件，希查收，转给具报。”④ 与此同时，浙江省政府复电内政部，电称：“贵部37年10月11日礼字第2836号代电及附件案悉，经已电发定海县政府查收转发。特复查照。”⑤

一直等到10月25日，定海县政府才正式拿到由省政府转领的行政院内政部有关褒奖本县东渔人岛居民救助英俘令，计有胡阿法等198件。名册如下：

青浜山第2保：胡阿法，胡阿志，李朝岳，郭阿德，刘阿德，刘全明，郭信发，沈桂兴，沈廷桂，沈保生，李朝卿，李朝能，叶亨玉，张春水，袁中德，童来生，李朝禄，李朝洪，李朝良，郭振宝，郭振福，郭福宝，郭福庆，许阿台，李长根，叶瑞板，刘阿荣，刘住洪，黄康信，黄汉林，严阿品，施阿林，施先通，颜阿招，庄阿保，庄阿新，吴阿鲁，唐如良，王邦荣，虞瑞生，虞阿康，朱阿德，王瑞元，

---

① 国民政府外交部：《关于婉辞英舰拟访问东渔父岛致浙江省政府电》，1948年8月3日。浙江省档案馆藏，编号为L030—236。

② 国民政府内政部：《关于同意褒奖东渔人岛居民救助英俘致浙江省政府电》，1948年8月21日。浙江省档案馆藏，编号为L030—236。

③ 国民政府内政部：《关于褒扬令函已发致浙江省政府电》，1948年10月11日。浙江省档案馆藏，编号为L030—236。

④ 浙江省政府：《关于内政部已函送褒扬令致定海县政府电》，1948年10月20日。浙江省档案馆藏，编号为L030—236。

⑤ 浙江省政府：《关于已转发定海县政府褒扬令致内政部电》，1948年10月20日。浙江省档案馆藏，编号为L030—236。

虞如福，周丈夫，唐崇庆，唐顺锋，黄岁富，黄阿海，黄金富，任崇锦，陈阿庆，任信廷，唐才根，施先君，施先调，施三妹，胡克钏，刘开明，沈阿桂，沈友生，陈阿品（40岁），张小庆，张阿三，邱阿位，李阿庆，陈阿品（49岁），陈宗根，侯阿厚，魏安信，侯阿根，李才兴，张永清，张阿康，张福庆。

青浜山第3保：唐如福，虞如根，王仁友，王益英，唐阿宝，张如品，林阿根，陈松英，陈如新，陈中岳，张阿夫，张阿品，陈星华，陈阿康，陈铭海，舒志品，陈根华，陈新岳，刘永兴，陈章福，张崇德，张阿良，张宗良，陈顺品，岳信全，岳阿华，王阿荣，陈松茂，陈信良，陈阿毛，陈新定，陈哑子，刘阿福，林升天，刘阿康，李小连，边定兴，边得荣，郭阿伏，方阿全，刘阿仁，唐阿良，虞如康，梁阿苟，蔡皆瘦，张常法，梁阿法，陈阿馀，赵筱如，赵夏阿章（女），翁孔杏，翁宗耀，陈林尧，翁阿荣。

庙子湖第4保：沈谒明，沈保兴，胡大鸟，徐谒德，颜鹤明，颜鹤云，颜鹤卿，颜财运，吴万判，林谒法，王大云，王小云，黄杏根（黄谒林），虞谒德，韩谒元，黄瑞龙，魏福昌，魏福来，黄瑞虎，黄谒明，黄明德，于谒法，林富尹，王友邦，魏野狗，吴谒鸟，王祥林，王谒明，吴其三，王谒富，马信孚，王谒吉，陈银人，王谒表，刘敦芳，王谒海，陈谒友。

庙子湖第5保：吴兰芳，吴其龙，周纪坤，黄瑞祥，黄谒庚（黄才庚），吴谒存，吴其元，吴其和，吴上德，吴上水，吴上亨，赵祥其，赵祥林，林信法，林谒槐，胡小鸟，吴其麟，方来运，魏瑞棠，林梅兰，王仕益，张谒叶，任林生，翁义方，马才明，许文瑞，林定章，吕德仁，吴其生，沈元兴。

次日，《定海民报》即刊发该条消息。内称：抗战“胜利后，英人追怀旧德，当有派舰至东极慰问及賚至谢金之说，嗣又有改由中央转发奖金之说，且一度层饬县府查复，案悬经年。今始奉到荣誉奖令，亦可谓久矣。”①

但是，英国政府拟隆重酬谢举措仍未能落实，以至牵延时日，久拖不决。延至1949年初，中国国内战争历经东北、华北、华东三大战场鏖战，造成国共双方隔江对峙重启和谈局面，蒋介石被迫下野，国民政府根本无暇顾及英国政府酬谢之事。鉴于中国内战基本时局不具备答谢条件，英国政府遂以在香港举行悼念“里斯本丸”战俘遇难形式，不得不自行酬谢中国渔民义举。

1949年2月17日，香港当局隆重悼念英军被俘官兵乘坐“里斯本丸”遇难之惨剧，并高度赞扬中国渔民勇救落海英俘之殊凡功绩。当日午后3时，在香港皇后码头举行馈赠典礼，千名各界人士参加。引人注目的是，“里斯本丸”的幸存者有

① 《东极乡营救英俘，荣膺内政部褒扬令》，载《定海民报》，1948年10月26日报道。

13个人出席现场活动：豪威尔、汉密尔顿、加尔顿、希尔、塞蒙、泰勒、伊文思（从青浜岛出逃）、詹姆斯通（从青浜岛出逃）、高曼、罗伯森、麦克杜格尔、伍德海德、坝贝尔等。港督葛量洪代表英国政府亲自主持仪式并致词，略述中国渔民援助战俘的经过，“备至感谢青浜岛民义举”，旋即开始颁奖，将一笔奖金和若干张奖状交给胡栋林（又传为吴东林）代转。

主要奖品有：

“海安”号机动渔轮一艘，价值港币16 000元，系在香港装置完成。英国政府赠送该船的目的，盖因海岛人民大多以捕鱼为生，生产方式落后，居民生活水平低下，“英方深感此礼物不独为岛上居民所赏识，且能有益于多数居民”①，故决定馈赠此物，以助渔民生产生活水平提高。

康志华、单叔方两人亲属恤金，每人港币477元，由胡栋林代转。

唐如良、陈亚川每人奖励港币477元，另由盟军最高统帅部颁发奖状一张，由定海永泰行的唐如良收转。

特赠王继能港币1 272元，另由盟军最高统帅部颁发奖状一张②。

酬谢仪式的最后一幕是港督葛量洪亲自为“海安”号行剪彩礼。他剪断系于“海安”号上的丝带之后，将该轮船的牌照等契据交给胡栋林代为收转。“海安”号遂搭载来宾解缆出海，在海面环绕驶行一周，乃返回码头停泊。

当晚8时，被中国渔民营救的伊文思、詹姆斯通、法勒斯等3人通过电台广播经过情形。因为举行这一项特殊典礼的需要，香港皇后码头从中午12时起，至下午5时止，全部停止开放。足见英国政府重视这一事件的程度，中国渔民自发营救英军战俘也演绎成一段历史佳话。但是麻烦也接踵而来。

首先应当指出的问题是，为何酬谢仪式上未有东极乡渔民代表？胡栋林究竟何许人也？他能否代表救助英国战俘的中国渔民？其次是尽管赠船是善举，但是否符合海岛渔村经济发展实际，特别是渔轮所使用的燃料动力问题？

其实，胡栋林根本就与东极乡民毫无关系。此人乃江苏省泗礁人，抗日战争期间曾任定海县长涂乡伪维持会会长、伪高亭区区长，是时在上海充当一般经纪人为生。胡栋林出现在如此重要的场合，且以“渔民代表”的身份接受赠船、赠钱，当时即引起人们的怀疑。为探明虚实，有的记者几经周折大致了解了胡栋林其人，遂在《定海民报》上发表严正声明，以正视听。文章以“港督！你听着！救英俘乃青浜渔民与吴东林（作者注：即胡栋林）风马无关”为醒目标题，郑重其事地指出：

① 《冒险救助英战俘，舟山岛居民获英赠渔轮》，载《申报》，1949年2月19日。

② 《英感谢青浜居民，馈赠海安号渔轮》，载《定海民报》，1949年4月25日报道。

“关于英港督于日前以摩托渔船一艘，赠予本县青浜渔民以酬当年拯救英俘之功，并由吴东林代表接受一节，已见昨日本报。兹经探悉该吴东林为江苏泗礁人，父在上海万象楼当茶房，彼亦在沪以营掮客业度日，抗战期间，曾任本县长涂伪维持会会长及伪高亭区署区长，与青浜渔民营救英俘毫无关系。此次竟以‘渔民代表’身份接受赠船，殊属非宜云。”①

港英当局赠轮消息传至定海县后，对东极乡民来说不啻是一大喜讯，因当时该乡“渔业衰败，渔村经济正频绝境”。乡长沈品生考虑到得此实惠，“以为人民生活改善有望”，遂代表乡民们前往上海找胡栋林协商，并邀请已在上海的定海县参议会宋议长协调，双方就“海安”号渔轮所有权之交接等事宜进行了实质性商谈。沈品生交涉结果，胡栋林最后交出英国政府的赠予书及其在香港参加该轮交接会议记录稿各一件。至于“海安”号渔轮现状，胡栋林声称该渔轮为木壳，载重仅有30余吨，使用汽油做燃料，由于该船身过小，以致无法开来定海，即使能开至定海，但汽油燃料也难以源源不断地接济，故此仍停泊在香港皇后码头。在当时经济条件下，汽油属于紧俏商品，这对于经济基础薄弱的小岛渔村来说的确承受不起。所以沈品生等不能不考虑本乡的实际情况，遂拟定两点解决办法：一是“请求香港政府调换较大之柴油渔轮，愿意设法找价，以求实用”；二是“如换大不可能时，则以渔民经济拮据，无赴香港领船资力，请求香港政府准将该渔轮交托北上英舰拖带来定”②。

以当时海岛社会经济水准，无论是东极乡还是定海县，确无实力往赴香港领取渔轮，更何况国内时局已发生巨大变化，中国人民解放军已强渡过长江，占领南京，国民党政权迅速垮台。此事办理遂最终不了了之。

## （三）伊文思等个人答谢

战后，伊文思供职于英美烟草公司香港烟厂任总监，约翰斯通供职于英国驻中国大使馆九龙办事处，法勒斯服役于皇家海军舰队。多年以来，他们在“里斯本丸”上的苦难历程，以及中国渔民在他们危难之际的真情救助，令其始终梦牵魂绕。可以说，这3人在乘坐“里斯本丸”的1 816名战俘和侨民中拥有极其特殊的、非凡的经历。为答谢中国人民的义举，伊文思等个人不断地向参与营救的恩人们表示谢意，包括赠钱、赠物，一再邀请王继能、唐如良和翁阿川等人到沪港两地晤谈，

① 《定海民报》，1949年2月26日报道。
② 《定海民报》，1949年4月25日报道。

面谢恩人。

1946 年 9 月，王继能赴香港，与伊文思、约翰斯通、法勒斯三人会晤，相见甚欢。伊文思等特在香港酒店设宴款待王继能，合影留念。14 日，香港报纸刊登有 4 人合影照片。

伊文思和唐如良第一次见面是在上海。1947 年 2 月 12 日，唐如良突然接到伊文思、法勒斯、约翰斯通的信件，邀请其去上海见面，同时由上海颐中烟草公司经由定海衙头锦昌栈行转来的一笔法币。直到此时，唐如良方知被救之 3 名英国人现仍健在，遂赴上海晤面。待唐如良乘轮船赶到上海时，恰逢约翰斯通、法勒斯两人去香港，只有伊文思一人出面负责招待。久别重逢，历经生死劫难的伊文思见到恩人格外激动，唯有殷勤优待，以表达诚挚的谢意。唐如良在上海期间，伊文思曾想帮助他工作，“问唐欲作何生意，渠答捕鱼人目不识丁，遑论洋文，实在无事可做”①。伊文思即与唐如良约定下次在香港见面之日期，并嘱代请翁阿川一同到港相晤。3 月 2 日，唐如良、翁阿川抵达香港，除法勒斯因事回英国外，受到伊文思、约翰斯通两人的热情接待，并赠送衣料等物品。1948 年 3 月初，伊文思给唐如良等汇款 600 万元法币，仍由锦昌栈行转交。

左起：伊文思，约翰斯通，王继能，法勒斯

① 《定海民报》，1949 年 2 月 25 日报道。

伊文思、约翰斯通、法勒斯 3 人不忘旧情，多次回报曾经救过其性命的中国普通老百姓，续写中英友谊篇章，成为中外历史佳话。其后，唐如良移居东南亚，与此不无关系。

题外音：1997 年香港回归之前，纪念“里斯本丸”死难者的纪念碑是放置在香港赤柱炮台军营的礼拜堂内。自香港的主权回归后，这座纪念碑被转移到圣斯提反书院的教堂，保存至今。

# 十五、“里斯本丸”事件研究思考

1942年10月1日，日本陆军运输船“里斯本丸”在中国舟山附近海面遭到美军太平洋舰队“鲈鱼”号潜艇的袭击，并于次日沉没，造成船上800多名英军战俘死亡。这一惨剧发生至今已经整整77年了，世界各地对它的研究仍在进行之中，研究者及其成果主要集中在中国舟山、香港和英国。

从表面上看来，这只是第二次世界大战中发生的无数起潜艇袭击事件的不起眼的一例。单就美军在太平洋战争期间的情况来看，美军太平洋舰队的潜艇部队从珍珠港事件发生后的第二天开始就奉命对日本展开破交战，仅美军潜艇在整个战争期间击沉的日本商船（排水量在500吨以上的）总数就超过1 100艘，总注册吨数超过530万吨。“里斯本丸”只是一艘排水量7 000多吨的普通商船，被美军潜艇击伤下沉，实在算不得是什么重大战果。因而，到目前为止的长达77年的时间里，无论是国外还是国内学界，对于“里斯本丸”沉船事件的研究都显得极为薄弱，这一切源于手头能够掌握到的第一手文献档案资料较少而已。

## （一）透视“里斯本丸”沉船事件研究的社会文化历史观

近些年来，随着对“里斯本丸”沉船事件的了解逐步深入与具体，人们发现这起沉船事件，还是有不少值得思考和研究的地方的，笼罩在其上的神秘色彩也逐渐清晰与明朗化。

1. “里斯本丸”沉船事件的性质较为特殊

如果我们单纯从事件过程中的日美双方关系来看，他们之间是战争状态下的敌对关系，是美军潜艇对日军征用的“里斯本丸”运输船在战争时期发动的一次主动袭击，这在现代战争中敌对双方本来是极其普遍存在的现象。只是由于“里斯本丸”搭载了大量的英军战俘和平民，占船上总人数的大部分，英美之间则是并肩作战的盟友关系，作为这次袭击的结果，美军潜艇并没有给作战对象日军造成多大的伤亡，反而意外造成了自己的友军英军将近半数的战俘因此而丧生，使得这一事件成了战争史上也属较为惨重的“友军误伤”事件。据统计，“二战”期间，英国驻香港部队被日军俘虏人员总共有4 500多人死亡，而“鲈鱼”号潜艇袭击“里斯本丸”号就直接造成了将近900人在短短一天时间内死亡，等于是一次具有相当规模战斗的死亡数字，这一数字确实是惊人的。造成如此这般的惨剧，人们自然要去了解造成惨剧的原因，追究相关的责任人。而这正是相关各方都极力要把责任推卸给敌方，以便洗刷自己的一个关键原则立场。在中外战争历史上，“友军误伤”事件也屡见不鲜，在很多情况下是因为情报失误、技术问题、操作失误、友军之间的沟通和协同不够等，也有的时候可能是外在的一些偶然因素起作用，比如天气变化等等造成的。“里斯本丸”事件作为海难兼“友军误伤”事件，如果不加以仔细的辨析和研究，就很容易为主要责任方面——日本战争罪人所乘，把这次事件和其他的类似事件混为一谈，把自己的责任推卸得一干二净，而且反咬一口，指责发动袭击的美军“盲目”“野蛮”。而事实上，日本人在事件发生之后一直就是试图这样做的。因此，我们有必要通过扎实的研究工作，在“里斯本丸”沉船事件和其他海难、其他“友军误伤”事件之间作出甄别，给该事件以准确的定位，找出真正导致悲剧的原因和元凶，还事件的本来面目，也替那些曾经在反法西斯前线浴血奋战却成为“里斯本丸”受害者的人们讨回一个公道。

2. 对于日军行为的揭露和追究问题

众所周知，在“二战”结束以后的半个多世纪里，日本国内总是有相当一部分人，拒绝对于日本在历史上的侵略行为主动进行反省、道歉、承担责任。相反，世人看到的是日本人百般的回避、否认、狡辩，这一点在“里斯本丸”沉船事件中也体现得非常充分。从英军在香港防御战败致使大批官兵被俘，到他们被驱赶上“里斯本丸”，到海上航行途中与袭击发生期间，到出事后的应对方法和采取不正当的手段，乃至于后来在日本国内战俘营里日本人对这些已经从地狱里走回来的战俘们仍然不假辞色、毫无怜悯同情心，日本人一一表现出了他们在战争期间对于敌国人员一向的不人道。但是他们却仍然还要欺瞒国内民众和国际社会，树立“大日本皇军”“善待”敌国民众和战俘的“仁义之师”形象。日军在全面侵华战争期间对中国军民犯下了滔天罪行，却从未进行过全面的反思和改过。由于近代东方的落后，西方媒体和民众对于中国抗战的情况一向不甚了解，特别是现代社会生活发展变化，使人们对历史知识普遍缺乏兴趣。如今英国社会的大部分人也许根本就不记得敦刻尔克是怎么回事，更何况是相隔万里之遥的抗日战争了。当然，战后中国与日本和西方大部分国家之间的关系也有很大的不同。日本是欧美阵营的重要成员乃至盟国，而中国一向被看作是来自不同意识形态阵营的威胁。从近代开始，因为日本迅速“开化”，积极向西方列强靠拢，最终成为西方列强的一员，很多西方人对于日本比对于中国有更多的认同感和亲近感，他们中的很多人或许对东方人抱有根深蒂固的偏见，唯对日本人往往是另眼看待。冷战时期由于两大阵营的对峙、西方对中国的封锁、社会制度的差异，加上近代中国一直落后，还多次和西方国家发生战争并战败，西方很多人对中国的偏见较深。如此经年累月潜意识沉淀，无形之中，日本就比中国在西方社会有更好的“印象”、更多的“话语权”。当我们自己在国际上的宣传还进行得很不充分的时候，西方人按照其惯有的思维模式，就较有可能接受日本人的观点。很多时候日本人就是利用西方人的这种不知情和偏见误导国际舆论，在国际社会争取于己有利的道德地位。他们可以借助广岛、长崎最早遭受原子弹轰炸的事实，在全世界面前把整个日本塑造成世界大战“受害者”的形象，而隐瞒自己在侵略亚太地区各国期间的所作所为。相反的，当中国谴责日本的战争罪行、要求日本反省的时候，日本则宣扬中国方面总是在历史问题尤其是战争责任问题上揪住不放，不断“炒作”，是“别有所图”，等等。在日方的这种手段面前，光是泛泛而谈，仅仅进行政治上的宣示和道德上的谴责，是很难真正起到以正国际视听、伸张正义的作用的。事实胜于雄辩，用历史的真相去反驳，才能抓到实处，特别是和西方国家直接相关的历史事实。“里斯本丸”沉船事件就是一个极好的事例。在这一事件中，英军战俘和平民亲身感受其害，刻骨铭心。目前，英国和日本分别是美国在欧洲和亚洲最重要的盟友，三国关系紧密度较强。厘清日方在这一事件中的责任，揭示日本在这期间的行为举止，正可进一步揭露日方在历史问题上的不合理态度和中国方面坚持要求正确处理历史问题、以史为鉴的正当性。既要处理好大国关系，保持中国发展的良好环境，又不能以牺牲民族感情、国家尊严为代价，这就是我们要尽力达到的目标。

3. 这一事件和国内外“二战”历史研究的关系问题

“里斯本丸”沉船事件最终的结果是过半的战俘被搭救，而不是悉数葬身海底，乃与中国舟山当地渔民在英军战俘们艰难逃生的关键时刻奋力营救密不可分。正是中国渔民的善良和英勇阻止了日军见死不救、隐藏真相的企图，避免了英军战俘和平民全部死亡的悲剧发生。在以往“二战史”研究中，无论是国际或是国内的研究都存在着某种局限性。国内的研究工作欠缺国际视野，多以抗日战争中国共双方的敌后战场、正面战场为主，对于国际援助、反法西斯盟国之间的配合与否对抗日战争的进程影响如何，可以说研究得实在是不够充分。西方的研究则囿于西方中心论的影响，以西方主要国家（尤其是英美）方面的研究为主，长期忽视其他战场和国家人民的作用。比如，“二战”期间英军在北非战场总共不过牵制了德军 1 个军团，在西方各国的“二战”史书上往往连篇累牍、大书特书。而对于长期以绝对劣势孤军奋战、单独牵制日军百万大军的中国战场，却经常予以忽略。这一情况的出现和西方强国对东方各国的偏见有关，更和当时中国的特殊国情和地位有关。正如抗战时期中国共产党领袖毛泽东所说，当时的中国既是大国，也是弱国。正因为是大国，所以能够在强大的日本帝国主义的侵略下长期坚持抗战，为世界反法西斯战争做出贡献；正因为是弱国，所以依然受到以强国身份自居的别国的轻视，敌国轻视，盟国也轻视。从总体上来看，中国方面在整个第二次世界大战中所起到的是一种巨大的牵制性的、却又不能说是非决定性的作用，至少是东方的主战场。要真正揭示“二战”的事实和因果关系，需要国内外的学者互相的交流、互补，把“二战”期间各个战场、各个方面作为整体来加以研究。中国国内的研究应加强国内两个战场和世界大战整体的联系，而西方国家则应当正视非西方国家在反法西斯战争中的巨大牺牲和巨大作用。在“里斯本丸”事件中，舟山渔民的自发营救行动，不仅是人性良知的自然流露，也是“二战”过程中中国和其他反法西斯盟国共同对敌、互援互救的生动范例。中国当前的快速发展在世界上引起了不同的反响，有一些人持有“中国威胁论”的观点，认为中国会以“损人利己”甚至是“侵略扩张”的方式来实现和维持自己的发展。对“里斯本丸”事件相关事实的整理和发掘，可以从此着手，弥补以往中外“二战史”研究的一些缺陷，而且有利于加强中国人民的正面国际形象。如果“里斯本丸”事件在西方能够广为人知，在中国人和日本人面对同样事件的不同态度和做法的强烈对比下，相信大部分西方人可以理解到中国人不会像过去的日本人那样靠侵略来发展自己。中国人是善良的，他们所要求的发展是互利共赢的，是永续和平的。

## （二）与“里斯本丸”沉船事件有关联的国家心态

既然“里斯本丸”沉船事件具有这么多独特的研究价值，令人遗憾的是，从事件发生之后的半个多世纪以来，国内外学界对于这一事件的研究进展情况却不尽如人意。之所以会出现这一状况，和事情有关各方的国家心态有关。

整个沉船事件中，受害者是英国方面，因此英方有足够的条件把这一事件的研究进行下去。理由是：大批英军战俘和平民的死难，对他们的亲人和战友造成了长期难以平息的悲痛；战后很长一段时间内，英国、澳大利亚、加拿大、新西兰还有大量的幸存者活在人世，本可以为了解事实真相提供难得的第一手资料；英国国内及香港的档案资料为开展研究的确提供了较为便利的条件。可是如果从战争史研究的传统目的来看，研究战俘似乎是很难达到总结经验教训的目地。而且从英国在整个“二战”的布局来看，香港防御战并非他们作战的焦点和重点。英国被迫卷入“二战”以后，主要精力就一直放在欧洲战场，在德国海空军的封锁和袭击下疲于应付，一度连本土的安全都受到致命的威胁，无暇顾及远东战场，只好采取较为保守的政策，收缩战线，确保要点。而香港孤悬海外，在英军的远东布局中处于最前端，鞭长莫及。

自1938年10月日军侵占广州附近地区之后，其前锋部队隔着深圳河与驻港英军直接对峙。其时的香港前有虎视眈眈的日本大兵，后面是茫茫大海，成了名副其实的孤岛，几乎就是军事家们所称的“死地”。在如此不利的情势下，以英军在远东有限的兵力是难以防守香港的，所以英国国内曾有人提出主动放弃香港，使香港成为不设防城市。此议虽然最后没有被采纳，但香港的防御力量也没有得到更大的加强。1941年12月“珍珠港事件”发生以后，日军即大举进攻香港。当时防守香港的英军只有15 000人，其中包括匆匆组建的加拿大援军和香港志愿义勇军。英军正规部队也都是从不同的团级作战单位抽调的小规模作战建制，兵员较为零散，难以形成有效的战斗力。驻港英军海空力量形同虚设，只有5架老式战机和3艘破旧的军舰。在日军的猛烈攻势下，香港守备部队坚持了18天就宣布投降了。不论从战略地位和作战进程、实际影响来看，香港防御战在英国人看来都不具有多大的分量。英国人津津乐道于不列颠之战、大西洋战役、诺曼底登陆乃至于阿拉曼战役和敦刻尔克大撤退，对香港保卫战着墨甚少也就不难理解了。至于战斗结束后的战俘和平民遭遇，更是鲜有涉及。在日本战俘营里的驻港英军战俘，因为没有受到国内的重视和关注，饱受欺凌和苦难。沉入海底的“里斯本丸”也就成为被英国人遗忘的角落，消失在大多数人的记忆中。很多“里斯本丸”事件的幸存者在回到英国、加拿大等国各自的家乡以后也长期三缄其口，不愿提及这一悲惨的往事。甚至于香港军事法庭审判经田茂船长、翻译官新源森一郎时，事前征召幸存者出庭作证，但是绝大多数幸存者急于回国不愿到场，只有很少几个人肯出庭指证，另有数人未到场委托别人出具了证明材料。这些都使得英国国内对“里斯本丸”事件的研究开展得不够充分，有失公允。官方态度如此，唯有民间个人运作。

美国海军是这次“误炸”事件的发动者，虽说是出于战争时期的作战需要，要开展海上破交战，攻击敌方的海上交通线，但是造成了盟军战俘如此巨大的伤亡，不管出于什么原因，总不是什么光彩的事情。尽管作为受害者的英军战俘也多站出来替朝他们开火的盟军辩护，美军自己自然还是不太愿意自揭伤疤。所以美国方面除了留下了关于“鲈鱼”号潜艇在战争期间的一些原始记录之外，也没有进行过真正的研究。

日本的军事当局是这次运送的组织者，发生这样的惨剧当然难辞其咎。出于自身的需要，他们也只会掩盖真相而不愿意让人们知道实情。当时的日本“举国一致”，陷入所谓“圣战”的狂热，宣传自己是驱逐西方殖民主义势力的“解放者”，是引导东亚各个落后国家开化、传播现代文明的使者，对有损于这一正面形象的负面消息一概封杀，代之以经官方严格审查、筛选、修改的新闻报道。所以日本方面除了一心抵赖和辩护甚至诬蔑同盟国方面之外，也不会从揭露事实真相的角度来开展真正的研究工作。迄今为止，日本史学界竟然无任何这方面的研究力作成果问世，全都充耳不闻。

中国方面在整个事件中曾经积极参与营救，而事后很长时间内却不动声色，似乎从来没有发生过这件事一样。从参与营救的渔民来说，他们生活在大海洋环境之中，靠海为生，常年与海上风浪搏斗，为了求得生存，早已形成了海上遇难相互救援的优良传统。对他们来说不管救的人是蓝眼睛或是黑眼睛，都是一条生命，不能见死不救，这也许是自然而然的事情。他们偏处海外小岛，与外界音讯不通，不知英国、美国是哪方国土，也不会"认识到"搭救盟军战俘的"重要历史意义"。他们不需要回报，可能觉得不值一提，也不会想到去四处张扬，茶余饭后和亲友笑谈之间间或提到，仍不足为外人晓也。从政府和学界来说，是长期的政局动荡和纷乱，使得这一重要事件随着时间的流逝而为大多数人所忽略。"里斯本丸"沉船事件发生于 1942 年 10 月，正是中国政府困守西南、西北的时候，前线、后方的军国民生尚且不能顾全，何况处于偏僻的敌后地区所发生的盟军战俘遇难的事件？所以这一事件一直没有得到足够的关注。直到 1948 年，应英军回国战俘的要求，英国政府方面通过外交途径向中国政府提起此事，中国方面才开始层层下发命令，指示地方上着手了解事情经过，积极处理善后事宜。事隔 6 年，当政府向舟山当地民众了解情况并登记造册的时候，200 名左右曾经参加过营救行动的渔民之中，已经有十多名不在人世了。

这其中不能不提到的是沉船事件发生之时，在舟山当地负责指挥国民党方面敌后武装、担任定海县国民兵团抗敌自卫第 4 大队副大队长的缪凯运，正是在 1947 年因为被舟山定海的国民党当局怀疑与当地的中国共产党地下武装有联系而被处死。在应英国方面要求提供的相关有功人员的名单上竟然没有缪凯运的名字。而事后缪凯运的同事回忆道，他在营救、掩护战俘的时候，尤其是后来护送法勒斯、约翰斯通、伊文思等 3 名英军战俘逃离日军魔爪，安全转移到中国抗日政府控制区的时候"功不可没"。这样的结局不仅对于缪凯运本人是不公平的，而且从研究的角度来说，缪凯运作为整个营救行动过程中重要的参与者甚至是组织者，他的缺席使得事件的许多事实真相也许从此就无从知晓了。

此后政权更迭，国民党政府败退台湾，大陆与台湾、大陆与西方的正常联系几乎完全断绝。"里斯本丸"之事，从此没人敢提起了。进入 20 世纪 80 年代后，史籍编纂和历史研究逐步走回常轨，这一事件才重新进入人们的视野。

## （三）国外开展"里斯本丸"沉船事件研究的动态

"里斯本丸"事件发生以后，首先将此事公之于众的是日本媒体。当重新落入日军手里的幸存者们乘坐“第一真盛丸”，于1942年10月6日自上海启程至日本国以后，10月8日出版的《朝日新闻》以上海来电的方式发布了两条消息，加上“载有1 800名英军战俘的‘里斯本丸’遭美国潜水艇袭击在东海沉没”的头条标题，宣称这一海难是因为美军潜艇的盲目袭击而造成的。报道之中闪烁其词之处甚多，不明指“里斯本丸”的出发地点，说成是“南方某港”；没有说出海难发生的确切时间，只说是“昨日来电”，而报上注明上海来电的日期是10月7日，暗指事件发生在10月6日，违反了最基本的事实；也没有列出战俘遇难的具体数字，而说是“大部分英军俘虏溺水身亡”。该刊还进行虚假报道，说“我军立刻派船前往现场救援……我军及时采取了救援活动”。然后就笔锋一转，联系1942年美军的另外两次袭击事件，指责美军不仅是盲目袭击，而且是明知故犯，撕毁日美两国政府间曾经达成的协议，违反了国际法，说美军对这种不人道行为是“习以为常”。还挑拨反法西斯盟国之间的关系，说英军战俘们“一起抗议美军的暴行”。《朝日新闻》的报道是对此事进行最早的报道，然而其价值也就仅止于此。除此之外，通篇报道与事实可以说是南辕北辙，是彻头彻尾自欺欺人的宣传品。10月20日，日本国内的英文报纸《The Japan Times Weekly》（《日本时报周刊》，创办于1897年的日本英文报纸）也按照日本官方的统一口径发表了大致相同的消息，内中还发表了和田秀男的说辞。因为这篇报道比《朝日新闻》的报道后刊出，里边还引用了船上日军押运指挥官和田秀男少尉的原话来增强报道的“可信度”，这是当事人的言论首次为外界所知。

1946年8月至11月，“里斯本丸”事件的若干相关责任人，主要是“里斯本丸”船长经田茂和日军翻译官新源森一郎，在香港受到远东国际军事法庭的审判并得到应有的惩罚，他们在法庭上对于事件的一些情况也做了一些说明，虽然其中很多是完全有意的歪曲事实和推卸责任。

1971年，日本邮船株式会社出版了《日本邮船战时船史》，书中刊登有一篇关于“里斯本丸”的专文。文中披露了日方所掌握的一些“里斯本丸”事件的情况，也涉及“里斯本丸”船长经田茂战后受到审判等一些经历。该文首先简单列举了“里斯本丸”的一些基本情况，如基本参数、竣工时间、遇难的时间地点（并标出了经度、纬度）、遇难的简单经过、船上搭载的人员和货物的简单情况等。文章从一开头就强调船长经田茂是个“与船共命运”的人，说他此后的人生都笼罩在“里斯本丸”惨剧的阴影之中。1946年经田茂一干人在香港受审的时候，为了减轻自己的罪责，都有自我开脱，相互攻讦的丑恶表现。文中对于“里斯本丸”于1942年9月27日从香港起航后数天内的初期航行的情形做了描绘，基本上以日为单位，说明某日经过某点，据此大致可以知晓“里斯本丸”初期航行的粗略的路线图，推算出

“里斯本丸”每天大约的航程是多少，这在当时来说已经是最为详细的资料了。而对于船长经田茂在9月30日临时改变航行策略，由靠岸行驶改为离岸行驶的原因的披露，则近乎是“内幕曝光”了。看来作者是把经田茂船长的这一决定当成是10月1日“里斯本丸”遭到美军潜艇偷袭、引发惨剧的一个关键性因素了。在介绍到美军“鲈鱼”号潜艇所发射鱼雷的攻击效果的时候，文中的说法和美方的说法有些许的差别，如果按常理来推断，似乎应该以日方的说法为准，因为鱼雷究竟有没有击中、有没有爆炸、对船体的伤害程度如何，只有置身于船上的船员们最为了解。文中引用了当时在船上负责看管战俘的和田秀男少尉的命令，道出了日方在发生紧急情况下处置战俘的真实手法，实际上推翻了事后日方人员和媒体所做的虚假宣传。事隔将近30年，日本人总算在一定程度上还原了事实的本来面目。书中采用了经田茂的证词，认为他在对待战俘的问题上与和田秀男有分歧，是反对封舱的，还为战俘们提供了足够的救生衣。文中还提到日军曾经试图曳航，把船拖往安全的浅水区；在最后时刻，战俘们从被封闭的底舱破门而出，和船上留守的日军发生了激烈的打斗，这些在以往战俘们的回忆录中都是语焉不详的，而本文在这方面可以说有所弥补。文章的最后还列出了“里斯本丸”全体船员的名单，以船上各个部门为单位，提供了每个船员的姓名和职掌，是一份较为珍贵的原始资料。这篇3 000字左右的文章，从日方的角度出发，利用了日本国内的较多资料，提供了很多原先英方没有提供的情况，有其较高而独特的历史价值。虽然如此，文章内容主要在沉船过程和战后审判方面，对“里斯本丸”的原有情况、船上人员货物的详细情况、初期航行的详细情况还是说得较为简单，也没有引证船上其他人员（包括船员和随船日军士兵）的回忆、陈述，很难说已经完整提供了日方所知的详情。这也许是因为文章要服从整本书的写作目的，篇幅所限，只能选取一两个侧面来介绍“里斯本丸”，而不是写一部“里斯本丸”的专门史。

《日本邮船战时船史》既出，一直到目前为止，日方再无人涉足这一领域，也不见有进一步的研究成果出现。

欧美国家对此事的关注要比日本稍晚一些。为中国渔民所搭救并于1942年年底被安全护送到重庆的3名英军战俘，在重庆的电台讲述了自己的经历之后，西方国家的报纸也进行了报道。目前可以找到的是这些报道的一些摘录。这些报道多以英军战俘提供的情况为根据，对于“里斯本丸”沉没的大概情况如时间、地点、船上总人数、遇难人数等，介绍了3名转移到重庆的英军战俘的简单情况和经历，并从这些过程的介绍中实际上反驳了日本官方的种种不实说法，揭示了日本人封闭船舱、抛下战俘独自逃生、朝破舱而出逃生的战俘们开枪、朝泅水的战俘开枪等非人道的行径，对于中国当地渔民的救助行动则是一笔带过。例如，英国《泰晤士报》的有关消息报道。

战争结束后，经历过“里斯本丸”惨剧而幸存下来的英国和其他国家的战俘陆续回到国内。有些战俘写下了自己对这一事件的回忆。目前所能见到的较为详细和完整的书面回忆材料是杰弗里·C·汉密尔顿（Geoffrey Cadzo Hamilton）和詹姆斯·麦克哈格·米勒（James Mcharg Miller）提供的，此外还有报务员艾尔夫·亨特（Alf Hunt）等人。他们两个人都来自同一支部队：皇家苏格兰团第2营。其中汉密尔顿的回忆材料，还成为远东国际军事法庭审判日军战争罪行时的证词。就大多数幸存者的回忆来说，他们的回忆真实、直接、具体，具有独特的价值，但却零散的，而且作为战俘的身份也使得他们难以了解许多相关的情况。正如汉密尔顿自己所说的：“每个幸存者都可以很清晰地记起这个事件中属于自己的那部分事实，但是很少人知道事情的全部。”

汉密尔顿撰写的回忆材料抄本，于1966年曾经以《“里斯本丸”的沉没》的小册子形式流传，在所有战俘的回忆材料中可以说具有较高的价值。他不仅综合了一些战俘的回忆，而且还参考了当时尽可能多的一些文献材料。其中包括有：马丁·威顿所著的《天皇的客人》；利物浦爵士拉塞尔先生所著的《武士道的武士》；日方相关责任人的战争罪行审判的新闻报道；美国海军“鲈鱼”号潜艇的航海日志的摘录；英国方面有关向救助英军战俘的中国渔民进行酬谢的新闻报道；1942年10月20日出版的日本英文报纸《日本时报周刊》里的报道等。由于汉密尔顿本人是在战后不久就开始写作这个回忆录的，相对较多地保留了脑子里鲜活的记忆。20年之后，他又综合了各方面文献，充实了较多内容，并和其他战俘们的回忆互相印证。随着时间的不断流逝，事件幸存者们不断的凋零，汉密尔顿回忆录越来越凸显出自身的价值。在回忆录中，汉密尔顿介绍了英军战俘们在香港战俘营和“里斯本丸”船舱里的生活状况，说明了来自不同作战单位的英军战俘们在各个船舱的大致分布，以及船上安排的救生措施；他结合“鲈鱼”号潜艇的航海日志等材料，描述了“鲈鱼”号对“里斯本丸”发动鱼雷袭击的整个过程，从它在这一海域执行作战巡逻，到每次鱼雷的发射，到“鲈鱼”号实施攻击后的现场观察和攻击成功后的退出战场；对于日军方面在“里斯本丸”遭受攻击之后采取的开火还击、限制战俘自由、日军来援船只的行动、“里斯本丸”搭载的战俘和日军士兵的撤离、日军船只拖曳“里斯本丸”的尝试、弃船时日军看守封闭战俘逃生出路等反应措施；描绘了被日军封闭船舱以后，舱内战俘们面临的绝境和在斯图尔特中校指挥下英军打开舱门突围的过程，揭示出战俘们冲出船舱后曾经和留守“里斯本丸”的日军看守进行搏斗，在跳水逃生的时候周围日军舰船上的日本人不仅见死不救还开枪射杀战俘；对于关键时刻中国渔民出手相救及其对日军态度产生的影响也有所交代。最后，汉密尔顿还简单说明了事后战俘们的下落和经历。

米勒回忆录的特点是有浓厚的个人色彩，涵盖的时间较长，而且基本上都是具体、详细的关于亲身经历的回忆，和原本作为法庭证词的汉密尔顿的回忆录不一样。他的回忆录展现了自己从进驻香港服役，一直到从日本国内战俘营被解救回国的全过程，更像一份名副其实的回忆录。米勒介绍的香港布防和交战的情况，对于研究香港保卫战也有一定的价值。他还提到，日本人在宣布战俘们要被运送到日本国内的时候，曾经公开说过这样做的目的是为了弥补日本国内劳动力的不足。在描述“里斯本丸”遭受“鲈鱼”号攻击和战俘们逃生过程的时候，大概是没有参阅他人的回忆录，也没有查阅文献资料，描述得比较简单，也很模糊，连幸存者的人数是多少也相差得比较大。关于中国渔民营救战俘的情况只提到了一句：“奇迹真的出现了，一大队中国渔船开了过来。日本船只开始打捞幸存者了……”米勒对他们在日本战俘营内的生活和劳作的种种细节描述尤为细致，还说到了战争结束时，自己被解救和运送回国期间，受到美国人的热情招待和本国人的冷遇的意味深长的对比。

安德鲁·萨尔曼和克里斯汀·亨德森两名幸存者共同编写了《记住我的面孔——“里斯本丸”沉船的真实故事》，1997 年开始流传，翻译成中文有 7 万多字。这本书按照时间顺序，把分散世界各地幸存战友的回忆文章、私人日记、通信以及媒体报道等资料组合而成，具有很高的史实史料研究价值。

此外，西方还曾经出版过《友军误击：“里斯本丸”的毁灭》一书，对于“里斯本丸”搭载的英军战俘的确切人数、死难者的姓名和死难情况、“里斯本丸”本身和美军潜艇“鲈鱼”号的来历、战俘们发现船在下沉之后的行动、战俘们在事件发生后乃至战后的经历等，均有相当程度的反映，书后还以列表的形式较为详细地记录了船上人员的情况。

20 世纪 80 年代，来香港研究“二战”期间英军香港保卫战的英国人托尼·巴纳姆，在深入了解英军战俘命运的过程中接触到“里斯本丸”沉船事件，开始和在世的“里斯本丸”幸存者联系、调查情况。此后，他利用自己的语言等方面的优势，尽力搜集各方的档案、回忆录、报刊报道等文献资料。在中国内地的“里斯本丸”事件研究正式开展起来以后，托尼·巴纳姆还曾经到浙江舟山寻找资料，实地勘察。利用中国方面的资料来研究“里斯本丸”事件，托尼·巴纳姆当属西方研究者中的第一个。经过长期的积累和写作，2006 年，托尼·巴纳姆推出了《“里斯本丸”的沉没：被遗忘的英国战时悲剧》一书。这本书除了试图全面介绍“里斯本丸”沉船事件的整体情况之外，用了许多的篇幅从个人层面上反映英、美、日各方面与事件相关人员的个人情况和经历，使整个事件表现为各方面不同人物的个人历史的汇集和碰撞，从中体现不同人物在同一历史事件中的不同经历和感受，这是西方许多历史作家的共同做法。从这一类历史的叙述中，不仅可以读到历史的真实和细致的面貌，而且从不同个人的经历中体现出来的人性，往往可以给人们带来更多的体验、感受乃至于震撼。令人遗憾的是，尽管托尼·巴纳姆掌握了部分中国方面的资料，书中有关中国渔民营救战俘的情况并没有占据多大的篇幅。

## （四）国内兴起研究“里斯本丸”沉船事件热

在中国内地，“里斯本丸”沉船事件发生了好几年之后才为外界所知。事件发生的当时，舟山附近地区均处于日军铁蹄践踏之下，和此事直接相关的定海、上海两地的新闻报刊受到日军的严密监控，不能报道日军的负面消息，所以虽然事件的发生近在咫尺，《定海民报》《申报》等报纸都没有进行报道。据当地居民回忆，本来抗战结束之后，东极乡公所曾经有意要将这一义举上报，施救的渔民们却不想大肆宣扬，均予婉言谢绝了。

1948 年 4 月 12 日，英国驻华大使馆致函中国外交部次长叶公超，提请中国官方协助调查“里斯本丸”沉船事件过程中，中国“东渔父岛”渔民救助英军战俘的事迹，以便英国方面进行答谢。4 月 16 日，国民政府外交部就此事给浙江省政府发出公函［“外（37）欧字第 9182 号代电”］，要求地方政府尽快协助调查相关事宜。24 日，浙江省政府给定海县政府发出“民字第 19181 号训令”，要求定海县政府立即“切实查明该岛当年参加救助英俘居民，并造具名册报核”。定海县政府查证“东渔父岛”即当地人所说的东渔人岛，属东极乡管辖，于 30 日由定海警察局赶赴调查。经召集居民开会调查，5 月 10 日，东极乡公所提交了《定海县东极乡乡公所呈》，呈文中报告了东极渔民营救英军战俘的经过，补充解释了调查前后的一些事宜，呈文后面还附有《定海县东极乡 1931 年 10 月 2 日参加救护英俘居民登记名册》一份，记载了参与救助的人员的基本情况，包括姓名、性别、年龄、住址、身份、下海救助次数和人数等信息。国民政府内政部据此发布了对这些人员的褒扬令。1949 年 2 月，港英当局在香港举行典礼，酬谢中国渔民的义举。在整个事件的调查和英方进行酬谢的过程中，几家报纸还分别刊登了这方面的新闻报道。计有：香港的《大公报》，1949 年 2 月 18 日发的《重现中英战时盟谊 皇后码头港督赠船》；上海的《申报》，1949 年 2 月 19 日发的《冒险救助英战俘 舟山岛居民获英赠渔轮》；定海的《定海民报》，1948 年 5 月 16 日发的《东极乡民义举　英人拨款酬恩》、1948 年 10 月 26 日发的《东极乡营救英俘　荣膺内政部褒扬令》、1949 年 2 月 25 日发的《岛民深明大义的报应　英人赠摩托渔船一艘》、1949 年 2 月 26 日发的《港督！你听着！　救英俘乃青浜渔民，与吴东林风马无关》，等等，除了保留了“里斯本丸”事件后续的许多事实，还对事件本身涉及的一些问题进行了追述和评论。

假设英国方面没有主动向中国政府提及“里斯本丸”之事，这段历史还将继续沉寂下去。在近一年左右的时间里，在上级政府的责成下，定海地方政府针对“里斯本丸”事件开展了国内的第一次大规模、正式的调查。虽然已经是亡羊补牢，应付差事，许多方面还过于简略的缺憾，但如联系到后边的事态发展，我们今天又不得不更加珍视这次调查给我们留下的宝贵记录。设若英方提出此事的时间稍晚一些，那么当时的国民党政府已经是摇摇欲坠，各级政府将会无暇顾及调查、处理这样一件于大局无补的“小事”，机会就将稍纵即逝——两个月之后，即1949年4月，人民解放军渡过长江，国民党政府的统治正式瓦解。此后，新政权与西方国家的关系长期处于紧张状态（就在解放军横渡长江之际，中英之间发生了“紫石英”号事件，形成了严重的对立），政治气氛将使调查无法开展；况且随着国民党残余势力逃往台湾，舟山当地上万之众渡台，当事人散落天涯，音讯不通，则开展实地调查的基本条件也丧失了，直到将近40年之后才重续乡情。每念至此，良可叹也。倘若事过四五十年再做同样的调查，岁月无情，当事人多半都不在人世，历史真相的流失，也就再也无法弥补了，后人要研究“里斯本丸”沉船事件有关中国方面的史实，就无法下手了。后来的研究者们应当感谢参与此次调查的人们，是他（她）们留下了如此难得的一笔宝藏。

进入20世纪80年代，这段尘封已久的往事才逐步重新受到人们的关注。从1980年开始，舟山当地一些史学爱好者曾经关注过此事，做了不少的前期调查工作，陆续在报刊上发表了若干文章，介绍“里斯本丸”事件。1983年，舟山市党史办的研究人员在编修地方党史时，发现了东极渔民救助英军战俘的事迹报道，于是把“里斯本丸”事件写入了“舟山革命斗争史大事记”。1987年，舟山市史志办编写《舟山市志》的人员，将“里斯本丸”事件的报道收入《舟山民国时期报刊资料目录索引》，并到青浜乡找到10多名当时曾经亲身参加过救助活动的渔民进行座谈做记录。

1985年，原任定海县国民兵团抗敌自卫第4大队大队长王继能在台北舟山同乡会会刊《舟山乡讯》第14期上发表了《抗战期间援救英俘追忆》一文，是为事件当事人首次发表回忆录。这篇追忆主要是强调了他的同事、副大队长缪凯运安全转运法勒斯等3名英军战俘逃出青浜，经葫芦岛等地到象山的功绩，这是国民政府在1948年进行的调查中被有意忽略的情况。也给“里斯本丸”事件的研究提供了重要的信息。王、缪二人当年的部下、后生活在舟山的忻元寅也撰写了回忆文章，提供了转移战俘的一些具体情况。他的回忆和王继能的说法很大的一点不同是，他坚持认为自己是在六横岛上和战俘们见面的（王继能说是在康头），王、缪、忻等人与3

名战俘的合影（这是“里斯本丸”事件中中英双方人员留下的唯一一张当时的照片）是为了纪念当时的双十节（10月10日，民国时期的国庆日）而拍的（王继能也提到拍照的事，说是在康头）；通过询问前来的青浜渔民，忻元寅提供了3名战俘从青浜转移出来直到六横的“路线图”；还说到自己因为粗通外语，和3名战俘有较多的交流，伊文思曾哭诉自己的妻儿都死于此次海难（这一点不符合事实），所以他认为自己的印象要比其他人深刻，还直接说明王继能回忆和战俘碰面是在康头是“记错了”，这也许还要做更多的考证。在2005年4月举行的舟山市“里斯本丸”沉船事件历史研究会成立大会上，缪凯运的女儿缪芝芬做了《父亲，做了中国人应做的事》的发言，根据她儿时听到的父亲的一些讲述，她回忆了父亲缪凯运早年的经历、抗战时候自发组织抗日武装、后来被国民党方面收编，还认为被隐藏和转移的3名战俘是英国战俘们的“领导”。虽然不是缪凯运本人所写，这也算是一个“间接”的回忆录。中国方面当事人的回忆录里边，目前所见到的较为详细、价值较高的当属以上几篇。

纪念抗战胜利50周年期间，舟山的研究人员将“里斯本丸”事件列为重点，组织了专门力量进行调查，所撰写的《东极人民营救英俘始末》（包江雁、邬永昌）、《舟山渔民援救英国盟军的生死情谊》（毛德传）、《舟山渔民义救英国盟军》（毛德传、薛建国）等文章先后在《情系中华》《东南烽火》《舟山乡讯》《抗日战争在舟山》《钱江晚报》等报刊发表。1997年，舟山地方政府为了探寻1949年在舟山海域沉没的运输船“太平”号，触及“里斯本丸”沉船，引起了政府的重视，在政府有关部门的推动下，内地对该问题的研究和宣传进入比较正式和密集的阶段。当地政府和学者组织了较大规模的当事人采访活动，以便抢救史实。还有人提出了打捞“里斯本丸”沉船的建议。在各方面进行长期的准备之后，由相关部门组织，于1998年6月3日至6日对“里斯本丸”沉船进行了探摸，经全球定位仪测定，“里斯本丸”沉船的准确位置是：东经122°45′55″、北纬30°13′47″。是否要对“里斯本丸”进行打捞，目前还有许多客观条件的限制，也存在不同的看法，而对沉船的探摸既为将来可能进行的打捞做准备，也可以为研究工作提供一些第一手的信息和材料。

2005年4月，舟山市成立了“里斯本丸”沉船事件历史研究会，会上有专家和当事人家属的发言，还印发了《“里斯本丸”沉船事件档案资料论文专题汇编》。《汇编》里收入了最新公布的浙江省档案馆馆藏文献6篇、当时各报章报道6篇、近期新闻报道7篇、外文网站有关“里斯本丸”事件的英文资料5篇、相关的论文13篇。收入的论文包括《“里斯本丸”事件国际背景简介》（欧阳城旺）、《从“里斯本丸”事件看舟山渔民的精神风貌》（邬振元）、《“活”“里斯本丸”促舟山经济》（叶永对）、《探摸：“里斯本丸”》（闻波）、《东极渔民勇救“里斯本丸”沉船遇难英国战俘及安全护送 3 名英国盟友的历史见证》（普陀区东极镇人民政府）、《关于东极乡 1942 年救助英俘情况的调查报告》（赴东极调研组）、《“里斯本丸”沉船事件历史回顾与研究展望》（包江雁）、《寻找中国精神——“里斯本丸”沉船事件》（莫雪峰）等。《关于东极乡 1942 年救助英俘情况的调查报告》（赴东极调研组），反映了 2003 年 8 月舟山市一批调研人员前往东极实地调查的近期成果。从整个的调查报告来看较为细致扎实，涉及了救助战俘问题的方方面面。《“里斯本丸”沉船事件历史回顾与研究展望》（包江雁）回顾了从 1948 年起，中国内地对“里斯本丸”事件调查研究的几起几落，并指出了今后的研究方向。总起来看，《汇编》纳入了当时最有价值的一些史料和新闻报道、论文，不仅给后面的深入研究奠定了一定的基础，也为此后“里斯本丸”事件的扩大宣传准备了较好的条件。

2003 年 6 月，舟山学者根据线索，找到了在浙江省档案馆沉睡了 50 多年达 99 页的 1948 年有关“里斯本丸”沉船事件的原始档案文件。这批原始文献中，最重要的是英国驻华大使乔治致中国外交部有关人士的函件、《定海县东极乡乡公所呈》（及所附《定海县东极乡三十一年十月二日参加救护英俘居民登记名册》）等，文件的编号为 L030—236。这些原始档案的见世，为开展学术研究提供了坚实的基础，使“里斯本丸”沉船事件研究有了重大突破。

舟山本地学者田庆华、唐洪森等人综合国内外资料和研究成果，首次将“里斯本丸”的初期航行、战俘逃生、中国渔民营救等主要问题作了全面而扎实的研究。2004 年 7 月 12 日，两人联名在《环球时报》发表了《“里斯本丸”沉船事件始末》一文。该文在 3 000 余字的有限篇幅内，浓缩了各种史料和各方研究成果，加上两人多年的心得和积累，在公开发表的论著里是第一次对于中、英、日、美等各方面问题都做了比较到位的叙述和分析。紧接着在 2006 年第 1 期刊发的《军事历史研究》上，两人又联合发表了《“里斯本丸”沉船事件研究》的长篇论文，达到 1 万多字，和在《环球时报》所发表的《始末》一文相比，又有了较大的进展。该文充分利用了在《始末》一文发表时尚未公开的许多原始档案文献，以及多年来两人到东极对当事人所作的深入采访，无论其包含的史料的分量、论述问题的全面和细致、对于各类问题分析的深度来说，都可以说是中国内地研究“里斯本丸”事件较有代表性的一篇论文。2004 年 4 月，在杭州举行了由杭州师范学院近代史研究所、《抗日战争研究》编辑部与《民国档案》编辑部共同主办的“中日战争与战争遗留问题学术研讨会”，两人撰写的《“里斯本丸”事件研究》文章参加了此次会议，引起了较大的反响。2006 年，唐洪森、田庆华、欧阳城旺共同申报并获批浙江省首届历史文化工程课题，翌年由人民出版社公开出版研究成果，迄今仍为内地出版的唯一一部学术性研究专著。

2006年7月，浙江省的《观察与思考》杂志（2006年第14期）集中刊登了一组有关“里斯本丸”事件的报道（共7篇），除了向普通读者说明了“里斯本丸”、“鲈鱼”号、“里斯本丸”事件的基本情况，还介绍了学术界对于“里斯本丸”事件的一些最新的研讨成果，可以说也是“里斯本丸”问题的研究水平和社会影响渐入佳境的一个表现。

可以说，从20世纪90年代后期开始到现在，中国内地的“里斯本丸”事件研究已经步入正轨，取得了阶段性的研究成果，成为国际问题研究中不可忽视的一部分。可以预计，作为“里斯本丸”事件的发生地，中国内地尤其是舟山地方，研究“里斯本丸”事件既有天然的优势，也是当地学者的责任，这一问题的研究必将深入拓展进行，应当大有可为。

## （五）当前“里斯本丸”沉船事件研究存在的问题

综合多年来有关“里斯本丸”事件的研究，笔者认为总体情况明朗，但在一些细节问题上还存在一些分歧和薄弱之处，有待于深入解析。

1.“里斯本丸”初期航行问题

这批1 800多人的战俘和平民被安排在1942年9月下旬运送往日本国内，这个安排的具体过程是怎样的？“里斯本丸”是如何被派往香港接受此次运输任务的？被安排到“里斯本丸”上的除了这些战俘和平民之外，还有哪些人系特殊乘客，什么身份？“里斯本丸”航行的最初几天（9月27日—10月1日）的船上状况和航行路线是怎样的？这些问题在战俘们的回忆录中是缺乏详细交代的。他们在整个航行途中被一直关押在4个相互隔离的中下层船舱内，每天只能分批到甲板上放风。他们不仅无法了解船上的整体情况，连战友之间也难以互通音讯。《日本邮船战时船史》指出“里斯本丸”搭载了778名日本人，还有1 676吨货物，至于这些日本人所从何来？上千吨货物中具体是些什么？则没有明确说明。该书还大致描述了这几天“里斯本丸”的航程，甚至还说明了为什么这艘商船缺乏日军舰艇的护航。

该书还提供了一个以前不为人知的事实：“里斯本丸”最初紧贴海岸航行，而到了9月30日则暂时驶离近岸浅水地带，打算10月1日上午8时重新靠岸航行，这给美军预伏潜艇发起攻击提供了条件。正是在“里斯本丸”打算重新靠岸航行前夕的一刻——10月1日上午7时10分，“鲈鱼”号潜艇发动了攻击，于是悲剧发生了。书中对“里斯本丸”之所以偏离海岸航行作出的解释是9月30日晚20时天降暴雨，海浪和能见度使得继续靠岸航行变得非常困难和危险，而经田茂船长身体不适，值班人员视力较差，因而作出了改变原定航线的决定。这是一个较有价值的线索。但是要详细了解整个初期航行的轨迹，绘出完整的航线图，还有很多具体情况需要进一步探明。

船上日方给战俘提供的医疗救护和逃生条件也有一些争议。英军战俘回忆说当时船上的战俘们只有一半左右有木棉制的救生衣，甚至有的说大部分人都没有救生衣。日军翻译则说他每天点名的时候，都会检查每个人是否都带了救生设备。1946年“里斯本丸”船长经田茂在受审的时候也宣称，日方为战俘们提供了2 700多件救生衣。

2. 战俘人数问题

最初战俘们的回忆是大概的数字2 000人，汉密尔顿的回忆录和《日本邮船战时船史》则提供了一个具体数字1 816人。托尼·巴纳姆在他的著作里指出9月25日登上“里斯本丸”的战俘人数应是1 850人，后来有一部分病得最厉害的战俘在开船之前被剔除了。其具体情况需要做进一步的调查。此后在沉船期间遇难、途中病故、死于日本战俘营的人数和具体情况也还不甚明确，按照汉密尔顿的说法，“没人确切知道哪些人被淹死了，哪些人是在沉船时幸免于难而在后来死去”。实际情况是，日本外务省存有一份“里斯本丸”战俘名单。

3. “里斯本丸”遇袭问题

10月1日早上，“鲈鱼”号潜艇对“里斯本丸”发动了袭击。根据英美方面的说法，“鲈鱼”号总共发射了6颗鱼雷。7时04分一连发射了3颗鱼雷，均未命中，随后发射第4颗鱼雷命中了目标。8时45分，发射了第5颗鱼雷，“没有爆炸”。9时38分发射了第6颗鱼雷。其中，确定命中并爆炸的是第4颗鱼雷，其他的到底是没有击中目标还是击中后没有爆炸（《日本邮船战时船史》说前3颗鱼雷中有一颗命中了船本但是没有爆炸），并不完全清楚。尤其是第6颗鱼雷。“鲈鱼”号发射完之后因为遭到日军飞机投掷深水炸弹的威胁，“立即下潜到水下100英尺。40秒之后传来一声巨大的爆炸声”，至于爆炸声是怎么来的却不清楚。此后“鲈鱼”号上升到潜望镜高度进行观察，没有发现“里斯本丸”，自以为大功告成了。在英军战俘方面，则是“没有记录这次鱼雷攻击”，可是又没有排除鱼雷命中爆炸却没有被战俘们注意到的可能性，“可能是这次攻击的声音和附近深水炸弹的声音混杂在一起了”。可是即使听不见声音，如果鱼雷爆炸了，会引起船体的剧烈震动甚至颠簸，难道上千名战俘对这也毫无知觉？而日本方面则声称自己开炮摧毁了这颗鱼雷：“我们朝火炮里装好一发炮弹，瞄准鱼雷，然后射击。我们朝前方看，发现我们直接命中了鱼雷。”可是日方士兵回忆的时间似乎又和美方发射这颗鱼雷的时间对不上：“就在大约上午 10 点 30 分我碰巧发现第 6 颗鱼雷冲向我们的船”。那是否意味着“鲈鱼”号又发射了第 7 颗鱼雷呢？而以当时的技术条件而言，要在短时间内用舰炮射击来袭的鱼雷难度也不小。“鲈鱼”号的报告说这颗鱼雷发射后 40 秒就爆炸了，也就是说日军的反应时间只有短短的 40 秒。在这 40 秒时间之内，从发现鱼雷，到装弹，到瞄准，到射击，还要不偏不倚地击中鱼雷，不能说绝无可能，起码也是难度较大。这一切也许要作进一步的考证，尤其是实地考察“里斯本丸”的船体或是设法找到“里斯本丸”的航海日志，这些鱼雷攻击的细节才可以得到更详细的确认。

10 月 1 日下午，日军支援船只陆续赶到，作出了转移日军士兵、拖船、封闭船舱的决定。此后眼见船只逐渐下沉，已经无法挽回，日军决定放弃拖船的努力，下令船上留守人员撤离，却又不打开舱门放出战俘们一条生路；战俘们逃离“里斯本丸”跳水逃生的时候，附近不同舰船上的日军不约而同地向水中开枪杀害战俘，拒绝战俘上船；看见许多战俘为中国渔民所救，已经无法达到杀人灭口、栽赃陷害美方的罪恶企图，日军又迅速改变策略，转而打捞战俘，并救起了大部分战俘。这一系列的决策是谁作出来的呢？从战俘们的回忆录中无法看出，他们当时确实也无从知道其中玄机。日军方面则是给自己涂脂抹粉、推卸责任。比如说什么“我们必须营救英国战俘，这是船只发生灾难时我们头脑里跳出的第一个念头。”说看管战俘的负责人和田秀男“冲出船舱，不顾自己发着高烧指挥着船员们对美军潜艇采取行动。当他的船正在下沉的时候，他留在船桥上一直到最后一名战俘被转移到救生艇上”。却直接和日方另外一人——船长经田茂的说法不相符，他说是和田秀男下令封闭舱门以防止战俘们发生骚乱的，自己曾经据理力争，但是最后和田秀男还是一意孤行。1946 年经田茂受审的时候，和田秀男已经死亡，所以也许经田茂真的曾经反对过封舱，也许只是把责任推卸到死人身上。但是笔者认为，造成“里斯本丸”巨大灾难的责任应该不只是由一个小小的和田秀男来承担，从日军一连串的行动来看，从抛弃战俘、射杀战俘到捞救战俘，他们的动作是非常迅速而且统一的，显然处在集中而有效的指挥之下，这个指挥者是谁？他应当对这场悲剧承担重要责任。经田茂船长的证词里提到，10 月 1 日下午，日军的救援船只陆续赶到以后，18 时左右“里斯本丸”上的日军士兵开始撤离，此前在“里斯本丸”的甲板上召开了一个临时性会商，矢野美年大佐鉴于“里斯本丸”损伤现状，当场做出两个决定：一是改变剩下的日军士兵转移到“丰国丸”而不是“栗”舰上；二是由“丰国丸”牵引“里斯本丸”往西航行。问题是如果封舱、开枪等决策并不是在这次会议上做出的，那么要弄清决策者和决策过程的问题就更加困难了。

当然，日方的说法还是具有另一方面的价值。除了反映出同一历史事件人人言殊的普遍现象，更凸显了日军平日的暴行真相和他们事后千方百计掩盖、诡辩之间的反差，在具体事实面前使这种反差见诸于国际社会，相信公道自在人心，会让更多的世人认清一直到现在还有不少的日本人所作的否认、辩护日本“二战”战争罪行的行为。

另外，“里斯本丸”最终沉没的时间也有一定的可疑之处。一说是10月2日上午9时07分，一说是上午10时多。前一说法和8时45分日军弃船、撤走留守人员，然后9时左右战俘们开始试图打开舱门突围很难吻合。实际情况是该船船首竖起海面1个多小时之后，才最后沉入海底的。

4. 战俘逃生与中国渔民救助问题

这里较为棘手的问题是到底中国渔民救起的英军战俘有多少。战俘们的回忆都是说200多人。英国驻华使馆给中国外交部的函件中也说“日本船‘里斯本丸’运载2 000名英国战俘自香港前往日本，该船于1942年10月2日在舟山群岛附近被一艘潜艇击沉。大约200名幸存者被东渔父岛上中国人救起，然后在10月2日晚上和10月3日上午得到了他们的照料”等语，应该也是根据战俘们的回忆做这样的表述的。而中国方面在接到英方函件以后，舟山地方政府对此展开调查，得出了不同的结果。根据1948年5月10日《定海县东极乡乡公所呈》和《定海县东极乡1931年10月2日参加救护英俘居民登记名册》中的记载，青浜、庙子湖两地共4个保的居民先后参加营救的渔民有198人，救出战俘384人。名册以当时的基层保甲单位为序，罗列了每位参与救护人员的姓名、性别、年龄、参与救护次数和救起人数，历历在目，应当具有较高的可信度，通常称为“在册之人”“呈中之人”。可是后来有人指出登记在名册上的一些人其实是没有参与救护的。而且名册上只是记录了每个渔民救起的人数，却没有说明是单独行动还是共同行动，如果共同行动的话是否存在人数重复计算的问题。英军战俘提供的数字应是目之所及，大致估测，不是准确数字；而中方的数字又似有重复计算之嫌。双方的数字都还有推敲的余地。如能找到日方在搜回被舟山渔民救起的英军战俘前后对战俘点名的名册，两厢对照，或是日军上岛搜回战俘之后当场点名的名册（按理说日军是会在搜回战俘之后马上清点人数并立即上报，以免战俘漏网的），或许事情可以更加明了。但有一点，据日海军《第13炮舰队战时日志》记载，从这几个岛上共计搜走414名俘虏，中日资料对比明显有差额。当然，谁也不会因为中国渔民们搭救的战俘人数多一点或少一点就不怀感激和尊敬。“救人一命，胜造七级浮屠”，每挽救一条生命就避免了一个人、一个家庭的悲剧。更何况，中国渔民们的行动还影响了日本人的策略，可以说改变了所有战俘的命运。战俘们也都意识到了这一点。“……后来日本人注意到中国人救走了那么多战俘，已经可以确定他们原先的打算是不会有人相信的，他们才

改变了主意。……”（汉密尔顿语）

此外，在战俘们的回忆中提到救助他们的中国人的时候，一般都不知道具体姓名的。只有一个人名被战俘们提起过。他们提到隐藏并护送法勒斯、约翰斯通、伊文思等3名英军战俘逃往重庆的人是“村里的代表吴东林先生”（village representative，Mr. Woo Tung Ling）。1949年2月17日，香港方面举行隆重典礼感谢中国渔民的时候，参加的代表中就有吴东林。而时隔不久，定海本地的报纸《定海民报》在1949年2月25日报道此次典礼的时候就提出了质疑：“查吴东林，当时为青浜之伪区长，何以此次代表前往接收，容记者探个明白再行续志。”第二天《定海民报》就以《港督！你听着！　救英俘乃青浜渔民，与吴东林风马无关》的醒目标题就这一问题作了澄清：“甙经探悉该吴东林为江苏泗礁人，父在上海万象楼当茶房，彼亦在沪以营销客业度日，抗战期间，曾任本县长涂伪维持会会长，及伪高亭区署区长，与青浜渔民营救英俘，毫无关系，此次竟以‘渔民代表’身份接收赠船，殊属非宜云。”可见英军战俘如汉密尔顿所说实非其人。有趣的是英方竟然一错再错，错从何来？吴东林从未参与救护，为何港英方面会邀请他作为中方代表？如果说是中国方面所委派，那么出席这次典礼的英军战俘幸存者共有13名，特别是其中还有真正被中国军民妥善隐藏并护送到重庆的约翰斯通、伊文思两人，他们理应知道吴东林并没有救助过他们（甚至他们之间从来都没有见过面），难道他们是将错就错，不愿提起？后来1966年汉密尔顿整理小册子《“里斯本丸”的沉没》的时候出现这个名字或许是根据港英当局举办的这次典礼而加进去的。当然，《定海民报》所做出的反应已经是“事后诸葛亮”，出席典礼的战俘们是不可能知道的了。不过，为什么会造成这样的一个误会，应该还是有一定原因的吧。

5. 其他相关问题

还有一些看似细节小问题，却很有研究价值，仍然值得探究个明白。

例如：

其一，日军驻香港总督矶谷廉介签发的“里斯本丸”运载战俘去日本的作战命令文件尚未找到，判断其命令模板应当与前面签发的“福州丸”相同。

其二，“里斯本丸”出事之后，赶到现场营救的几十多艘舰艇齐集附近海域，最终拍板弃船射杀战俘的指挥官究竟是谁？当然，矢野美年的嫌疑最大。幸存战俘后续集结上海再赴日本各地做工的决策者又是谁？

其三，伊文思等3人经过长途跋涉，安全抵达重庆乃至回到英国路途，至少在中国内地都经过哪些地方、具体时间、乘坐交通工具、接力护送人员、经费最终解决等？到达重庆后被移交给英国大使馆，他们向使馆报告“里斯本丸”有关情况材料，重庆媒体包括广播电台、大小报纸专题报道？迄今尚无人回忆，从象山—临海—云和—龙泉—南平—赣州—桂林—重庆，这一路接续护送伊文思等人的详细情况。许是距离战争年代久远，他们又是秘密行动，当事人早已不在人间了，因而这段往事自然淹没在历史长河之中。

其四，日军曾派遣专业人员探摸过“里斯本丸”，最后却放弃打捞沉船的理由及其决策过程？是否因战事吃紧，被盟军击沉船只日益增多，再也无暇顾及打捞之事？

其五，面对中国渔民一拨拨撑船下海勇敢地拯救战俘的“搅局”举动，在场的日军出于什么目的未敢实施强力干预阻挡，事后也未拿人问罪，此事非同寻常确很蹊跷？

其六，现在已经确知这1816名英军战俘，不只是英籍，还有澳大利亚籍、加拿大籍、新西兰籍的，可谓是“多国联军”。只是究竟不同国籍的战俘各有多少？如何区别？所以，本书最后附上部分登船战俘名单，以供研究参考。

仅就以上几点问题疑虑，说明事过七八十年，仍有众多未解之谜，亦留下许多研究空间，是为支撑持久研究的原动力。而随着时间推移，新史料的不断发现，必然丰富和进一步完善“里斯本丸”沉船事件研究，最终呈现给世人的必是一幅完整且立体感强烈的历史画卷。

## （六）“里斯本丸”事件研究展望

仅就历史档案及其学术研究的角度来讲，“里斯本丸”沉船事件，还仍然是一个值得我们进一步研究的历史问题。对这一问题的深入研究，不仅在学术上可以填补中国抗日战争史、沿海抗战史、浙江近代史的空白，而且和“二战”中其他许多重大事件一样，揭示了“二战”各个战场之间密不可分的联系。更重要的现实意义，则在于一定程度上有助于改变外国“二战史”学界认真审视中国对日战争战场的进展和应有地位的状况，推动国际范围内“二战史”研究的进一步发展。回顾77年来“里斯本丸”沉船事件的研究状况，先前的研究者们已经付出了长期的努力，奠定了较好的基础。要在此基础上有所突破，关键之关键，还是在于史料的发现和运用。要依靠具有较好外语水平的研究人员，从当事各方广泛搜集材料，如此方能弥补当前的研究还较少论及的薄弱环节，比如“里斯本丸”的详细情况、初期航行和船上的整体情况、遭鱼雷袭击后日军整体的指挥和行动、分散在4个船舱里的战俘群体不同的行动情况、中国渔民救助英军战俘的确切情况、法勒斯等3名英军战俘从舟山辗转至重庆的曲折历程（就目前所发现的档案史料来看，仍然不足以构成完整的考据链条）、生还战俘在日本及其在战后数十年的命运等。甚至散处世界各地的幸存者留给其后人的口述史料及其家庭档案，包括书信、证件等，都是完善与丰富专题研究的有益补充。涉及“里斯本丸”事件的研究，可深挖之处甚多，重要的是事在人为。

不可否认，“里斯本丸”事件实在特殊，尽管题材绝佳，无论从哪个角度看都如此，甚至研究领域具有唯一性，亦不可复制。但是因受国内外史料限制，真正从事其研究者寥寥无几，研究成果少之又少，多是在原有史实骨架基础上反反复复“磨叽”，缺乏有说服力的新成果、新视野，这关乎当代社会人们的认知程度。

处于新时代的中国特色社会主义社会建设与发展，史无前例的变迁深刻改变国运民生的同时，亦以全新的角色走进国际舞台的中央，诠释着负责任的大国担当。而以“一带一路”倡议为推手，以构建人类命运共同体为方向，主动积极促进中国与世界文化相互交流，提升互信互利水平，需要政府和社会组织同时发力，搭建各种务实载体和交流平台。其中，持续拓展“里斯本丸”事件研究领域，整合各种类型的社会资源，切实提高研究质量和水准，展现民族性、群众性、时代性精神，有效服务于国家对外文化交流事业。因为毕竟民间个体实力有限，难以形成社会合力，仅靠单打独斗形不成一定的“气候”，此点已为过往时间和事实所一再证明。不妨采取政府或者社会资本资助的办法，确保相关研究经费持久支撑，包括组建专门研究机构、学术活动团体、国际文化交流平台，例如构建长久论坛、纪念场馆，出版发行影视剧作、期刊、光盘画报等，竭力扩大对外文化影响力，内塑民族凝聚力。

鉴于“里斯本丸”事件错综复杂，牵扯国家众多，且大多数为当今世界上发达国家，各国政府和国民心态均不同。以此为话题，并不是翻旧账，因为这艘船体就沉在事发海底，船舱里还堆积有累累白骨。二三十年来，国内各方面出动潜水员多次下海探摸，早已确定该船位置，可谓坐拥地利之便。为此，能否主观上确实意识到这一历史事件本身存在的特定价值，从而转化为积极的客观行动，全力以赴深入挖掘其潜在的正能量，努力还原历史真相，则考验着众多有公序良知的人们。

此外，近年来随着大量中文、日文、英文新的档案资料陆续披露，为相关细腻研究提供了非常关键的参考使用价值，不但愈益完善了证据链，而且还为还原历史真相奠定了坚实的基础。像当事人矢野美年出具的沉船始末报告，内有杉山、和田秀男等3人签名，细致到每小时、每分钟发生的要事；香港军事法庭审判经田茂记录，英文有700页之多，距离事发不过4年，提审犯罪嫌疑人和重要证人出庭证词陈述，犹如明日黄花，记忆相当清楚；存于台北的文献档案，与浙江省档案馆存文献互为弥补，尤为显得弥足珍贵。诸如此类，不一一枚举。若不是亲眼所见这些珍贵文献，并有幸很可能第一个涉猎其中，窥视个中真容，真不知自己仍会傻傻地跟风，永远原地打转。研究者的任务即是善于捕捉新史料的每一处细节，从细微变化当中能有所新发现，有助于研究结果经得起客观考验。围绕在“里斯本丸”身上的历史谜团实在太多，发人深省的同时，仍需不懈努力追寻，一步步靠拢真实。

“里斯本丸”本身厚重的历史文化价值，置于当代更具有国际文化交流的特殊价值，令世人唏嘘不已的同时，亦让人们心怀别样的敬佩之意。

## （七）与“里斯本丸”相类似的“拉科尼亚”号命运

战争史上总会发生某些相近似的事情，而与“里斯本丸”近似度较高的海难事件，不能不提到同一时期发生欧洲战场的“拉科尼亚”号（Laconia）悲惨命运，故事的角色却倒转过来。

英国军事运输船“拉科尼亚”号，系由巨型客船改装，排水量近 2 万吨，配备 8 门火炮，以及高射炮和深水炸弹等武器。1942 年 9 月 12 日，该船正从埃及绕道大西洋单独驶往英国，船上有 2 000 余名乘客，主要是返回英国的军人和意大利战俘，既没有悬挂载着战俘标识，也没有护航舰艇跟随。这一点，与“里斯本丸”出航极为相似。

当夜，德国海军 U-156 潜艇发现了“拉科尼亚”号，随即发射 2 枚鱼雷，击中了“拉科尼亚”号。剧烈的爆炸声，强烈地震撼了船上的人们，引发了恐慌，尤其是被关押的意大利战俘拼命呼救。德军 U-156 潜艇艇长哈尔腾斯泰因上尉发觉不妙，从声呐当中听到有意大利人的哭喊声，误以为鱼雷打中了满载德国盟友的船只。紧接着，哈尔腾斯泰因又看到幸存者中有不少妇女和儿童，于是下令营救一切落水者。

很快便打捞起第一批幸存者，哈尔腾斯泰因明白了事实真相，立即向潜艇指挥部发报，告知艇上有意大利战俘，请求后续指示。德军卡尔·邓尼茨海军元帅接报后，感觉十分为难，但是最终下令在出事水域的另外 2 艘德军潜艇赶去救援，并告诫这些潜艇必须随时准备下潜，以躲避盟军的攻击。

只是哈尔腾斯泰因心里明白，若是公开近身抢救，很可能被盟军飞机或者舰艇发现，并受到攻击，危险系数极大。为了能够帮助幸存者逃生，他最终大胆地作出决定，于次日清晨先后两次使用明码发出无线电报：“如果有船只帮助被击沉的‘拉科尼亚’号幸存者，我方不会攻击，前提是我方没有遭到潜艇或飞机的攻击，我方已经打捞出 193 名幸存者。”更令人震惊的是，哈尔腾斯泰因索性把被击沉的“拉科尼亚”号所在位置的坐标发了出去，且以“德国潜艇”4 个字结尾。

至 9 月 14 日，U-156 号竟然救起了 260 名幸存者！其中英国人和意大利人几乎是各占一半。同日，德军潜艇 U-506 号赶到参与救援。15 日，德军潜艇 U-507 号也赶到，随即参与救援行动。

“拉科尼亚”号出事 3 天之后，英美盟国才反应过来，派出 2 艘英国船只前往搜寻幸存者，美国飞机也开始在大西洋上空盘旋搜索。9 月 16 日中午，哈尔腾斯泰因看到一架美国 B-24 轰炸机逼近 U-156 潜艇上空，以为这架飞机是来参与救援的，于是命令士兵在舰桥上挂起 2 米×2 米见方的红十字旗，同时使用莫尔斯电码向轰炸机报告，说明潜艇任务的和平意图。

非常遗憾的是，美军 B-24 轰炸机驾驶员哈登上尉一时没有弄懂电码的意思，遂向阿森松岛基地发报请求指示。机场的指挥官理查德森接到消息后，反复掂量，最终决定下令击沉德军潜艇。这样，结果不难理解，轰炸机奉命多次向潜艇投放炸弹，却击中多艘停泊在潜艇后方的装满幸存者的救生艇，造成人员伤亡。有鉴于此，哈尔腾斯泰因下令潜艇上的幸存者立即离开跳海，U-156 潜艇则迅速下潜驶离现场。数小时后，法国维希政府的救援船只抵达出事地点，打捞起相当数量的幸存者。

总计“拉科尼亚”号生还者有 1 500 余人，另有 1 000 余人不幸遇难。

这一事件，给其后战事产生了重要影响。9 月 17 日，德军邓尼茨元帅向所有 U 型潜艇指挥官发出指令，要求停止救援被击沉敌船所属人员的一切行动。

1943 年 3 月 8 日，德军 U-156 潜艇在大西洋被美军轰炸机炸沉，哈尔腾斯泰因与其他艇员一起沉入大海。

此一经典事例，后来被制作成电影在全球放映，所有观看过影片的人们思潮久久不能平静。

继“拉科尼亚”号出事半个多月，“里斯本丸”沉没事件亦发生了，这一东一西两件特殊海难，有其“异曲同工”之处。若细察之，则得出不同的结论。

相同的地方：如都处于战争交战状态下；都是运兵加俘虏船；都未挂押运俘虏的特殊旗帜标识；都有船炮火力装备；都被敌方潜艇发射的鱼雷击中；都真实地反映出人性的一面；结果也都是大部分乘员幸存。

所不同的是：“里斯本丸”日军先是采取封闭船舱门，罔顾战俘生命；后于船沉最后时刻仍然不开舱，且开枪弹压俘虏，逼退回舱；直至枪击跳海逃生的大批俘虏，一再拒绝救助游向舰艇旁边的俘虏。似此，日军具有非常明显的杀戮意图，无论是当时还是在战后，所有幸存战俘都感同身受。其中，中国渔民船团第一时间突然介入，这一意外举动，径直迫使日军软化态度，改变原来封杀立场，由此一举逆转局面。而美军潜艇“鲈鱼”号自始至终都不知道所击商船舱内载有英军战俘。“拉科尼亚”号事件全程系军事海洋战争，正值德军 U 型潜艇兴风作浪大西洋高潮，尽管德军潜艇释放善意，美空军仍高度紧张应对，以消灭敌方为主要作战目标，所以才会继续轰炸潜艇，中断潜艇救援。

最后，战争乃是相当残酷的，你死我活的博弈过程，很难冷静思考突发状况。像“里斯本丸”这种结局，德军 U-156 潜艇作为，都极为罕见，不可同日而语。

# 附件一、“里斯本丸”事件大事长编

## 1920 年

7 月 8 日，“里斯本丸”自横滨竣工正式下水，船长 135.64 米，安装有 2 台往复式主机，最大马力为 4 684 马力，航速 12 节，总吨数为 7 053 吨，船主为日本邮船株式会社。至太平洋战争爆发之前，该运输船主要航行于日本经由巴拿马运河到美国纽约的航线，中国上海至香港，台湾至菲律宾、越南、印度航线。

## 1941 年

12 月 8 日，日军从中国广东省进攻香港，英军抵抗 18 天之后即投降。25 日晚，在九龙半岛饭店，英国殖民总督马克·杨爵士向日本第 23 军司令酒井隆中将签署了正式投降书，香港至此全部沦陷，1 200 余名英国人死亡，大批英军包括加拿大、澳大利亚、新西兰、印度国籍官兵被俘，总数约有 8 700 余人，集中在靠近码头的九龙深水埗等地临时营地。

## 1942 年

2 月 2 日，“里斯本丸”在台湾的澎湖县县治马公市遭到盟军鱼雷攻击，船体严重损坏，不得不停靠马公市警备府抢修，5 月末完成应急修理之后再转移香港九龙造船厂继续深度修理，至 9 月 18 日才最后完成修理工作。

9 月 1 日，日军驻香港总督矶谷廉介发布作战命令，以“福州丸”载运 621 名白人战俘到日本做工。4 日，实到东京俘虏收容所 616 名战俘。这是第一艘自南方战场掳掠战俘到日本的运俘船。

9 月 25 日，香港英军战俘自深水埗开始登船“里斯本丸”。27 日 8 时 10 分，该船正式起航前往日本九州的门司港，计有船员 77 人，警卫队 26 人，战俘 1 816 人，另搭载第 8610 部队自内地归途部队以及随行将校、下士官兵共计 778 人。随船装载的各种物资共计 1 676 吨。

10 月 1 日晨 7 时许，“里斯本丸”航行至舟山群岛以东海域，突然遭到美军潜艇“鲈鱼”号袭击，连发 6 枚鱼雷，重伤船尾。日海军 2 架飞机、第 13 炮舰队闻讯赶赴现场。2 日上午 9 时 7 分，“里斯本丸”经一夜拖航，终于沉没在舟山群岛以东之东极海域，在青浜岛、庙子湖岛等渔民冒险营救下，1 000多名战俘获救。5日，幸存战俘被押至上海集中，6日乘坐“第一真盛丸”，海运日本工厂做工。另在渔民和地方抗日武装掩护下，仅逃出3名战俘，辗转护送至大后方重庆，交由英国驻华大使馆接收。

10月8日，日本《朝日新闻》专题报道了“里斯本丸”遇难之事。

10月8日，日本《时报与广告报》报道“里斯本丸”消息。

10月8日，美国《纽约时报》报道“里斯本丸”消息。

10月8日，澳大利亚《悉尼先驱晨报》报道“里斯本丸”消息。

10月13日，瑞士驻东京公使致电日本外务省，转达英国政府询问“里斯本丸”战俘下落事宜。

10月20日，日本《时报周刊》页跟进报道了“里斯本丸”事件。

10月23日，瑞士国公使应英国政府要求，再次向日本外务省询问有关情况。

12月5日，中国《中央日报》报道伊文思等3人抵达赣州的消息。

12月19日，中国《中央日报》报道伊文思等3人抵达浙江省政府驻地云和县消息。

12月22日，英国《泰晤士报》刊登了“里斯本丸”的重要消息。

12月，日本大阪出版社出版《大东亚战争记录画报》后篇，以文图并茂形式刊登了这一事件的整个过程。

## 1943年

3月26日，英国仍经瑞士转交日本外务省抗议件，代表本国政府和澳大利亚政府、新西兰政府，共同抗议日本野蛮行为，要求惩罚当事人。

5月20日，日本外务省经由瑞士国驻东京公使馆，正式以书面形式答复英国政府，为其罪行进行狡辩。

## 1945年

9月，日本投降之后，散处各地的“里斯本丸”幸存战俘，最终平安回家763人。

## 1946年

8月27日至10月18日，香港军事法庭开审“里斯本丸”警卫队翻译新森源一郎，判处其有期徒刑15年。

9月，王继能赴香港，与伊文思、约翰斯通、法勒斯3人第二次见面，受到伊文思等在香港酒店设宴款待，并合影留念。

10月23日至11月29日，香港军事法庭开审“里斯本丸”船长经田茂，判处其有期徒刑7年。

**1966年**

香港绿塔出版社印制汉密尔顿回忆录《“里斯本丸”的沉没》，汉密尔顿于2月1日撰写了前言。

3月，幸存战俘布莱克（A. Black）回忆文章发表在苏格兰远东战俘协会时事通信《议事会》上。

**1984年**

4月10日，幸存战俘吉姆·西蒙斯（Jim Symons）在澳大利亚的《西澳报》上发表回忆文章。

**1985年**

5月，在台北出版的《舟山乡讯》第14期，刊登王继能撰写的“抗战期间英俘追记”文章，附上当时在象山与伊文思、约翰斯通、法勒斯等人合影照片，非常珍贵。

12月，幸存战俘奥汉隆（D. J. O'Hanlon）在美国海军《前进报》上发表回忆文章。

**1986年**

12月13日，《南华早报》（周六评论）引用幸存战俘安德鲁·萨尔曼（Andrew Salmon）的回忆文章。

**1991年**

12月，香港举办抗击日军侵占香港50周年盛大活动，特邀参加过香港保卫战的250名英军老兵出席。法勒斯亦专程抵港出席活动，多次在各种场合谈及东极遇险经历，盼望能与恩人见面叙旧。

**1994年**

10月21日，《舟山乡音报》第4版刊登毛德传撰写的文章《怒海生死情——二次大战时舟山人民英勇救护两百英盟军战俘纪实》，是为大陆最早介绍“里斯本丸”

事件的文章。

**1997 年**

安德鲁·萨尔曼和克里斯汀·亨德森将收集到的幸存战俘个人回忆、日记以及媒体报道等资料，按照事件发生的事件顺序，编写成《记住我的面孔——“里斯本丸”沉船的真实故事》一书，供世人阅知。

11 月 25 日，《舟山乡音报》刊登毛德传撰写的文章《半个世纪的魂牵梦忆》专稿，主要介绍法勒斯思念中国舟山恩人之事。

**1998 年**

6 月 3 日至 6 日，有关方面对“里斯本丸”沉船进行了探摸，经全球定位仪测定，该沉船的准确位置是东经 122°45′55″、北纬 30°13′47″。

**2002 年**

10 月，舟山市邮政局发行纪念“里斯本丸”事件 60 周年邮票。

10 月，舟山市普陀区东极镇成立“里斯本丸”研究会。

**2004 年**

4 月，舟山市档案局编印《里斯本丸沉船事件研究资料汇编》。

7 月 12 日，《环球时报》第 12 版刊登《“里斯本丸”沉船事件始末》，作者唐洪森、田庆华。

**2005 年**

4 月 1 日，浙江省档案馆首次公开了编号为 L030—236，近百页的“里斯本丸”沉船事件历史档案。

4 月 3 日下午，英国作家托尼·巴纳姆在香港“第二次世界大战退役军人会”会长郑治平先生陪同下来舟山，进行实地考察。

4 月 4 日，舟山市“里斯本丸”研究会成立，中共舟山市委宣传部主要领导兼任会长。

5 月 9 日 11 时许，王永建、胡牧、毛德传、邬永昌、王晓东、薛峰、刘帆等一批舟山民间人士，带着中华人民共和国国旗和康乃馨、粽子、漂流瓶，借助东极轮，于青浜岛海域举行了追思和祭奠“里斯本丸”事件遇难英军士兵的活动。此系舟山民间人士第一次以大爱无疆的情怀，自发组织的主题活动。

6月，曾经亲自营救过盟军战俘的浙江舟山5位老渔民——沈阿桂、林夫云、陈永华、王宝荣、吴兰方，应香港“二战退役军人会”的邀请到港访问。全国政协副主席霍英东先生接见舟山老渔民，并称赞他们“做了一件了不起的大好事”。

6月29日至7月2日，中央电视台外语频道《看中国》栏目组来到普陀东极，拍摄了《中国反法西斯战争纪念70周年》特别节目中的一集——《“里斯本丸”事件》。该专题播放时间为18分钟，节目播出后，进一步扩大“里斯本丸”事件的国际影响力。

8月16日，《人民日报》（海外版）第4版刊登《舟山渔民勇救盟军战俘》，作者周永章。

8月18日，经舟山、香港两地的“里斯本丸”研究（协）会牵线，当年的幸存者英国老兵查尔斯·R·佐敦，带着妻儿和两位遇难者亲属，从英国来到舟山的东极海岛，亲自寻访当年的救命恩人，与仍然健在的沈阿贵、吴兰舫等7位老渔民见面。

8月，由浙江省档案馆编辑的《舟山渔民救助“里斯本丸”遇难英国被俘人员档案史料选》，刊发在《浙江档案》第8期上。

12月14日，香港“凤凰卫视”制作播出了《探秘“里斯本丸”》专题节目。

## 2006年

3月出版的《军事历史研究》第1期，刊登田庆华、唐洪森合著的《“里斯本丸”沉船事件研究》文章。

7月，浙江省社会科学院主办的《观察与思考》杂志第14期，集中刊登了一组有关“里斯本丸”事件的7篇文章。

7月，香港大学出版社正式出版英国学者托尼·巴纳姆撰写的《“里斯本丸”的沉没：被遗忘的英国战时悲剧》一书，内中收录资料十分丰富，具有很高的研究价值。

## 2007年

7月，香港共和媒体有限公司出版《实录：“里斯本丸”事件》，由香港“里斯本丸”协会编辑，协会主席马逍光先生和香港战俘协会主席高美氏先生分别作序。

9月，人民出版社首次在内地出版《“里斯本丸”沉船事件研究》，作者唐洪森、田庆华、欧阳城旺。

10月2日，为纪念“里斯本丸”遇难65周年，战俘幸存者最后一次聚会，当天只有6名生还者参加，另莫利、贝南菲尔德2人未出席，地点在英国伦敦的“贝尔法斯特号”巡洋舰（博物馆）。

**2008 年**

1 月，以此为题材的电影《东极拯救》在北京正式公映。

**2009 年**

4 月，“里斯本丸”纪念馆在东极庙子湖岛正式开馆。

10 月 2 日，胡牧等在普陀区莲花岛上，采取放飞纸船、敬献鲜花等形式，祭奠死难英军战俘，并向游人义务讲解曾经发生在“里斯本丸”的故事。

**2014 年**

英国歌手汤姆·希克考克斯创作的“里斯本丸”主题歌曲，收录其发行的专辑。

**2015 年**

1 月，舟山市普陀区政协委员胡牧向区政协提出《关于建议召开“东极海域二战沉船”历史文化研讨会的提案》的建议。

3 月，全国政协十二届三次会议提案委员会委员、中国潜水打捞行业协会理事长宋家慧递交的《关于清理打捞“里斯本丸”的提案》，被列为全国政协十二届三次会议提案。

3 月 24 日，舟山市普陀区政协委员胡牧向区委、区政府提出《尽快启动我区重大二战历史文化的研究与部署》的建议。

4 月 14 日，舟山市普陀区政协委员洪达、胡牧联名向区政协提出《关于把我区二战沉船历史文化转化成习主席访英国礼的建议》。经层层上报，中共浙江省委夏宝龙书记批示给省委宣传部、省委党史研究室、省民族事务宗教局。尔后由省委党史研究室主任金延锋带队，先后到东极镇、香港等地考察，形成材料上交省委，经外办转交外交部。果然，习近平主席访英期间公开提到舟山渔民救助盟军战俘数百人的事迹。

8 月，由浙江省文化厅重点策划、浙江京剧团精心创排的现代京剧《东极英雄》，在舟山市普陀保利大剧院上演。该剧入选了国家文化部“纪念中国人民抗日战争胜利暨世界反法西斯战争胜利 70 周年南方篇优秀巡演剧目”。从 11 月起，《东极英雄》剧组赴福建省福州凤凰剧院、莆田大剧院、马尾剧院和上海大剧院、上海师范学院等地进行全国巡演。

8 月 14 日，中国驻英国大使馆在伦敦举行中国人民抗日战争暨世界反法西斯战争胜利 70 周年纪念活动。刘晓明大使发表题为《为了和平的纪念》的主旨讲话，指出：中国军民在远东战场积极支援、救助英军。1942 年上半年，中国远征军在缅甸屡屡挫败日军，解救了被围困的英军。同年，中国舟山东极岛渔民营救日本“里斯本丸”上数百名英军战俘。为此，英国政府向英勇无畏的中国远征军将领授予了勋章，并在战后隆重纪念“里斯本丸”事件。

10 月 2 日上午，在浙江海洋学院长峙校区揽月台隆重举行纪念“里斯本丸”事件 73 周年暨中国人民抗日战争胜利 70 周年纪念活动。此次活动由浙江海洋学院海洋意识促进协会承办，并且得到了浙江海洋学院工会的大力支持。参加纪念活动的有香港“里斯本丸”协会沈健先生、舟山市史志办主任包江雁，以及自发参加活动的高校师生和社会热心人士，浙江海洋学院“全国海洋意识教育基地”负责人高建平教授主持。英国驻香港领事馆、皇家英国退伍军人协会（中国香港分会）、香港“里斯本丸”协会、黄埔军校慈善有限公司等机构分别委托沈健先生捎来纪念花环，英国退伍军人费恩祺少校还专门为此撰写悼文。当年幸存但已故英国老兵佐敦先生的妻子多琳·佐敦女士得知此事后也专门发来信函。普陀区七星寺住持常宏法师还为遇难英灵诵经祈福。此次活动恰逢国家主席习近平同志即将访问英国前夕，因此别具特殊意义。

10 月 20 日晚，中国国家主席习近平和夫人彭丽媛出席英国女王伊丽莎白二世在白金汉宫举行的盛大欢迎晚宴。习近平在祝酒词中特别提及第二次世界大战期间，中国浙江省舟山渔民冒着生命危险，营救了日本“里斯本丸”上数百名英军战俘，中英两国人民在战火中结下的情谊永不褪色。

**2016 年**

12 月 10 日下午，由浙江海洋大学“全国海洋意识教育基地”主办，校教职工海洋意识研究协会与大学生海洋意识促进协会共同承办，纪念舟山人民拯救“里斯本丸”二战盟军将士事件交流座谈会在校内举行，副教授华海坤主持。

**2017 年**

10 月 2 日，由舟山民间志愿者胡牧、吴似真等人发起，浙江海洋大学师生和普陀区“民革支部”参加的纪念“里斯本丸”事件 75 周年系列活动，分别在舟山市普陀区莲花岛和浙江海洋大学校园举行，香港“里斯本丸”研究协会干事沈健、皇家英国退伍军人会中国及香港分会干事委员梁庆全和北京方励应邀出席。央视、央视网专门派出主持人等到现场录制节目，事后分别播出。尚健在的“里斯本丸”事件的幸存者，英国老兵98岁的丹尼斯·莫利专门发来了感谢信。与此同时，在英国伦敦肯顿街纪念碑附近举行相同的纪念活动，当年的幸存者英国士兵查尔斯·R·佐敦的儿子艾伦出席了纪念仪式，退役军官费恩祺少校宣读了“里斯本丸”事件幸存者丹尼斯·莫利先生撰写的祭文。此乃中英两国民间首次为“里斯本丸”事件，牵手和平纪念互动。

**2018年**

7月，北京电影人方励先生在英国三大主流媒体《泰晤士报》《每日电讯报》《卫报》上刊登整版广告，寻找“里斯本丸”幸存者和他们的后人，犹如一石激起千层浪。方励团队并筹拍同名电影纪录片。

8月21日，《北京日报》第12版“纪事栏目”整版刊登“营救‘里斯本丸’”文章，介绍相关研究最新进展以及方励团队在英国、加拿大采访等新情况，作者黄佳加。

10月，幸存者尚健在两人。莫利先生99岁，现在居住英国中部的史特劳德镇；威廉·贝南菲尔德先生99岁，现在居住加拿大魁斯内尔镇。北京的方励团队、香港的梁庆全先生曾前往探望与采访。

**2019年**

7月，北京有关方面正式落实筹拍同名电影，并先期赴舟山实地调研。

# 附件二、历史档案文献

## （一）《浙江省政府关于救助三名英国俘虏致外交部电》

重庆外交部：

据定海县长苏本善电称：“载英美籍俘虏之敌舰天津丸，驶经普陀洛迦山附近，被美潜艇击沉，兹经朱铁钧部于万难中救得英人 Johetong、Faeeace、Evens 三人护送到象（作者注：即象山），其余二千，据英侨自称，于船身将沉时，夺舱呐喊，为敌军机枪扫射海中，残酷之惨，声泪俱下，并要求我政府救援。”

1942 年 10 月 22 日 19 时

## （二）《英国驻华大使馆关于垫资英俘致函中国外交部》（译文节略）

英国大使馆兹向外交部致意：

关于装载战时同盟国俘虏之敌舰在普陀附近沉没一案，本年十月三十日来（略），业经阅悉。

英国大使馆接读来（略），深为铭感，对于当地政府援救英籍官员三人制努力，尤志感动。拟请为上述获救官员尽一切可能，予以协助。兹并特通知外交部，英国大使馆武官处现正与中国主管当局接洽关于给予彼等协助，以及送达桂林等办法。

合即略复。

1942 年 11 月 9 日

## （三）《国民政府外交部关于查明东渔父岛居民救助英俘致浙江省政府电》

外（三七）欧字第九一八二号

浙江省政府公鉴：

顷准英国大使函，略以战争期间日船 LISBON 号载运英国战俘二千人自香港前往日本，该船于一九四二年十月二日在舟山群岛附近被潜艇击沉，幸经东渔父岛上之中国居民救助，船上英俘约有二百人得免遇难，并蒙岛上中国居民照料食宿。嗣以岛上食粮不足，该被救英俘等除 3 人外，均于翌日复被日军押还，唯所余 3 人则由岛上居民协助逃往盟国领土。英国政府兹为表示感谢起见，已拨出一笔款项赠与各该岛上居民。英国舰队总司令并提议派英驱逐舰 Comus 号于五月七日前往东渔父岛正式授予此项赠款。该舰在东渔父岛任务完毕后，并拟径往上海。该英舰 Comus 号之番号为 NO. R. 43，由 lientonant commandes Evang 指挥，船上并无飞机，特征求中国政府同意等由。查英国大使来函内所称东渔父岛中国居民救助遇险英国战俘一节，如确属实情，本部拟准许该英舰为授予赠款之目的前往该岛。唯该岛上居民是否确曾于一九四二年十月二日救助日船 LISBON 号上之遇险英俘，须予查明。又如此事果经查明属实，并经贵府同意英方赠款，则似应由贵府派员代表居民接受，然后转发岛上居民，而不宜听任英方人员将该项赠款直接授予岛上居民。关于上述各节，应请贵府分别调查核办，相应抄同英国大使来函一件，电请查照迅予办理见复，以便答复英国大使为荷。

附件（英文）

国民政府外交部

中华民国三十七年四月十六日

## （四）《浙江省政府主席沈鸿烈关于委派周象贤赴沪英司令部代表领款致外交部电》

外交部公鉴：

案查前准贵部卅七年四月十六日外（37）欧字第九一八二号代电，为英舰拟于五月七日前往定海之东渔父岛赠谢该岛居民一案，嘱查复由。准查本省定海县东渔父岛居民于一九四二年十月二日救助日船 LISBON 号上之遇险英俘一节，事属确实。业经本府推定省府周委员象贤赴沪英司令部代表领款，再行转发民众。并请贵部函复英国大使，转告英方舰队司令部，船舰不必开赴定海；并决定在沪领款日期，以便通告周委员前往承领。准电前由。除分令外，相应复请明为荷。

浙江省政府

中华民国三十七年四月二十四日

## （五）《浙江省政府主席沈鸿烈关于推定赴沪英司令部代表领款致周象贤电》

周委员象贤鉴：

准外交部卅七年四月十六日外（37）欧字第九一八二号代电，以准英国大使函（照来文抄至），以便答复英国大使等由，并附件。准查本省定海县东渔父岛居民救助遇险英俘一节，事属确实。兹业经推定台端赴沪英司令部代表领款，再行转发。除电复外交部先行函复英国大使转告英方舰队司令部不必开赴定海，并决定日期，俾再转告前往承领外，相应抄同原附件。电请查明。

主席沈鸿烈

中华民国三十七年四月二十四日

## （六）《国民政府外交部关于婉辞英舰拟访问东渔父岛致浙江省政府电》

外（三七）欧字第一八二七一号

浙江省政府公鉴：

关于定海县东渔父岛居民营救英俘案，本年午皓民字第四〇一〇号代电暨附件敬悉。查英舰拟访问东渔父岛一节，本部本拟予以同意，唯旋准国防部核复认为舟山群岛附近为我拟建之海军区域，英舰曾经屡次请求访问该地，均遭我方拒绝。此次访问名义固应在赠谢东渔父岛居民，然实际目的无从探悉。我为国防秘密计，对其派舰访问一节自难予以同意等语。本部遂略复英国大使馆，对英舰访问予以婉辞。至于英国政府原拟以款项赠予该岛居民事，因其派舰事遭我拒绝，迄未再向本部提及，似已无形作罢。唯该岛居民于战时奋勇营救盟俘，殊堪嘉尚。现英方既已取消赠谢该岛居民之议，我国政府尤应自行酌予奖励。除将贵府民字第二七四七号代电所附调查报告略送英国大使馆参考，并检同上述代电暨附件，电请国防部暨内政部咨商贵府办理外，相应电复即希查照为荷。

国民政府外交部

中华民国三十七年八月三日

## （七）《国民政府内政部关于同意褒奖东渔人岛居民救助英俘致浙江省政府电》

礼字第一八九九号

浙江省政府：

贵省政府民字第四０一０号代电，嘱褒奖定海县东渔人岛居民救助英俘一案，查人民在抗战期间努力与有关抗战之工作，自可予以奖励。相应复请查明详列受奖人姓名、年龄、籍贯及救助英俘事实转部，以凭核办为荷。

此致

国民政府内政部

中华民国三十七年八月二十一日

## （八）《浙江省政府关于造具定海县东渔人岛居民救助英俘事实清册致内政部电》

内政部公鉴：

准贵部三十七年八月二十一日礼字第一八九九号公函敬悉。兹造具定海县东渔人岛居民救助英俘事实清册，电请查照核办，并希见复为荷。

抄送定海县东渔人岛居民救助英俘事实清册一份

浙江省政府

中华民国三十七年九月十三日

## （九）《内政部关于褒扬令函已发致浙江省政府电》

礼字第二八三六号

浙江省政府公鉴：

准贵省政府三十七年九月十三日民字第一〇五四三号代电查复奖励定海县东渔父岛居民救助英俘一案，检送事实清册到部。查册列胡阿法等一百九十八名在抗战期间奋勇营救盟俘，核与褒扬抗战忠烈条例第一条第八款尚符，应照准同条例第二条第一款规定，由本部予以部令褒扬，以昭激劝。除分函外交部及国防部查照外，相应检同褒扬令函请查照，特发具领，见复为荷。”

此致

附检送胡阿法等褒扬令一百九十八件

国民政府内政部

中华民国三十七年十月十一日

## （十）《浙江省政府关于内政部已函送褒扬令致定海县政府电》

定海县政府：

准内政部函送该县东渔父岛居民胡阿法等褒扬令一百九十八件，希查收，转给具报。

浙江省政府

中华民国三十七年十月二十日

## （十一）《浙江省政府关于已转发定海县政府褒扬令致内政部电》

内政部公鉴：

贵部三十七年十月十一日礼字第二八三六号代电及附件案悉，经已电发定海县政府查收转发。特复查照。

浙江省政府

中华民国三十七年十月二十日

## （十二）《浙江省政府主席沈鸿烈给定海县县长训令》

准

外交部卅七年四月十六日外（37）欧字第九一八二号代电，以准英国大使函（照抄至），以便答复英国大使等由；并附件准经推定本府周委员象贤赴沪英司令部代表领款再行转发。除电复外交部，转告英方舰队司令部不必开赴定海并定期办理外，合行抄发原附件。令仰该县长尅即派员切实查明该岛当年参加救助英俘居民，并造具名册报核为要。

此令

附抄发原附件附后并发

主席沈鸿烈

中华民国三十七年四月二十四日

## （十三）《定海县政府查明东渔人岛居民救助英俘情形并造具名册呈报浙江省政府主席沈鸿烈》

（府警秘字第）

中华民国三十七年五月二十四日

事由：为遵令查明东渔父岛居民当年救助英俘情形，并造具名册报请鉴核由。

案奉

钧府本年四月二十四日民字第一九一八一号训令，略以本县东渔父岛居民曾于一九四二年战争期间救助英俘，英国政府为表示感谢起见，已拨出一部款项赠予各岛上居民，饬尅即派员切实查明该岛当年救助英俘居民，造册报核等因。奉查本县仅有渔人岛属于东极乡，核对海图，英文名称亦属相符。经即饬警察局派员前往切实调查具报。兹据查复转，据东极乡乡长沈品生呈报当年救助详情，并造具名册，前来理合抄检原呈暨名册，一并备文呈复。

鉴核

谨呈

浙江省政府主席沈

附呈：东极乡原呈抄件一份

原送名册一份

定海县县长徐国杰

## （十四）《东极乡乡公所救助英国战俘登记名册呈报定海县政府》

民　字　　第 一 四 九 号

中华民国三十七年五月十日

事由：为曾奉令查报三十一年救助英国战俘经过情形，附具当年参与救护人登记名册及英人原函照片，祈鉴核由。

本年五月五日准　“定海县警察局转奉

钧府发下本年四月三十日收文循字第八八七号奉　浙江省政府本年四月二十四日民字第一九一八一号原训令略开准　外交部三十七年四月十六日外（37）欧字第九一八二号代电，以准英大使函”。除原文邀免冗叙外，“尾，开合行令仰该县长尅即派员，切实查明该岛当年参加救助英俘居民，并造名册报核为要”，“查县志，本县只有东渔父岛，属青浜山、庙子湖，系东极乡辖境，并无渔父岛。拟交警局遵照派员前往查明当年救护事实，并查报民册，具报核转”等因，奉查一案。窃查：七七事变，抗战军兴，二十八年六月二十三日定海亦相继沦陷。本乡公所一切乡政亦即随而停止。陈前乡长顺甫赴甬经商，事务员赵筱如以皖籍难归留此作小贩，以图生活。敌舰频来登陆，人民饱受惊惶，与夫物资遭遇损失不言而喻。于三十一年十月二日（农历八月二十三日，即西历一九四二年十月二日）上午九时许，突闻岛外海洋霹雳，山谷传音，糜不恐怖。然而司空见惯，亦属无可奈何听之而已。是午，青浜山、庙子湖一带海面发现数百难人漂流，在狂风怒吼中挣扎。庙子湖由沈万寿（时年七十一）、吴其生（现充五保长）、吕德仁（现充五保副）、沈元兴（现充四保长）、沈阿明（现充乡民候选人）发起渔民抢救，结果救得英人一百零六名。青浜山由赵筱如（即现充总干事）唐品根（现充乡民会主席）、翁阿川、唐如良及已故公民素抱热忱之许毓嵩等五人集议，以情势严重、人命关天，发起通传全山渔户总动员捞救。至午夜止，历时十二，结果先后数次往返，共救得二百七十八人（内西福山六十二人）。合计共救得三百八十四人。庙子湖救回被难者分住各渔户家中，青浜山救回被难者则住天后宫。两山居民目睹被难英人不唯单衣淋湿，甚有赤体者多人惨状，自动分赠衣衫、棉袄，贡献滚水饭食，并为之安宿。当因彼此言语隔膜，底蕴难详，复经赵筱如、唐如良、许毓嵩（已故）等分向被难者加以慰劳，该难中有以“香港英国人”五华字出示，始方得其梗概。后赵筱如、唐如良邀同许毓嵩（已故）、唐品根、翁阿川漏夜紧急会议，以既是盟国战俘而遇难，应速送往内地政府援助归国；又以交通窒塞，万一被敌方得闻，问题实乃重大。直至三日天晓，尚未议决。进行计划中，据报岛外现已发现敌舰五艘，遥睹该舰日军纷乘小轮向本山驰驶而来。当由情急智生，唐如良、许毓嵩（已故）提议，先将被难中若系英人领导者三人送至青浜山后人迹罕到石洞隐匿，并经翁阿川告奋护送，并允负责供应饭食。去后未几，日军约二百余人分路登陆后管制交通，铁蹄所至，挨户搜查。于是日下午二时复将两山该被难英人除石洞三名外，其余三百八十一人押还而去。四、五、六、七等日，敌舰频来海面巡弋，八日始未见影。当经赵筱如邀集热心之唐品根等十余人会商，经留石洞三英人应即迅予送去内地政府，以免意外。即由唐品根、许阿台、李朝洪、郭阿得、任信仓（已故）、船伴王祥水等六人，抱大无畏精神，于十月九日乘小帆船护送被难三英人至葫芦岛，交由驻军我游击第四大队长王继能转送象山我县政府苏县长处，而唐品根等亦即回乡。此本案当时经过情形者一也。惟或有漂流未及救起，及时间紧迫未将该被难者姓名抄存，暨日军赶到还押致未能如计划将该被难英人全数送往内地，引以为憾。当卅四年抗战胜利，国土重光，十月恢复乡公所，陈前乡长顺甫就职。及品生三十五十二月当选就职时，先后首以过去救助英人情形应即呈报政府备案，乃各发起参与救助住民，佥以过去义务为吾人应有天职，罔求邀功等语。乡长以众意难强，以致迄未报案，抱歉之至。此是案经过者二也。三十六年二月十二日（即农三十五年十二月十二日），唐如良应在沪即当年被难英人伊文思、祥四东、法伦四等三人（均译音）函召晤见。时只伊文思颇承招待，因祥四东、法伦四已去香港。当又约期并请邀同翁阿川（即当年护送至石洞及供饭者），于同年三月二日（即农二月十日）在港除法伦四因事回国外，重晤伊文思及祥四东两君。唐如良、翁阿川二人以中国公民身份在港得荷友邦知名之伊文思、祥四东二先生优渥招待，并赠予衣料。三十七年三月初，间又承伊文思汇由舟山锦昌行交唐如良领收国币六百万元。领受之余，曷胜感愧。此是案经过者三也。至英大使函称：中国居民救助英俘约有二百人得免遇难一节，想系伊文思等以在青浜山天后宫同难人数，其西福山被救六十二人、庙子湖被救一百另六人，伊等当时未能及见，以致被救人数未详之故。现奉钧府发下省政府训令以准“外交部以准英大使函，接受上项赠款”。品生当即召集有关当年参与救护居民会议，宣扬政府接受英国政府赠款诚意，务各遵照报名登记。而各参与救助人佥认过去义务不望报酬，请辞。经品生一再以此乃盟邦政府爱戴、荣誉赠予，却之未免不恭；受而无伤大雅、大义劝免后，始各纷来报名登记。奉令前因，理合检同名册，备文呈请鉴核。至是项赠款领到，拟分别以两山发起救护赵筱如、吴其生等十人，及参与动员各船户暨冒险护送三英人至内地之唐品根等六人列为甲等，凡献衣供饭者列为乙等，其各帮同送衣服、送饭者列为丙等，用示大公，以励将，后义务来兹。再，是案当日，尽最大力以举家衣服、食粮尽数贡献，又为热心发起救护之已故许毓嵩，今其妻、子尚住，本乡可否列于被赠；又，不愿受赠健在之七十有八老人沈万寿，拟求钧府特分别予以追加褒扬。及赔款领到，应如何发放之处，仍候指令祇遵。

谨呈

县长徐

附名册一份

乡长　沈品生

## （十五）《英国驻中国大使馆给叶公超的函件》

南京　英国大使馆

1948 年 4 月 18 日

亲爱的乔治：

如果你能把以下这件事通报给有关合适的部门，我将十分感谢。

你可以回想起日本船“里斯本丸”运载 2 000 名英国战俘自香港前往日本，该船于 1942 年 10 月 2 日在舟山群岛附近被一艘潜艇击沉。大约 200 名幸存者被东渔父岛上中国人救起，然后在 10 月 2 日晚上和 10 月 3 日上午得到了他们的照料。如果没有他们的帮助，战俘中许多人早就淹死，或者被海浪冲击到岩石峭壁上摔死。

这些中国人以最大的爱心给幸存者们食物、衣服和照看。但是到了 3 日上午，很明显岛上的食物远远不能维持幸存者们的需要，所以除了 3 人外，其余人都向从军舰上登上该岛的日本人投降。

这 3 个不愿投降的英国人，在岛上居民的帮助下逃到了同盟国。在他们逃跑过程中，是岛上居民冒着极大生命危险把他们隐藏起来，帮助他们设法逃生。

为了承认这种慷慨勇敢的行为，英国政府为表示感谢起见，已准备出一笔款项赠与该岛上的各位居民。英国舰队总司令建议，如果中国政府不反对的话，国王陛下的“康姆斯”号将于 5 月 7 日随带这笔款项前往东渔父岛访问，正式授予此项赠款。完成这一仪式后，“康姆斯”号将继续开往上海，准备在 5 月 9 日到达，一直停留到 5 月 17 日。

“康姆斯”号是由伊凡斯海军上校指挥的一艘现代驱逐舰，号码为 R. 43，舰上不带飞机。

我会很高兴在适合的时候听到你的回音，中国政府是否同意这一建议。

致

礼

乔治·叶博士

外交部

南京

## （十六）香港军事法庭对战争犯经田茂的审判（节录）

被告　平民经田茂，服务于大日本帝国陆军。

审判的地点及日期　香港

1946年10月23日、24日、25日、28日、29日、30日及31日

1946年11月1日、2日、4日、5日、8日、13日、14日、15日、16日、18日、19日、20日、21日、22日、28日及29日

法庭召集者　　香港陆军司令

法庭庭长　　R. C. LAMING（拉明）陆军上校　　军法部（印度）（出庭大律师）

成员　　J. de. G 拉莫特（Lamotte）海军上校　　皇家海军

J. T. 罗兰杰（Loranger）少校　　加拿大陆军军法署分署

指控　　犯战争罪，1942年10月1日至2日，他是航行于公海上军用运输船“里斯本丸”的船长，负责上述运输船船上大约1 800名英国战俘的生命安全。

船舶遭到鱼雷袭击而沉没时，其违反了战争法及惯例，（a）因封舱，上述战俘受困于底舱内，许多人死于窒息，遭受精神与肉体的折磨，还有其他许多人在沉船之际因困于底舱而溺亡；且（b）因其未能为战俘提供可用的救生艇和救生衣，使得他们中的许多人在船舶沉没后被淹死，更多的人受到精神与肉体上的折磨。

辩护　　无罪。

裁决　　有罪。以下为法庭裁决的内容：两个而不是“许多”战俘受1号底舱状况的影响而死亡，他们许多人是身体虚弱，而非窒息；沉船时，其他人而不是“其他许多人”受困而溺亡；此外，因其未能为战俘提供可用的救生艇和救生衣，使得他们中的许多人在船沉而溺亡，更多的人受到精神与肉体上的折磨。

判决　　1946年11月29日，判处7年监禁

证实　　1947年2月18日，由香港总指挥官证实。

公布　　1947年2月19日

注释

审判程序的

处置　　1947年3月19日至总司令部密封

　　1947年3月30日至军队军法署署长

军法署署长部门密封

案件编号 No. 65164 JAG.

机密的

BM/JAG/65164

陆军总司令部

东南亚陆军

1947 年 2 月 11 日

指挥官

香港陆军

主题：对经田茂（隶属日本帝国陆军的公民）审判的诉讼程序

战犯审判

1. 1946 年 10 月 23 日至 11 月 29 日，香港军事法庭对被告进行审判，控告如下：

犯战争罪，1942 年 10 月 1 日至 2 日，他是航行于公海上军用运输船“里斯本丸”的船长，负责上述运输船船上大约 1 800 名英国战俘的生命安全。船舶遭到鱼雷袭击而沉没时，其违反了战争法及惯例，（a）因封舱，上述战俘受困于底舱内，许多人死于窒息，遭受精神与肉体的折磨，还有其他许多人在沉船之际因困于底舱而溺亡；且（b）因其未能为战俘提供可用的救生艇和救生衣，使得他们中的许多人在船舶沉没后被淹死，更多的人受到精神与肉体上的折磨。经田茂本人进行无罪辩护。其被判有罪，除外内容如下：

法庭裁决除外的内容：

两个而不是“许多”战俘受 1 号底舱状况的影响而死亡，他们许多人是身体虚弱，而非窒息；

沉船时，其他人而不是“其他许多人”受困而溺亡；

此外，因其未能为战俘提供可用的救生艇和救生衣，使得他们中的许多人在船沉而溺亡，更多的人受到精神与肉体上的折磨。

经田茂被判处监禁 7 年。

2. 案件实情简要如下：

1942 年 10 月 1 日，运输船舶“里斯本丸”在公海承载着 1 816 名英国战俘、778 名日本士兵及其他乘客、1 676 吨货物，从香港驶往日本，被告为这艘船的船长。战俘住宿安排如下：

（a）1 号底舱甲板间（靠近船头）——约 400 人；

（b）整个 2 号底舱和 3 号底舱（实际是有两个舱口的一个空间）——约

1 000 人；

（c）4 号底舱甲板间（船中部）——约 400 人。

日本士兵被安置在船尾 6 号与 7 号底舱的甲板之间。指挥官：日本军队士兵杉山（Sugiyama）中尉是船上的高级军官，因此，也是“运输中部队指挥官”。管理战俘士兵的指挥官是和田（Wada）中尉。这艘船被军队征用，而被告的身份是附属于军队的一名平民。那天早上 7 点 10 分，“里斯本丸”遭到鱼雷的袭击，船尾被炸出一个洞，使得 6 号与 7 号底舱开始进水。和田（Wada）中尉命令战俘留在他们的底舱，原本在甲板上的病人被带到 1 号和 2 号底舱。12 点 20 分，一艘驱逐舰到达事发地，以响应“里斯本丸”所发出的求救信号。17 点 10 分，7 号底舱的水位有 11 英尺深，6 号底舱达至 10 英尺，4 号底舱达至 9 英尺，而被告预计 7 小时内，水位会与甲板齐平。17 点 20 分，部分乘客和日本士兵被转移至驱除舰。其他军舰于 18 点抵达现场，军舰的指挥官负责营救行动。剩余的乘客和日本士兵于 18 点 40 分至 20 点间被转移至这些船上。此后，“里斯本丸”船上就只剩船舶的管理人员和船员、杉山（Sugiyama）中尉、和田（Wada）中尉、看押战俘的 26 名卫兵，以及战俘他们自己。20 点 50 分，“里斯本丸”被拖挂，旨在让它在不远的沙滩上搁浅，拖挂作业一直持续至晚上。21 时，战俘所驻扎的底舱舱口被封舱，唯一通风源就只剩船舶的通风设备，这对底舱的人完全是不够的。夜间，由于缺乏新鲜空气、充满恶臭和热量，底舱里的条件变得极其恶劣。4 号底舱情况恶化，为了查看此底舱水位上升的情况，底舱里的战俘被安排去安装一水泵；底舱内空气中氧气不足，使得这项工作特别累人。夜里，有几个人晕倒了，1 号与 2 号底舱内传递信息，大概意思是底舱间有人死了。然而，表明夜间死亡的唯一直接证据是来自编号 PW 10 证人的陈述，即两名有被指出名字的人死于 1 号底舱中；当时，这两个人受脚气病的折磨（审判程序中 143 至 144 页）。自遭到鱼雷袭击以来，就没有再向战俘分发过食物和水；他们的最后一顿饭是前一天晚上吃的，也就是 9 月 30 日。第二天早上（10 月 2 日）8 点过后不久，几个战俘成功地从 2 号底舱逃出，打开了通往 4 号底舱的钢质舱壁。随即，一些战俘从 4 号底舱逃到甲板上。此时，日本卫兵开火，而战俘们就只能撤回到他们的底舱。8 点 20 分，救援船舶指挥官向“里斯本丸”发出准备弃船的信号，而在 8 点 45 分其又发出弃船信号。因此，8 点 55 分，除了被告，杉山（Sugiyama）中尉、和田（Wada）中尉、看押战俘的卫兵以及船舶管理人员和船员都弃船离开，他们要么成功转移至片刻靠近“里斯本丸”的一艘小船上，要么跳入海里。大约在同一时间，战俘再次从底舱中逃出（1 号底舱也被他们强行打开）。他们中的一些人立即跳入水中，然而一些人还在甲板上，直至船舶最终沉没。

1 号、2 号和 3 号底舱中的所有战俘在船舶沉没前，都成功逃到甲板上（除了 1

号底舱夜间死去的两个人以外)，但证据显示 4 号底舱的一些战俘被淹死。

被告弃船的情况尚不清楚。依据事故发生后马上准备的一份报告（作为起诉的证据)，时间是在 9 点 40 分；战俘的证据是，他们并没有注意到他，而他们第二次从底舱逃出的时候，那艘船似乎已被遗弃了。“里斯本丸”船上的救生设备包括 4 艘救生艇，2 艘小舢板，6 艘木筏以及 2 700 件救生衣。被告曾向香港登船办事处提出抗议，提出这些救生艇和木筏未能提供足够的舱位，但尽管船务检察员已检查过该船，他还是接到了启航的命令，因此他就这样启航了。救生衣发放给战俘使用，并堆放在他们的底舱中。和田（Wada）中尉和战俘的军官们都没有给每人发一件救生衣，而在弃船之前，战俘似乎并不重视有关救生衣的问题。然而，弃船的时候，有几个人发现自己没有救生衣。有关救生艇和木筏的情况如下：2 艘救生艇被用来将日本士兵和乘客转移至其他船舶上，但未返回；有一艘船驶近“里斯本丸”时，2 艘救生艇被撞毁；弃船时，2 艘舢板完好无损，但其中一艘因船舶倾斜而未能使用；另一艘被战俘使用了；木筏也是完好无损的，一些也被战俘使用了。

3. 被告在其辩护中宣誓提供证据，并传唤其他 4 名证人支持自己的案件。辩方的证词主要基于自己是附属于军队的一名平民，以及他在军队运输船中的权力和责任。有证据表明，受军队征召，日本军队运输船的平民船长尽管可以提出建议，但无权对自己船上的日本军队人员发出任何指令；他必须服从军队军官在履行职责过程中以及与他本人职责范围内有关事项下发的命令；此外，指挥运输军队的军官对军队运输船拥有相当大的权力和责任，拥有对下列事项的专属管辖权，尤其与其军队相关的事项：

(a) 口粮问题；

(b) 卫生设备；

(c) 运输途中的安全防范措施；

(d) 分发使用救生衣、救生艇以及其他救生设备；

(e) 必要时弃船。

根据被告陈述，10 月 1 日 19 时，和田（Wada）中尉命令他关闭舱口，以防战俘试图逃跑或使用暴力。他以万一突然弃船，会通风不畅并危及战俘生命为由提出抗议，而他也成功说服和田（Wada）中尉不再对此事施压。然而，21 时，和田（Wada）中尉再次找到被告，这次是杉山（Sugiyama）陪同和田（Wada）中尉而来的，其坚决命令关闭关押战俘所在的底舱舱口。被告服从了命令，指示他的大副关闭舱口。

第二天早上，他收到准备弃船信号时，他就通知了和田（Wada）中尉和杉山（Sugiyama）中尉。没过多久，他听到了步枪射击的声音，经调查，他看到 2 名战俘退到3号底舱；当时，1号、2号、3号底舱的舱口，以及通往4号底舱的门已被打开。3点45分，他将“弃船”的指令传递给和田（Wada）中尉，并且还特别要求把战俘从底舱中放出来。5分钟后，他看到战俘逃出底舱，跳入海里。9点过后，船舶管理人员和船员弃船而去。被告试图通过把自己绑在支柱上的这个方法，让自己与船舶一起沉没，但船舶那部分下沉30秒后，又浮出水面，所以他就放弃了尝试。他走到救生艇甲板上，并在那里帮助一些战俘把船上唯一可用的救生艇放入水中，之后，他还催促其他战俘跳进海里，但有些人并不愿意。与此同时，他注意到旁边的其他船舶并没有设法营救水中的战俘，因而得出的结论是，他们很可能打算先救援所有日本人员。因此，9点40分，他跳进海里。

4. 被告对其封舱指控的辩护是他实际上是在执行上级的命令。但是，如果命令明显是非法的，那这种服从就不是正当的辩护。在此案件中，被告知道关闭舱口会造成什么后果，而这些后果已构成违反战争法及其惯例。

有关特别裁决那部分，两名战俘，并不是许多名战俘受1号底舱状况的影响而死于船舶的底舱中，他们已处于虚弱状，并不是因为窒息，有证据显示，这两名相关人员都患有脚气病。由于这两起案件都没有确定死亡的直接原因，因此更为精确的裁决应是受1号底舱状况的影响，造成了他们的死亡，但我认为这实际上是法庭的意思，所以我建议予以确认。

戴维斯（Davis）<br>
准将<br>
东南亚陆军，军法部

## （十七）《船舶司令佐伯文郎关于“里斯本丸”沉没事件报告陆军大臣东条英机》

机密

船□报第688号

关于“里斯本丸”沉没事件报告

昭和十七年十月九日

船舶司令：佐伯文郎

陆军大臣东条英机殿下

根据船的沉没日期至毁弃情况对“里斯本丸”货轮在返还期间的遇难状况进行如下报道。

记载如下：

1. “里斯本丸”要点以及搭载物件

（1）总吨数：7.053 吨

（2）船主：日本邮船株式会社

（3）船龄：二十二年

（4）船员：船长经田茂及以下七十五名

（5）搭载人员以及物件

1. 第八六一零部队外内地归途部队（包含监视俘虏的士兵）以及随行将校、下士官兵共 778 名

2. 俘虏 1 816 名

3. 钨矿：6.3 吨；

锰矿：110.7 吨；

铋矿：1.0 吨；

黄铜：286.6 吨；

成品铜：68.5 吨；

铅：68.5 吨；

成品铅：44.2 吨；

锡：41.7 吨；

锌：22.2 吨；

铝：6.5 吨；

铜钱：28.6 吨；

□铁：400.0 吨；

金刚砂：21.2 吨；

锌板：1.4 吨；

干燥皮革：105.3□；

盐渍皮革（猪皮）：12.6□；

棉布：207.6□；

押收高射炮外：54□；

总计：1 676 吨。

2. 里斯本丸号的行动概要

昭和十七年二月二日，“里斯本丸”于马公遭受鱼雷攻击严重损坏，放置马公警备府进行抢修。后转至香港造船厂进行修理，于同年九月十八日完成修理。

“里斯本丸”为了护送俘虏同时了防止敌方的间谍活动，便从马公入港。海军

对此感到为难，便给予间接护送，让其出港了。

（1）出港时间以及地点：（昭和十七年）九月二十七日早上八时十分，香港。

（2）目的地：门司港，经田港，宇品港（今广岛港）

（3）船团：间接护送，单独航行

（4）航路：从广州海上出发沿岸北上航行，行至上海海上后往济州岛北面航行，最后抵达竹子岛。

（5）最大动力：十节

3.“里斯本丸”遇难状况

（1）遇难时间：昭和十七年十月一日早上七点十五分

（2）遇难位置：北纬20度17分，东经123度13分

（3）沉没时间：昭和十七年十月二日早上九点七分

（4）沉没位置：东极山岛的252度方向，距离相隔56海里

（5）水深：30米

（6）沉没状况：船体正坐于海底，前樯与后樯大概有十米露出水面，烟囱仅仅露在水面附近。

（7）人员损伤：两名士兵战死（随行士兵一名，俘虏监视兵一名），一名士兵行踪不明（俘虏监视兵一名），八百四十五名士兵溺亡（俘虏）。但是俘虏中有人向附近的岛屿游去避难（逃离），海军正在搜索中。

在上海入院四十五名（下士官及士兵八名，船员一名，俘虏三十六名）

（8）船体破损：右舷船尾推进器（螺旋桨）附近遭受鱼雷攻击，从船尾水舱到车轴隧道裂出了破洞。由于车轴隧道、机器室、罐室相继浸水，并且船舵受损，已经无法航行。之后由于水压影响，车轴隧道、后部船舱渐渐浸水，最终沉没。

4. 处置

（1）一接到遇险求救信号便立即与海军联系要求实施救援。

（2）上海海军部队派遣0830号，1005号两架飞机去进行侦察和联络，并且压制敌方潜水艇。1220号驱逐舰“栗”到达。1800号特设炮舰“百福丸”“第十云海丸”“丰国丸”日夜兼程不停赶赴。“第一黄浦丸”“笠岛丸”“正生丸”“利根丸”亦抵达。“栗”“百福丸”“丰国丸”对部队以及随行人员进行救助。

（3）20点50分“丰国丸”开始对搁浅的“里斯本丸”进行拖航。

（4）次日，十月二日八点五十五分，“里斯本丸”沉没。用舰船和救助船对输送指挥官，俘虏监视兵，俘虏船员进行救助。

（5）第二船舰输送司令部派遣“第一真盛丸”“新兴丸”。

5. “里斯本丸”的船体救助处置

（1）十月下旬日本海警救助会社派遣大概十五名技师，对船体现状以及是否能够救助，救助所需的材料，经费等进行调查。

（2）根据前项的调查结果，暂定于昭和十八年三月末待东北季风停息之后实施作业。

注：卸载搭载的船运货物，不可能浮场作业。且十一月以后开始刮东北季风，一直到明年三月为止，进行作业十分困难。

## （十八）《矢野美年关于“里斯本丸”事故始末报告》

昭和十七年十月　日

“里斯本丸”事故始末报告

矢野美年

昭和　年　月　日

川崎轮船株式会社 用笺

电话三…②三三三代□□□（加八七本）

　　　　一三…代□□□（加八九本）

　　　　一三…代（□□□）

□□□□　杉山□右工□　和田义雄（此处为三个日本人签名）

八月二十六日宇□□

九月七日　抵达香港　“里斯本丸”□□□

1. “里斯本丸”事故始末报告

该船九月二十六日搭载部队和便乘者计 778 名，俘虏 1 816 名，货物 1 676 吨。九月二十七日，八点一十船以首吃水深度 5. 30 米，船尾吃水深度 6. 10 米过关从香港出航。

支那沿岸尽可能地采用靠岸航路，十月一日二点四十五分东汀岛信号灯（灯塔）八海里四分之三处并航，由于当时天降骤雨视线不良处于无灯航行之中。考虑之后往舟山列岛东方外侧航行。指南针方位定位北 60°往东，行走 27 海里后，五点四十二分指南针定位北 10°往东变航，然后严重警戒。北上中七点十五分于北纬 30°17′、东经 123°13′受鱼雷攻击。船尾因爆炸而破损大量进水，二日九点〇七分在靠东福山顶方位 352 度距离 5. 6 海里的地方沉没。如下是当时（“里斯本丸”事故）始末的报告。

（1）鱼雷攻击

十月一日七点十分，在右舷船首七十度方向约三百米距离处发现了正猛冲向本船舰的鱼雷踪迹，船长立刻命令船舵右转避开鱼雷攻击，但已经来不及了。该鱼雷冲向了本船舰机舱附近的位置，万幸的是没有爆炸，因而没有造成任何伤亡。紧接着第二发鱼雷从同一方向冲来突然右转导致船尾倾斜。于是长官下令机械全速前进，船舵暂时恢复到中间位置。

没多久右舷船首三十度方向约一千两百米距离处发现第四颗鱼雷踪迹，船舵立即右转，但于七点二十五分鱼雷命中本船船尾右舷附近爆炸（当时鱼雷踪迹与本船船首构成角度约十度）。并且由于“隧道”机舱进水、船舵破损而无法航行。其后船首朝着东南方向漂流。八点五十分第五颗鱼雷向本船右舷侧冲来，但擦过本船中间船底经过其他船舷侧，没有造成任何伤亡。九点三十七分发现的从左舷侧而来眼看就要冲上本船中部的第六颗鱼雷，被本船炮手发射的炮弹命中，于本船距离敌方一二百米的位置爆炸。

当时天气阴天，时而骤雨，视野能见五里，东北风，风力约四级，大浪。当时遭到鱼雷攻击的速度是九点五段。虽然船尾的备炮由于遭到鱼雷爆炸而破损，但船首备炮仍能随时展开炮击，使用炮弹数为九十八发。

（2）浸水状况

由于鱼雷爆炸造成的本船船体破损状况为：水面上船尾水槽的食品库的各处地方以及右舷外板上出现直径约两米半的破口；水面下具体情况不可知，但由于悬挂于“隧道接口”和船尾水槽之间的右舷外板遭受了相当巨大的损伤，于是浸入破口的海水经过“轴隧道”奔向了机舱。虽然立刻关闭了机舱后部不透水的门，但由于“推力轴承”附近的隔膜受到了损伤，因而机舱浸水量依旧很大，由于打开机舱内的通气孔也会使同舱内的浸水量剧增，以至于通气孔大约四十分钟后就停止了。浸入机舱以及汽油桶舱、常备炭库各舱的海水为 10.30 满水的状态，船尾水槽为 10.00 满水，预备炭库由不透水门（香港出发前就设置为关闭）的漏水也因盖上毛毯之类的东西大体上抑制住了。然而到十九点的时候，同一个地方的浸水量突然激增，截至第二天凌晨一点测深达到十七英尺。

当时的空槽和本船最后部分两层底一样，因鱼雷爆炸而遭到损伤，同槽为 10.002 8 满水。第六号舱以及七号舱除去鱼雷爆炸时的浸水，两舱浸水量大致相同，速度为 10.00，浸水量四英尺半，12.00 五英尺、14.00 九英尺、16.00 九英尺半、18.00 十四英尺、20.00 十七英尺、24.00 十八英尺半，第二天凌晨一点突然增加，下舱几乎达到满水的状态，右两舱由于满载货物无法确认浸水的各处状况，后部却因下沉水压巨大，由此可以推测到“轴隧道”的漏水。

2. 经过

十月一日

7：15　由于鱼雷命中本船爆炸造成浸水严重，拍电报“七点十五分　地点北纬30.17°东经123.13°遭到鱼雷攻击 恐沉没”，只不过广播播报道“不是担忧沉没，而是正在沉没”。广播继续播报道“鱼雷命中船尾附近，因为‘隧道’的关系机舱浸水无法航行，只能依靠拖航”。进而装置动作停止了，于是呼叫预备装置相关站却无应答，预备装置故障。

8：30　飞来一架海军机，我方向其打旗语“请求分配拖航”。

9：00　封锁后部船舱口。

9：45　船体向左舷方向倾斜五度。

10：05　飞来数架海军机。

10：30　机舱满水、预备送信机修复，拍电报“机舱以及后部六号、七号船舱浸水　恐沉没　请求支援　部队778人 俘虏1 800人”。

11：00　船体倾斜。

11：10　探测到驱逐舰“栗”号。

12：00　天气阴 东北风 风力三级。

12：20　驱逐舰“栗”前来支援。

12：35　驱逐舰“栗”派出汽艇前来询问敌方攻击状况以及船体破损、浸水状况等等。长崎站发来电报“请速告知敌方潜水舰的视察情况、攻击情况以及伤亡程度”，因东舱预备装置状态不佳只能依靠驱逐舰“栗”回电如下“7：20~9：37这段时间内遭到六颗鱼雷攻击，其中一颗命中船尾，因‘隧道’机舱浸水后，六号、七号船舱也陷入逐渐浸水沉没的危险”。本船舰上的机密文件向驱逐舰“栗”转移。

15：20　本船向驱逐舰“栗”打出如下旗号“目前船尾下沉速度为每小时10英寸，预测6小时后水面将会淹没上甲板”。

17：10　本船向驱逐舰“栗”打出如下旗号“目前船尾下沉速度为每小时8英寸，预测7小时后水面将会淹没上甲板。11：30~17：00这段时间船尾下沉四英尺，机舱满水，四号舱浸水九英尺，六号舱十英尺，七号舱十一英尺”。

17：20　本船开始使用小船将就便搭乘者和一部分部队人员往驱逐舰“栗”转移。

18：00　特设炮舰“百福丸”“第十云海丸”“丰国丸”（司令矢野美年大佐乘舰）到达现场，之后的晚上到第二天早晨之间“第一黄埔丸”“笠岛丸”“正生丸”“利根丸”等也陆续前来支援。

18：40　特设炮舰“百福丸”接右舷，“丰国丸”接左舷，部队、就便搭乘者以及四名伤员开始转移。

20：00 除去留在本船的俘虏，运输指挥官一名、俘虏警备队二十六名以及本船船员（请求“丰国丸”收容的六名小船员留在了“丰国丸”）六十六名全部完成转移。

20：40 本船连接“丰国丸”的八英寸拖航马尼绳索完成准备工作。

20：50 “丰国丸”开始拖航。

21：00 封锁第一、二、三、四号的船舱舱口以防混乱。

22：35 拖航绳索割断。

十月二日

1：35 使用八英寸的新拖航马尼绳索重新拖航。

3：00 第七号舱附近的上甲板时不时被冲刷。

6：10 拖航绳索再次割断。

6：45 “笠岛丸”向“丰国丸”信号表示开始准备在接舷后进行后部船舱排水，但因大浪的缘故“笠岛丸”未能接舷成功。

7：00 “丰国丸”使用3英寸的钢索再次开始拖航。

8：00 本船开始向左舷方向倾斜七度。

8：20 海水时不时冲刷第六号舱舱口，倾斜角度增至十五度，向“丰国丸”发出准备全体退船的信号。

8：45 “丰国丸”发出全体向接舷舱转移的信号。

8：55 发布撤退先部队后船员的指令，部队大部分转移到了与右舷小船甲板后部接舷的扫雷艇“第一黄埔丸”，此时本船倾斜角度已达到了二十度，剩下转移困难的三四名部队人员以及大部分船员跳入海中，大部分被“第一黄埔丸”收容。俘虏也开始纷纷从各舱逃出跳入海中。

9：07 倾斜角度达二十三度，后部船舱浸入海水，终于在距离东福山顶352度五里六、水深29米的位置沉没。

9：40 长官退船后得到“利根丸”援助，四名漂流的船员得到“笠岛丸”救援，之后归到“丰国丸”伤队中。

10：47 本船前部各船舱浸入海水，船体全部没入水中，只有烟囱上端水面附近的船体略微垂直。

3. 死伤情况

鱼雷爆炸当时，一等兵伊东锐藏离队被第七号舱舱口的横梁砸中当场死亡；一等兵寺四清次郎在本船撤退后溺亡；一等兵杉原实生死不明；轻伤者若干。

俘虏目前可明确的生存者有971名，剩余的845名推测是大部分溺亡。船员除去轻伤者3名，其余无异常。

4. 值班部署

鱼雷攻击当时的本船当值者：

| | |
|---|---|
| 船桥当值人员 | 新冈原古郎 |
| 操舵手 | 平冈荣吉 |
| 船桅部署 | 甲板员杉崎弘 |
| 船桥右舷部署 | 甲板员沟口三善 |
| 船桥左舷部署 | 甲板员有我平五郎 |

# 附件三、其他

## 1. 外文原件

(1)《朝日新闻》1942 年 10 月 8 日

**英俘虜千八百の乗船，米潜水艦、盲襲撃沈す**

**東支那海でりすぼん丸遭難**

【上海特電七日発】去一日英国兵俘虜一千八百余名およびわが陸軍将兵少数を乗せた陸軍輸送船〝りすぼん丸、、がが南方○○港を出帆、内地へ向け航行中、東支那海において米国潜水艦の襲撃をうけ沈没した、軍では直ちに現場に救助船を急行せしめ救助に当つた結果、俘虜数百名を救助した、日本側将兵の損害は極めて軽微である。なほ遭難俘虜の一部は附近の島に泳ぎついて避難してゐるのを発見したが、その他はわが軍の救助活動にも拘らず溺死したものと見られる

【上海特電七日発】千八百余名の英俘虜を乗せたわが陸軍輸送船〝りすぼん丸　は去る一日東支那海において米国潜水艦の襲撃をうけ沈没、多数の英俘虜溺死の惨事をひき起した、敗戦に喘ぐ敵米英両国の盲目襲撃はもちろん今に始まつたのではない、さきにマレー東海岸コタバル沖合いにおけるわが上陸作戦に際しては敵飛行機はわが病院船を空爆、去る一月十日朝には敵潜水艦は南支那海においてわが病院船〝哈爾賓丸【田中注：はるぴん丸】を撃沈、明治四十五年一月十二日ヘーグにおいて締結せられた「ジエネヴア条約の原則を海戦に応用する条約」を破つたが

さらに去る三月二十六日朝にはチモール島クーパン湾においてわが病院船〝朝日丸、が単独航行中、突如英国所属の飛行機ロツクヒード型は同船後百メートルに爆弾五個を投下、敵米英側が金科玉条としてゐた国際法遵守を草履の如く投げ捨てる暴挙を敢てした事実がある

今回はさらに米潜水艦の盲目襲撃によつて彼等が協同戦線に立つてゐたはずの英俘虜多数が犠牲となつたわけで、非人道的不法攻撃を常習とする敵米英が自ら掘つた墓穴に自から陥る姿は誠に皮肉であるが、この非人道攻撃を眼のあたりにみせつけられ、生死の危機に曝された英遭難俘虜は口を揃へて今回の米国の暴挙に対し非難囂々たるものがある

なほ゛りすぼん丸　は郵船所属総トン数七千五十三トンで戦前は主としてパナマ経由ニユーヨーク線に就航してゐた

（2）英国《泰晤士报》1942 年 10 月 22 日报道

The Times reported the sinking in 1942

LOST JAPANESE PRISON SHIP | SURVIVORS' STORIES OF INHUMANITY

CHUNGKING, Dec. 22. -The British Embassy here issued to-day the first full story of the torpedoing of the Japanese prison-ship off the Chekiang coast three months ago, when hundreds of British prisoners of war from Hong-kong lost their lives.

The facts have reached Chungking from three Britons who were on board the ship-Mr. JC Fallace, formerly chief inspector of the Tientsin Police; Mr. WC Johnstone, formerly accountant of the Shanghai Municipal Police; and Mr. AJW Evans, of the British-American Tobacco Company. The three men are now on their way to India.

As internees in the Shamshuipo camp at Kowloon, the mainland part of Hong-kong territory, they left Hong-kong on September 27, on board a Japanese merchant ship with 2 000 officers and men, both naval and military, of the former garrison. All the prisoners were accommodated in the holds. The torpedoing occurred on the morning of October 1.

That evening the hatch boards were closed. Two of the prisoners died during the night. Later, someone removed the tarpaulins from the hatches, enabling the prisoners to force their way to the deck. The stern of the ship was then submerged, resting on the bottom, with the bow high out of the water. The Japanese then abandoned the vessel. Hundreds of men jumped into the sea and started swimming towards five or six Japanese auxiliaries cruising slowly between the ship and the land, which was visible some distance away. Some men in the water were shot at by the Japanese. Suddenly the ship sank, so that only the crosstrees of the mast remained above water. The auxiliaries picked up a few men, but made no effort to save the vast majority of those in the water.

The three men said that they passed close to one of the auxiliaries, but their cries for help were ignored. They decided to strike out for land. After three hours in the water they were picked up by Chinese fishermen, who put them ashore. Six days later they met some Chinese irregulars, who helped them on their way to free China.

Tokyo announced on October 7 that more than 1 800 British and Australian war prisoners were on board the Lisbon Maru, of 7 152 tons, when she was torpedoed and sunk "by an American submarine" on October 1. Of these, "more than 900 were saved and taken to Japan." When the ship was hit, the Japanese agency said, the prisoners were at roll call.

## 2. 幸存者托马斯·西奥多·琼斯回国途中祭奠词

写于大洋洲（Australasia）驶往南安普敦（Southampton）的“曼格努伊”（Maunganaui）医疗船上。

献给：
我所见到死于“里斯本丸”上的那些人

躺在深海里
睡吧，你们这些英格兰的子民
好好睡吧，我们这些骄傲的人
别忘了你是怎么死的
我们的时间不会消逝
也不会模糊了记忆，
我们看到的那位同伴，就这样死去了
即使是铁石心肠的心也会哭
向上帝赎罪
为了你所遇见的死亡
我们怎敢忘记？

你的寿衣没有盖上国旗
只有太阳与云彩
没有号角声向所有人诉说
你离开这个世界，是为了更高的召唤
海浪拍打着你的葬礼遗书
为你，击打着无声的鼓
奔流的大海，就是你的灵车
你的哀悼者，同伴们，冷酷生硬
向上帝祷告求救
我们说了“再见”
在你漂流而过时。

你为之付出的代价是什么
你拿出了真正的勇气

吓人的洪流，你靠此而活
是因他人的仇恨吗
仇恨里充满杀戮的欲望
那里没有什么能填满仇恨
带着敬畏甚至是骄傲
对他们来说，良心是靠不住的
他们认为这是一场胜利。
为什么？如果他们不是傻瓜，
那他们就是这样的工具。

我们国家的子民们，真诚而自豪
我们这些留在人群中的人
会看到你深爱的人吗
会知道你毫无畏惧地死去
真的，舍不得离开这个地球
那汹涌澎湃的海浪
并不是说，你应该活着
为了你所做出的牺牲
你的生命和希望消失了
但我们会永远记住你
我们会记得。
深水埗中，我们失去了一些人，他们痛苦地死在床上
他们打过仗，但受不了那种精神紧张的生活
他们垂头丧气，希望破灭，在悲痛中死去
但你会问，那些留下的人呢？有人必须留下来
把这些美好记忆带回英国
谁现在长眠于中国的泥土里，宁静的安息。
深水埗里，历经九个月的监禁
我们中间，有人被接走，漂洋过海
我们的目的地，谁也说不清，早晨天还未亮
我们的日常事务，放在一边，一夜之间制订了新的计划
我们背上捆着货物
一步步地踏上一条未知的道路。

渡轮将我们运送至一艘船上，船上阴沉沉的，灰蒙蒙的
波光粼粼的海湾上，看起来很不协调。
我们的命运，不为人知
9月27日，“里斯本丸”启航。
船上，有360个人，被安置在无空气的小船舱内。
船上，共有1 800人
每天，只准许我们上甲板两次，呼吸空气。
我们所喝的水，只有属于自己的一小份。
尽管如此，旅程的头几天都很顺利，
10月1日起，人间地狱开始了
一艘未知旗号的潜艇，潜伏在深海区
见到那里有合法的猎物，于是就展开了可怕的猎杀。
鱼雷击中船舶，混乱不已，但并无强势命令
人们想起了寒冷且又黑暗的大海，渴望回到美好的旱地
因为我们被封在船舱内，一些人死于空气不足
有人诅咒，有人祈祷，也有人不在意
随后，在那可怕、黑暗的死亡之舱中等待数小时后
船舶突然倾斜，然后有人告诉我们
船要沉了，我们活下来的机会微乎其微
随后，奉上帝旨意，甜美的阳光洒了进来。
有个人，我们永远不会知道他的姓名，移开了钉在舱口上的木板。
我们心里感谢他，虽然没有说出口。
那时船沉得很快，几乎没有时间了
我们在甲板上奋力前进，呼吸上帝恩赐的新鲜空气。
哦，我们高声欢呼，因为陆地就在眼前。
感谢上帝慈悲，我们希望能赶在夜幕降临之前到达那里。
但，水流湍急，彻骨的冰冷席卷而来。
最终，我们中只有一半，甚至更少的人抵达陆面
从那天起，所有发生的事情，直至我们抵达上海
记忆鲜活，恶劣透顶，永远也忘不了。

托马斯·西奥多·琼斯（Thomas Theodore Jones）
1918—1956

### 3. 英国歌手汤姆·希克考克斯创作的“里斯本丸”主题歌词（中文）

酒保伙计，我们相识很久了，你总是有点残酷。
你听了太多老兵的故事了吧，
但这个故事，你绝对没听说过。
听我这个醉鬼讲讲吧：
我当时就在那艘船上，眼看着它沉没……
我曾是个水手，
在战舰上服役。
我知道你不相信，
因为你不可能见过。
我已经五十好几，
在齐腰深的泥里战斗过，
在猩红的血浪中伴随无数的头颅一起漂流。
我告诉你，这是真的；
我告诉你，这是真的；
我告诉你，这是真的；
那就是“里斯本丸”！
我曾是个在中国海域身陷绝境的战俘，
没想到被自己人击中，
我被遗弃在海里，与尸体和鲨鱼为邻。
天知道我怎么会坐在这里，
与你对饮着廉价的啤酒，
我告诉你，这是真的；
我告诉你，这是真的；
我告诉你，这是真的；
那就是“里斯本丸”！
你应该在新闻里看到了，
所以我想听听你的看法。
酒保伙计，我们相识很久了，你总是有点残酷。
你听了太多老兵的故事了吧，
但这个故事，你绝对没听说过。
听我这个醉鬼讲讲吧：

我当时就在那艘船上，眼看着它沉没……

### 4. 英国皇家苏格兰（军团）官方网站关于是否打捞“里斯本丸”的意见

近年不断传出消息，有人建议说，“里斯本丸”的残骸可能会被重新吊起，在其内或附近发现的遗骸可能被遣送回英国。由此产生两个方面的意见：

（1）第一个是船体能否“复苏”？我们当然不是专家，但它是一艘古老的，轻型建造的商船，拥有大型货舱的商船而不是军舰，可能船身还有附加一个装甲船体和许多舱壁，以增加其在战斗中受损时的生存能力。不过，在海水中度过了 75 年之后，船体已可能变得会完全溃烂。

（2）“战争坟墓”的定义是在军事行动或一般行动中死亡的武装部队成员或平民的埋葬地。该术语可以被认为适用于在战争期间沉没的船舶。按照任何标准，“里斯本丸”均符合这一定义。英国在 1986 年“军事保护法案”中明确规定了其基本立场，该法案简单地指出，这些船舶及其上的任何遗骸应保持不受干扰。虽然该法案只适用于英国控制的水域，例如，马尔维纳斯群岛周围的水域，但它确实表达了英国政府对这种“战争坟墓”的处理意见，当中包括涉及外国商船的处理。在英国水域范围，它已经扩展到包括德国潜艇 U-Boat 的残骸和 2006 年的 SS Storaa（货船名称）判决，正式确认它可以扩展到商船。因此，有理由期望英国政府尽可能强烈地反对任何计划或拟议的对“里斯本丸”或其周围地区的干扰，尽管涉及在中国水域的日本船只。

关于任何遗骸的可能遣送，这种做法只在英国开始实施，当时它被提供给 1983 年在马尔维纳斯群岛冲突中丧生的那些人的家属（Next of Kin）。这部分是因为涉及的数字是相对的小的（与 20 世纪的主要冲突相比），部分原因是家属在这样的距离和交通不便到达战争坟墓。自那时起，这项政策已扩展到所有因现役而被杀或死亡的人，包括在北爱尔兰。今天出现的第一或第二次世界大战中任何英国战争死亡的遗体，无论是否已确定，都不会被遣送，而是被重新埋葬在最近的英联邦（CWGC）墓地。我们相信，75 年后，如果遗体可以从“里斯本丸”或其范围寻获，相信也会采用同一办法。皇家苏格兰（军团）的受托人坚定地承诺并将采取一切可能的措施，以确保“里斯本丸”及其周围地区在英国政府对海上战争坟墓的解释中保持不受干扰和尊重。我们的观点得到了皇家海军和皇家炮兵协会的充分认可，我们积极参与和讨论了这个问题。

本节作者沈健，翻译自皇家苏格兰（军团）官方网站 2017 年资料。

http：//www. theroyalscots. co. uk/lisbon-maru/

## 5. "里斯本丸" 部分登船战俘名单

米德尔塞克斯军团名单

| | | |
|---|---|---|
| 团军士长（RSM） | R | 查利斯（Challis） |
| 团军需士官（RQMS） | P | 黑尔（Hale） |
| 步兵连军需中士（CRQMS） | R | 卓别林（Chaplin） |
| 上士（C/SJT） | J | 利特尔（Little） |
| 中士（SJTS） | C | 霍尔德福德（Holdford） |
| | J | 奎克（Quick） |
| | G | 杰弗里（Jeffree） |
| 下士（CPLS） | F | 戴维斯（Davis） |
| | A | 布赖特（Bright） |
| | H | 潘廷（Panting） |
| 一等兵（L/CPLS） | H | 乔斯林（Joslin） |
| | H | 威蒂（Witty） |
| | G | 吉尔里（Geary） |
| | J | 科姆佛德（Commerford） |
| | A | 怀特（White） |
| 二等兵（Ptes） | J | 托克（Tuoker） |
| | J | 戴维斯（Davis） |
| | W | 巴尔内斯（Barnes） |
| | W | 斯佩特（Speight） |
| | T | 查德（Chadd） |
| | S | 米切尔耳（Mitchellgears） |
| | J | 华莱士（Wallace） |
| | J | 帕克（Parker） |
| | A | 戴（Day） |
| | T | 斯蒂克利（Stickley） |
| | A | 皮尔森（Pearson） |
| | R | 巴斯（Bath） |
| | R | 杰克逊（Jackson） |
| | C | 尼科尔森（Nicholson） |
| | C | 佩格（Pegg） |

续表

| | | |
|---|---|---|
| | B | 伍利（Woolley） |
| | A | 罗伯森（Robertson） |
| | H | 古德尔（Goodair） |
| | A | 弗勒德（Flood） |
| | E | 威尔逊（Wilson） |
| | C | 菲利普（Philip） |
| | J | 诺兰（Nolan） |
| | G | 约翰（John） |
| | D | 诺里斯（Norris） |
| | A | 希尔肯（Hilkene） |
| | A | 威尔斯（Wells） |
| | E | 普拉姆里奇（Plumridge） |
| | W | 图梅尔（Tunmer） |
| | F | 查尔格雷夫（Chalgrave） |
| | F | 哈兹伍德（Hazlewood） |
| | R | 狄更斯（Dickens） |
| | L | 肖特（Short） |
| | H | 桑森（Sansum） |
| 要塞军士长（GSM） | W | 尤尔（Ure） |
| 上士（C/SJT） | J | 邦德（Bond） |
| 中士（SJTS） | W | 福克斯（Fox） |
| | A | 米勒（Miller） |
| 下士（CPLS） | H | 佩勒姆（Pelham） |
| | A | 佩奇（Page） |
| 一等兵（L/CPLS） | H | 格洛弗（Glover） |
| | R | 鲁克（Rooker） |
| | D | 伊根（Egan） |
| 下士（CPL） | R | 普辛丁（Psinting） |
| 一等兵（L/CPLS） | I | 戈登（Gordon） |
| | R | 帕克（Parker） |
| 二等兵（Ptes） | F | 斯莫利（Smalley） |
| | L | 赖特（Wright） |

续表

| | | |
|---|---|---|
| | A | 默雷尔（Murrell） |
| | JS | 默里（Murray） |
| | C | 克利福德（Clifford） |
| | H | 温斯伯勒（Winsborough） |
| | R | 史密斯（Smith） |
| | A | 布拉德福德（Bradford） |
| | W | 富兰克林（Franklin） |
| | T | 海恩斯（Haines） |
| | H | 埃斯威特（Esweet） |
| | A | 佩西（Pacey） |
| | HG | 琼斯（Jones） |
| | A | 泰勒（Taylor） |
| | S | 费理斯（Ferris） |
| | G | 韦伯斯特（Webster） |
| | F | 利特菲尔德（Littlefield） |
| | WT | 史密斯（Smith） |
| | J | 曼斯菲尔德（Mansfield） |
| | H | 西蒙斯（Simmons） |
| | E | 桑顿（Thornton） |
| | C | 米勒（Miller） |
| | G | 卡罗尔（Carroll） |
| | J | 兰姆（Lamb） |
| | R | 瓦伦丁（Valentine） |
| | D | 莱汀（Ridden） |
| | J | 哈维（Harvey） |
| | W | 杜伯瑞（Dewberry） |
| | W | 拉维奥尔（Lawior） |
| 一等兵（L/CPS） | W | 帕底福特（Puddifoot） |
| 中士（SJT） | F | 艾尔丝（Ayres） |
| 二等兵（Ptes） | EG | 伦纳德（Leonard） |
| | W | 霍尔（Hall） |
| | E | 布兰森（Banson） |

续表

| | | |
|---|---|---|
| | F | 吉普森（Gibson） |
| | N | 贝雷斯福德（Beresford） |
| | C | 瓦伊纳（Viner） |
| 高级二级准尉（CSM） | J | 拉姆齐（Ramsey） |
| 中士（SJT） | P | 克罗利（Crowley） |
| 代理中士（L/SJT） | F | 沃克（Walker） |

PSM：Platoon sergeant major

| | | |
|---|---|---|
| 下士（CPLS） | F | 肯德尔（Kendall） |
| | D | 查尔斯（Charles） |
| | R | 里夫斯（Reeves） |
| 一等兵（L/CPLS） | R | 科顿（Cotton） |
| | J | 拉克（Rack） |
| | A | 史密斯（Smith） |
| 二等兵（Ptes） | L | 亚当斯（Adams） |
| | J | 安德鲁斯（Andrews） |
| | A | 巴克赫斯特（Backhurst） |
| 上士（C/SJT） | JJ | 贝克（Baker） |
| 中士（SJTS） | J | 贝克（Baker） |
| | W | 巴勒特（Barratt） |
| | M | 贝斯布罗德（Besbrode） |
| | A | 贝茨（Betts） |
| | W | 布朗（Brown） |
| | C | 布赖恩特（Bryant） |
| 一等兵（L/CPLS） | J | 布尔（Bull） |
| | J | 邦克（Bunker） |
| | G | 伯奇（Burdge） |
| | R | 布什（Bush） |
| | F | 拜福德（Byford） |
| 二等兵（Ptes） | N | 科恩（Cohen） |

续表

| | | |
|---|---|---|
| | J | 康诺利（Connolley） |
| | J | 库梅尔（Coomer） |
| | P | 奇滕登（Chittenden） |
| | F | 艾略特（Elliott） |
| | A | 弗特斯克 （Fortesque） |
| | W | 弗伦奇（French） |
| | GA | 加德纳（Gardner） |
| | F | 戈德史密斯（Goldsmith） |
| | E | 格拉夫顿（Grafton） |
| | A | 格林（Green） |
| | V | 格里斯特（Grist） |
| | A | 霍普（Hope） |
| | A | 杰克逊（Jackson） |
| | J | 詹宁斯（Jennings） |
| | A | 詹宁斯（Jennings） |
| | F | 詹尼斯（Jines） |
| | J | 琼斯（Jones） |
| | C | 海恩斯（Haines） |
| | F | 金特里（Gentry） |
| 中士（SJT） | P | 斯特迪（Sturdy） |
| 二等兵（Pte） | H | 帕尔默（Palmer） |
| 一等兵（L/CPL） | F | 卡尔佩克（Culpeck） |
| 二等兵（Ptes） | W | 沙利文（Sullivan） |
| | G | 博斯韦尔（Boswell） |
| 排军士长（PSM） | J | 里奇斯（Riches） |
| 上士（C/SJT） | R | 洛马克斯（Lomax） |
| 中士（SJTS） | T | 卡斯尔（Castle） |
| | S | 吉勒姆（Gilham） |
| 下士（CPLS） | W | 科克斯（Cox） |
| | J | 塔纳（Tarner） |
| 一等兵（L/CPLS） | D | 马洛尼（Maloney） |
| | R | 雷姆塞（Remsey） |

续表

| | | |
|---|---|---|
| | J | 托马斯（Thomas） |
| 二等兵（Ptes） | R | 劳（Law） |
| | G | 利普森贝（Lipseombe） |
| | J | 利普斯科姆（Lipscombe） |
| | E | 洛伊斯（Lowis） |
| | J | 马丁（Martin） |
| | A | 马顿（Maton） |
| | A | 马修（Matthew） |
| | F | 梅尔博伊尔姆（Melboirme） |
| | W | 纳什（Nash） |
| | F | 诺斯（North） |
| | R | 奥斯瓦德（Oswald） |
| | G | 佩普（Pape） |
| | C | 塞缪尔斯（Samuels） |
| | A | 瑟尔（Searle） |
| | A | 西摩（Seymour） |
| | F | 西夫（Sheaff） |
| | F | 斯兰（Slann） |
| | A | 施帕尔（Spall） |
| | W | 史蒂文斯（Stevens） |
| | A | 塞勒斯（Sellers） |
| | F | 泰勒（Taylor） |
| | A | 泰特（Tait） |
| | G | 瓦兰斯（Vallance） |
| | H | 怀特豪斯（Whitehouse） |
| | C | 奎肯登（Quickenden） |
| | M | 希恩（Sheehan） |
| | C | 汉肖（Hanshaw） |
| | A | 霍克斯比（Hoxby） |
| | J | 哈格特（Huggett） |
| | E | 莫里森（Morrison） |
| | M | 布林（Pring） |

续表

| | | |
|---|---|---|
| | J | 库克（Cooke） |
| | R | 沃特斯（Waters） |
| | G | 塞奇（Sach） |
| 一等兵（L/CPLS） | C | 鲁莱（Rule） |
| | J | 切尼（Cheney） |
| 二等兵（Ptes） | R | 彭尼（Penny） |
| | F | 佛伦朱姆（Frenchum） |
| | A | 巴尔内斯（Barnes） |
| | H | 怀尔德斯平（Wilderspin） |
| 高级二级准尉（CSM） | R | 奥弗里（Overy） |
| 中士（SJT） | G | 罗宾斯（Robins） |
| 代理中士（L/SJT） | T | 辛普森（Simpson） |
| 下士（CPLS） | L | 班尼特（Bennett） |
| | F | 伍基（Wookey） |
| | F | 米金（Meakin） |
| 一等兵（L/CPLS） | R | 沃尔（Whore） |
| | T | 琼斯（Jones） |
| | T | 佩恩（Payne） |
| | R | 毕肖普（Bishop） |
| | R | 蒂维（Tivey） |
| | R | 艾克曼（Aikman） |
| | G | 伊萨德（Iszard） |
| | J | 图姆斯（Toombs） |
| 二等兵（Ptes） | F | 字迹看不见 |
| | | |
| | | |
| | | |
| | R | 霍尔（Hall） |
| | J | 沃特金斯（Watkins） |
| | S | 兰德尔（Langdell） |
| | F | 奥唐纳（Odonnell） |
| | G | 格雷（Gray） |

续表

| | | |
|---|---|---|
| | G | 斯皮尔斯（Spiers） |
| | J | 罗布森（Robson） |
| | H | 巴思（Bathe） |
| | W | 斯图尔特（Stewart） |
| | EJ | 巴雷特（Barrett） |
| | G | 克里斯特（Crist） |
| | W | 鲍尔斯（Bowles） |
| | J | 盖尔（Gale） |
| | W | 海沃德（Hayward） |
| | F | 格林（Green） |
| | W | 克拉克（Clark） |
| | W | 波尼菲尔德（Bonignfield） |
| | TD | 琼斯（Jones） |
| | SC | 普罗伯特（Probert） |
| | P | 哈切特（Hatchett） |
| | F | 宾顿（Bindon） |
| | R | 赖特（Wright） |
| | J | 威弗（Weaver） |
| | W | 斯蒂尔（Steele） |
| | J | 梅纳德（Maynard） |
| | K | 布里奇（Bridge） |
| | GS | 贝克（Baker） |
| | F | 梅西（Macey） |
| | G | 鲍伊（Bowey） |
| | N | 海利亚蒂斯（Helliadis） |
| | F | 休斯（Hughes） |
| | J | 麦基纳利（Mcinally） |
| 上士（C/SJT） | H | 纳勒（Nayler） |
| 中士（SJTS） | R | 戴森（Dyson） |
| | A | 霍布森（Hobson） |
| 代理中士（L/SJT） | G | 拉克（Ruck） |
| 下士（CPLS） | A | 古德曼（Goodman） |

续表

| | | |
|---|---|---|
| | C | 希瑟（Heather） |
| 一等兵（L/CPLS） | L | 休斯（Hughes） |
| | J | 汉德福特（Handford） |
| | J | 威弗（Weaver） |
| | H | 斯廷普森（Stimpson） |
| | P | 内斯比特（Nesbitt） |
| 二等兵（Ptes） | J | 托马斯（Thomas） |
| | A | 韦伯斯特（Webster） |
| | R | 拉塞尔（Russell） |
| | A | 杰克逊（Jackson） |
| | F | 辛格莱（Singlair） |
| | G | 伊顿（Eaton） |
| | W | 伊顿（E-Aton） |
| | H | 埃利奥特（Elliot） |
| | W | 莫里斯（Morris） |
| | T | 墨菲（Murphy） |
| | T | 梅特卡夫（Metcalfe） |
| | H | 奇克（Chick） |
| | R | 罗塞尔（Rossell） |
| | A | 福利（Foley） |
| | CR | 哈里斯（Harris） |
| | F | 布伦（Bullen） |
| | C | 黑尔（Hare） |
| | C | 帕帕（Papa） |
| | A | 艾尔斯（Iles） |
| | A | 鲁莱（Rule） |
| | D | 布朗（Brown） |
| | L | 安德鲁斯（Andrews） |
| 一等兵（L/CPL） | A | 苏伊尔（Souires） |
| 二等兵（Ptes） | G | 贝茨（Betts） |
| | H | 科平（Copping） |
| | W | 克莱门茨（Clements） |

续表

| | | |
|---|---|---|
| | JH | 克拉克（Clarke） |
| | E | 帕格特（Pargeter） |
| | W | 伍德（Wood） |
| | A | 莫里斯（Morris） |
| 一等兵（L/CPL） | R | 潘尼克（Pennick） |
| 二等兵（Ptes） | A | 库珀（Cooper） |
| | J | 芬内尔（Funnell） |
| 一等兵（L/CPL） | T | 罗尔夫（Rolfe） |
| 二等兵（Ptes） | J | 福斯特（Foster） |
| | TE | 贝克（Baker） |
| | W | 蒲伯（Pope） |
| | F | 赫尔森（Helson） |
| 高级二级准尉（CSM） | E | 索登（Soden） |
| 上士（C/SJT） | W | 波尔特（Poulter） |
| 代理中士（L/SJTS） | F | 格林（Green） |
| | A | 泰勒（Tyler） |
| | J | 道斯（Dawes） |
| 中士（SJT） | CC | 贝茨（Betts） |
| 下士（CPLS） | E | 卡斯莱克（Caslake） |
| | H | 帕克（Parker） |
| 一等兵（L/CPLS） | V | 林顿（Linton） |
| | D | 卡维尔（Cavill） |
| | C | 哈特菲尔德（Hatefield） |
| | B | 波尔特（Poulter） |
| | J | 邦内特（Bonnett） |
| 二等兵（Ptes） | S | 阿特金斯（Atkins） |
| | D | 查普曼（Chapman） |
| | C | 坎贝尔（Campbell） |
| | L | 冈恩（Gunn） |
| | G | 布朗（Brown） |
| | A | 门德尔松（Mendelson） |
| | E | 菲利普斯（Phillips） |

续表

| | | |
|---|---|---|
| | J | 利弗（Lever） |
| | T | 科洛科特（Collocott） |
| | TW | 哈维（Harvey） |
| | T | 埃文斯（Evens） |
| | C | 哈维（Harvey） |
| | A | 贝尔（Bell） |
| | L | 兰代尔（Lansdell） |
| | J | 林多尔斯（Lindores） |
| | L | 罗伯茨（Roberts） |
| | A | 斯特奇斯（Sturgess） |
| | F | 李（Lee） |
| | T | 马修（Matthew） |
| | J | 菲尔德（Field） |
| | E | （哈里森 Harrison） |
| | C | 克拉克（Clarke） |
| | I | 詹姆斯（James） |
| | A | 詹金斯（Jenkins） |
| | W | 伍德（Wood） |
| | F | 霍顿（Houghton） |
| | A | 隆（Long） |
| | C | 托马斯（Thomas） |
| | S | 瓦什（Wash） |
| | A | 狄克逊（Dixon） |
| | A | 加夫尼（Gaffney） |
| | A | 基勒（Keeler） |
| | P | 古波（Gubo） |
| 下士（CPL） | R | 皮尔斯（Pearce） |
| 二等兵（Ptes） | A | 桑德尔（Sandell） |
| | A | 鲁特（Root） |
| 高级二级准尉（CSM） | W | 蒂伯尔（Tibble） |
| 中士（SJT） | E | 史密斯（Smith） |
| 一等兵（L/CPL） | W | 伯克（Burke） |

S/SJTS：staff sergeant BDR：Bombardier

| | | |
|---|---|---|
| 二等兵（Ptes） | C | 格兰特（Grant） |
| | C | 斯坦顿（Stanton） |
| 二级准尉（WO2C） | GA | 亚当斯（Adams） |
| | GR | 比门特（Beament） |
| 陌军上士（S/SJTS） | G | 道森（Dawson） |
| | L | 琼斯（Jones） |
| | W | 坎贝尔（Campbell） |
| 代理中士（L/SJT） | TED | 霍尔丁（Houlding） |
| 中士（SJTS） | F | 伍兹（Woods） |
| | RC | 帕默（Paimer） |
| | CE | 霍普金斯（Hopkins） |
| 代理中士（L/SJTS） | EAJ | 菲什洛克（Fishlock） |
| | JSW | 洪堡（Homburg） |
| | RTJ | 纽因顿（Newington） |
| 下士（CPL） | JLC | 库克（Cooke） |
| | FPW | 哈里根（Harrigan） |
| （皇家炮兵）下士（BDR） | AS | 哈曼（Harman） |
| 下士（CPL） | DC | 佩里（Perry） |
| | W | 汤普森（Thompson） |
| 一等兵（L/CPL） | JM | 法布尔（Farbour） |
| | J | 比尔（Beare） |
| | HG | 海恩斯（Haynes） |
| | SL | 莫纳汉（Monaghan） |
| | HR | 莫克汉（Moxhan） |
| | LH | 马丁（Martin） |
| | CS | 鲁马利（Rumary） |
| | GW | 斯宾塞（Spencer） |
| 工兵（SAPPER） | JL | 博格（Boag） |
| 炮兵（GNR） | C | 哈维（Harvey） |
| 工兵（SAPPERS） | WF | 弗莱（Fry） |
| | ID | 古尔利（Gourlay） |
| | J | 霍布森（Hobson） |

续表

| | | |
|---|---|---|
| | JA | 哈里森（Harrison） |
| | AS | 莱克（Lake） |
| | RW | 米德尔顿（Middleton） |
| | SC | 佩珀（Pepper） |
| | PA | 罗宾逊（Robinson） |
| | FF | 罗兰兹（Rowlands） |
| | HV | 史密斯（Smith） |
| | N | 比斯利（Beesley） |
| | A | 克里滕登（Crittenden） |
| | R | 克莱兰（Clelland） |
| | D | 德克斯特（Dexter） |
| | J | 唐纳利（Donnelly） |
| | HR | 戴维斯（Davis） |
| 炮兵（GNR） | J | 加拉格尔（Gallagher） |
| 工兵（SPR） | J | 恩布林（Embling） |
| 炮兵（GNR） | WY | 麦克尤恩（Mcewan） |
| 工兵（SPR） | N | 琼斯（Jones） |
| | C | 巴恩斯（Barnes） |
| | C | 汤普森（Thompson） |
| 代理中士（L/SJT） | T | 纽曼（Newman） |
| | J | 伯比奇（Burbidge） |
| 上等兵（L/BDR） | JP | 史密斯（Smith） |
| 下士（CPL） | E | 古德温（Goodwin） |
| | CT | 哈迪（Hardy） |
| | H | 休斯（Hughes） |
| | C | 詹姆斯（James） |
| 一等兵（L/CPL） | LF | 史密斯（Smith） |
| | DJ | 格兰特（Grant） |
| | JG | 格林（Green） |
| | JE | 卡特（Carter） |
| | RA | 索恩（Thorne） |
| | A | 肯尼迪（Kennedy） |

续表

| | | |
|---|---|---|
| 工兵（SPR） | WE | 金普顿（Kinpton） |
| | G | 麦克安德鲁斯（Mcandrews） |
| | T | 曼德斯（Manders） |
| | WA | 麦基尔雷思（Mcilwraith） |
| | J | 穆尔（Moore） |
| | A | 麦克尼（Mackney） |
| | H | 佩尔默（Pailmer） |
| | A | 皮尔斯（Pearce） |
| | DC | 蒲伯（Pope） |
| | R | 里克蒙（Ricemond） |
| | E | 雷尼（Rainey） |
| 上等兵（L/BDR） | GC | 莫利诺（Molyneaux） |
| | MA | 辛普森（Simpson） |
| 工兵（SPR） | AR | 斯科特（Scott） |
| | E | 斯通（Stone） |
| 炮兵（GNR） | J | 基尔戈（Kilgore） |
| 工兵（SPR） | AT | 史密斯（Smith） |
| | AJ | 夏普（Sharpe） |
| | GB | 谢泼德（Shepherd） |
| | EW | 西蒙斯（Simmons） |
| | RC | 斯宾塞（Spencer） |
| | TS | 泰勒（Taylor） |
| | A | 托马斯（Thomas） |
| 炮兵（GNR） | JA | 罗伯茨（Roberts） |
| 工兵（SPR） | J | 特恩布尔（Turnbull） |
| | J | 沃尔顿（Walton） |
| | TA | 威廉姆斯（Williams） |
| | WH | 温塞特（Wimsett） |
| | R | 沃（Waugh） |
| | WJ | 威尔斯（Wells） |
| | WR | 托米（Thomey） |
| | EJ | 伍尔科特（Woolcott） |

续表

| | | |
|---|---|---|
| | EW | 伍利（Woolley） |
| 中士（SJT） | CE | 希普（Shipp） |
| 代理中士（L/SJT） | RA | 凯恩（Cane） |
| 下士（CPL） | CF | 戴恩（Dyne） |
| 一等兵（L/CPL） | HJ | 佩勒姆（Pelham） |
| 工兵（SPR） | D | 格兰特（Grant） |
| 一等兵（L/CPL） | CA | 罗伯茨（Roberts） |
| 一级准尉（WO1C） | CR | 希思（Heath） |
| | RL | 贝茨（Bates） |
| | LA | 乔丹（Jordan） |
| 二级准尉（WO2C） | FJ | 丹尼尔（Daniel） |
| | FW | 霍布斯（Hobbs） |
| 陆军上士（S/SJT） | GF | 威尔逊（Wilson） |
| 代理中士（L/SJT） | T | 辛格尔顿（Singleton） |
| | | |
| | | |
| | | |
| 工兵（SPR） | W | 梅尔文（Melvin） |
| 中士（SJT） | G | 德尼尔（Denyer） |
| 陆军上士（S/SJT） | EJ | 普洛曼（Plowman） |
| 下士（CPL） | R | 韦斯特伍德（Westwood） |
| 炮兵（GNR） | HC | 米切尔（Mitchell） |
| 代理中士（L/SJT） | AA | 惠特克（Whitaker） |
| 工兵（SPR） | G | 斯温伯恩（Swinburn） |
| 工兵（SPR） | SA | 霍尔丁（Reeve） |
| 下士（CPL） | JF | 伍兹（Tibbs） |
| 二级准尉（WO2C） | C | 帕默（Gales） |
| 下士（CPL） | H | 霍普金斯（Bate） |
| 工兵（SPR） | AG | 菲什洛克（Godwin） |
| | J | 洪堡（Austerberry） |
| | WS | 纽因顿（Salvin） |
| 代理中士（L/SJT） | JT | 库克（Weston） |

续表

| | | |
|---|---|---|
| 工兵（SPR） | H | 哈里根（Audsley） |
| 陆军上士（S/SJT） | S | 哈曼（Saxby） |
| | W | 佩里（Curry） |
| 二级准尉（WO2C） | EGE | 汤普森（Upton） |
| 陆军上士（S/SJT） | EN | 法布尔（Kehoe） |
| 工兵（SPR） | H | 哈里森（Harrison） |
| 代理中士（L/SJT） | WV | 艾里森（Irison） |
| 一等兵（L/CPL） | RJ | 戴（Day） |
| 下士（CPL） | SN | 皮克顿（Picton） |
| 二级准尉（WO2C） | W | 埃林德（Ellinder） |
| 陆军上士（S/SJTS） | MD | 比尔（Carpenter） |
| | J | 海恩斯（Wellford） |
| | H | 莫纳汉（Day） |
| | DE | 莫克汉（Davis） |
| 二级准尉（WO2C） | FG | 马丁（Connor） |
| | AE | 鲁马利（Ford） |
| 中士（SJT） | BG | 斯宾塞（Welsh） |
| 代理中士（L/SJT） | WJ | 博格（Whelan） |
| | JH | 哈维（Bowling） |
| | V | 弗莱（Bridle） |
| 下士（CPL） | G | 古尔利（Taylor） |
| | M | 霍布森（Brenman） |
| | G | 哈里森（Cooper） |
| 中士（SJT） | W | 莱克（Morgan） |
| 一等兵（L/CPL） | A | 米德尔顿（Jefford） |
| 炮兵（GNR） | WH | 佩珀（Ecclestone） |
| 一等兵（L/CPL） | SE | 罗宾逊（Burton） |
| 炮兵（GNR） | T | 罗兰兹（Hanley） |
| 工兵（SPR） | L | 史密斯（Beakett） |
| | AF | 比斯利（Burnett） |
| | JP | 克里滕登（Brown） |
| | JR | 福西特（Fawcett） |

续表

| | | |
|---|---|---|
| | ES | 福斯特（Foster） |
| 炮兵（GNR） | D | 麦金莱（Mckinley） |
| 工兵（SPR） | FJ | 富克斯（Fooks） |
| | W | 菲尔丁（Fielding） |
| | AM | 方丹（Fountain） |
| | HW | 格林斯尔（Greensall） |
| | JH | 戈夫（Goff） |
| | J | 吉尔泽安（Gilzean） |
| | C | 格雷（Gray） |
| 炮兵（GNR） | AC | 利夫西（Livesey） |
| 陆军上士（S/SJT） | RL | 尼伯纳（Neubronner） |
| 一等兵（L/CPL） | JA | 博亚克（Boyack） |
| 代理中士（L/SJT） | JF | 斯彭斯（Spence） |
| 中士（SJTS） | S | 查尔斯（Charles） |
| | AL | 布莱克曼（Blackman） |
| 工兵（SPR） | F | 特纳（Turner） |
| | WJ | 约翰逊（Johnson） |
| | PJ | 马丁（Martin） |
| | AW | 福斯特（Forster） |
| | TH | 格雷戈里（Gregory） |
| | S | 佩恩（Payne） |
| 炮兵（GNR） | J | 克拉克（Clarke） |
| 工兵（SPR） | A | 米切尔（Mitchell） |
| 一级准尉（WO1C） | FW | 阿彻（Archer） |
| 一等兵（L/CPL） | J | 摩根（Morgan） |
| 工兵（SPR） | HG | 拉梅奇（Ramage） |
| | NE | 拉特利夫（Rateliffe） |
| 炮兵（GNR） | L | 明钦顿（Minchinton） |
| 代理中士（L/SJT） | JE | 霍金斯（Hawkins） |
| 下士（CPL） | N | 科利（Colley） |

里斯本丸/2 继续 所有军官

LT/COL：Lieutenant Colonel LT/CMDR ：Lieutenant commander

| | | |
|---|---|---|
| 陆军中校（LT/COL） | HWM | 斯图尔特（Stewart） |
| 陆军中尉/海军上尉（LIEUT） | LA | 伍德（Wood） |
| 海军少校（LT/CMDR） | SJ | 霍斯韦尔（Horswell） |
| 陆军少校（MAJORS） | LW | 英尼斯（Innes） |
| | L | 沃克（Walker） |
| 上尉（CAPTS） | CMM | 曼（Man） |
| | MP | 威登（Weedon） |
| | AC | 霍顿（Houghton） |
| 中尉（LIEUT） | F | 斯坦瑟（Stancer） |
| 上尉（CAPTS） | N | 卡特森（Cuthertson） |
| | PD | 格雷西（Gracey） |
| 陆军中尉/海军上尉（LIEUTS） | KE | 杨（Young） |
| | EC | 格雷厄姆（Graham） |
| | PA | 牛顿（Newton） |
| | HN | 豪厄尔（Howell） |
| 少尉（2/LIEUTS） | RMM | 金（King） |
| | JP | 惠瑟姆（Whitham） |
| 陆军中尉/海军上尉（LIEUTS） | C | 奇斯莱特（Cheesewright） |
| | AS | 希尔顿（Hilton） |
| | JS | 巴杰（Badger） |
| | W | 克拉克森（Clarkson） |
| | AH | 迪布（Dibb） |
| | KR | 海伍德（Haywood） |
| 少尉（2/LIEUT） | D | 贝尔德（Baird） |
| 陆军中尉/海军上尉（LIEUTS） | G | 鲍斯（Bowes） |
| | N | 布朗洛（Brownlow） |
| 少尉（2/LIEUT） | G | 费尔贝恩（Fairbairn） |
| 陆军中尉/海军上尉（LIEUT） | C | 哈特（Hart） |
| 少尉（2/LIEUTS） | J | 麦吉（Mcghee） |
| | G | 汉密尔顿（Hamilton） |
| 陆军中尉/海军上尉（LIEUTS） | HC | 斯邦（Spong） |
| | CE | 比克（Bucke） |
| | CW | 布朗（Brown） |
| | OST | 伍德科克（Woodcock） |
| 陆军少校（MAJOR） | JN | 明钦顿（Minchinton） |
| 陆军中尉/海军上尉（LIEUT） | AS | 波特（Potter） |

终止

以下所有名单为皇家苏格兰团

CSM：company sergeant major RSM：Regimental Sergeant Major

| | | |
|---|---|---|
| 高级二级准尉（CSMS） | S | 斯坦福（Stanford） |
| | A | 泰勒（Taylor） |
| 中士（SJT） | R | 萨莫斯（Summers） |
| 下士（CPL） | W | 斯图尔特（Stewart） |
| 二等兵（PTES） | A | 汤姆森（Thomson） |
| | A | 艾金森（Aitchinson） |
| | G | 班克斯（Banks） |
| | J | 巴尔内斯（Barnes） |
| | J | 汤斯利（Townsley） |
| | J | 邓肯（Duncan） |
| 信号兵（SIGN） | L | 库姆（Coombe） |
| 二等兵（PTE） | A | 克罗克（Crocker） |
| 一等兵（L/CPL） | D | 加戴恩（Gardyne） |
| 二等兵（PTES） | W | 科迪（Cody） |
| | C | 德里伯奇（Dryburch） |
| | W | 埃文斯（Evans） |
| | R | 费尔利（Fairley） |
| | E | 弗雷泽（Fraser） |
| | D | 弗莱明（Fleming） |
| | G | 加德纳（Gardiner） |
| 下士（CPL） | E | 詹金斯（Jenkins） |
| 二等兵（PTE） | W | 威尔逊（Wilson） |
| 中士（SJT） | J | 布思（Booth） |
| 二等兵（PTE） | R | 泰特（Tait） |
| 下士（CPL） | D | 加蒂（Gartie） |
| 二等兵（PTES） | J | 沃特斯（Watters） |
| 二等兵（PTE） | T | 格里赫顿（Grichton） |
| | J | 波洛克（Pollock） |
| | W | 麦凯（Mckay） |

续表

| | | |
|---|---|---|
| 一等兵（L/CPL） | J | 威尔逊（Wilson） |
| 二等兵（PTES） | D | 哈登（Hadden） |
| | R | 唐斯（Downs） |
| 中士（SJT） | W | 弗雷泽（Fraser） |
| 下士（CPL） | J | 巴特沃斯（Butterwerth） |
| 二等兵（PTES） | H | 戈莱特利（Golightly） |
| | B | 汉森（Hanson） |
| | E | 格兰特（Grant） |
| | L | 霍顿（Holden） |
| 下士（CPL） | J | 辛克莱（Sinclair） |
| 二等兵（PTES） | W | 休斯（Hughes） |
| | J | 海因斯（Hynes） |
| | D | 詹金斯（Jenkins） |
| | T | 凯利（Kelly） |
| 一等兵（L/CPL） | D | 布莱克（Black） |
| 二等兵（PTES） | R | 劳登（Louden） |
| | W | 恩切沃（Ncevoy） |
| | G | 格雷格（Greig） |
| 信号兵（SIGNS） | E | 盖尔（Gale） |
| | W | 哈金森（Harkinson） |
| 军士长（RSM） | I | 古德费洛（Goodfellow） |
| 中士（SJT） | W | 西姆斯（Sims） |
| 二等兵（PTES） | S | 威尔斯（Wills） |
| | T | 阿摩司（Amos） |
| | M | 安德鲁斯（Andrews） |
| | W | 卡林顿（Carrington） |
| 一等兵（L/CPL） | A | 卡比（Kirby） |
| 二等兵（PTES） | J | 康纳汉（Conneghan） |
| | R | 德拉蒙德（Drummond） |
| | G | 杜内安（Dunean） |
| | E | 芬德利（Findlay） |
| | N | 弗斯特（Forst） |

续表

| | | |
|---|---|---|
| | N | 法伊夫（Fyffe） |
| | J | 格林南（Greenan） |
| | J | 格雷格（Greig） |
| | I | 汉密尔顿（Hamilton） |
| | N | 洛马克斯（Lomax） |
| 下士（CPL） | G | 贝德福德（Bedford） |
| | J | 本森（Benson） |
| 下士（CPL） | H | 帕克（Park） |

CQMS：Company Quartermaster Sergeant

| | | |
|---|---|---|
| 二等兵（PTES） | W | 欧文（Irving） |
| | C | 杰克逊（Jackson） |
| | H | 基尔帕特里克（Kilpatrick） |
| | A | 林克莱特（Linklater） |
| | C | 林托特（Lintott） |
| | J | 洛根（Logan） |
| | P | 麦克鲁尔（Mcclure） |
| | B | 麦克休（Mchugh） |
| 一等兵（L/CPL） | B | 纽纳姆（Newnham） |
| 二等兵（PTES） | C | 麦克莱南（Mclenan） |
| | J | 梅尔文（Melvin） |
| | L | 欧文斯（Owens） |
| | J | 菲利普斯（Phillips） |
| | T | 斯科特（Scott） |
| | J | 史密斯（Smith） |
| | T | 斯图尔特（Stewart） |
| 中士（SJT） | W | 沃克（Walker） |
| 下士（CPL） | R | 贝尔（Bell） |
| 二等兵（PTES） | G | 托马斯（Thomas） |
| | D | 汤姆森（Thomson） |
| | E | 维斯科（Vescoe） |
| 一等兵（L/CPLS） | T | 摩根（Morgan） |

续表

| | | |
|---|---|---|
| | C | 亚当（Adam） |
| 二等兵（PTES） | J | 韦尔什（Welsh） |
| | J | 威廉森（Williamson） |
| | E | 麦基（Mackie） |
| 信号兵（SIGN） | E | 乔丹 鲍迪奇（Jordan-Bowditch） |
| 一等兵（L/CPL） | W | 库克（Cook） |
| 二等兵（PTE） | J | 斯迈利（Smyllie） |
| 团军需士官（RQMS） | G | 特林德（Trinder） |
| 非军士长（PSM） | J | 齐尔克（Ciarke） |
| 中士（SJT） | A | 阿尔西（Alsey） |
| 下士（CPL） | A | 洛克林（Loughlin） |
| 一等兵（L/CPL） | T | 伯恩斯（Burns） |
| 二等兵（PTES） | A | 艾里逊（Allison） |
| 司令部 843（HQEIGHTFOUREIGHT） | A | 艾里逊（Allison） |
| | I | 奥德（Auld） |
| 下士（CPL） | W | 尼科尔（Nicol） |
| 二等兵（PTES） | D | 卡梅伦（Cameron） |
| | J | 坎贝尔（Campbell） |
| 一等兵（L/CPLS） | H | 唐宁（Downing） |
| | L | 埃奇（Edge） |
| 二等兵（PTES） | J | 卡拉瑟斯（Carruthers） |
| | A | 戴维森（Davidson） |
| 步兵连军需士官（CQMS） | H | 斯托达特（Stoddart） |
| 二等兵（PTES） | R | 埃德加（Edgar） |
| | J | 伊根（Egan） |
| | D | 迪布尔（Dibble） |
| | E | 埃利斯（Ellis） |
| 一等兵（L/CPL） | J | 麦克莱尼（Mcalerney） |
| 二等兵（PTES） | W | 福雷斯特（Forest） |
| | I | 格雷（Gray） |
| | J | 格兰奇（Grainge） |
| 下士（CPL） | H | 哈勒（Hale） |

续表

| | | |
|---|---|---|
| 一等兵（L/CPL） | H | 沙罗克（Sharrock） |
| 二等兵（PTES） | D | 吉尔罗伊（Gilroy） |
| | W | 格雷格（Greig） |
| | R | 哈特（Hart） |
| 一等兵（L/CPL） | R | 菲利普斯（Phillips） |
| 二等兵（PTE） | R | 哈维（Harvey） |
| 中士（SJTS） | G | 洛克里（Lochrie） |
| | B | 奥克顿（Octon） |
| 一等兵（L/CPL） | P | 伯内特（Burnett） |
| 二等兵（PTES） | J | 肯尼迪（Kennedy） |
| | G | 金（King） |
| 一等兵（L/CPL） | C | 普赖斯（Price） |
| 二等兵（PTE） | P | 兰姆（Lamb） |
| 一等兵（L/CPL） | P | 吉布（Gibb） |
| 二等兵（PTES） | H | 缪尔（Muir） |
| | D | 麦克唐纳（Mcdonald） |
| | A | 麦克内尔（Mcnell） |
| 代理中士（L/SJT） | A | 伍尔赖特（Woolwright） |
| 下士（CPL） | A | 布莱克（Blackie） |
| 二等兵（PTES） | J | 麦克杜格尔（Mcdougall） |
| | R | 麦金莱（Mckinley） |
| | W | 麦肯利（Mceinley） |
| PC | RF | 蒂勒（Tyrer） |
| PC | NB | 卡瓦纳（Cavanagh） |
| 排军士长（PSM） | M | 史密斯（Smith） |
| 二等兵（PTES） | D | 希肯博顿（Hickenbottom） |
| | A | 康沃尔（Cornwall） |
| | D | 埃德加（Edgar） |
| | T | 默里（Murray） |
| | M | 尼尔（Neil） |
| 中士（SJT） | S | 弗里曼（Freeman） |
| 下士（CPL） | W | 麦卡勒姆（Mccallum） |

续表

| | | |
|---|---|---|
| 二等兵（PTES） | J | 西恩斯（Syons） |
| | T | 沃森（Watson） |
| | R | 图特希尔（Toothill） |
| | G | 厄克特（Urquhart） |
| 下士（CPL） | A | 查尔默斯（Chalmers） |
| 二等兵（PTES） | W | 韦伯斯特（Webster） |
| | J | 沃尔特斯（Walters） |
| | J | 韦克菲尔德（Wakefield） |
| 一等兵（L/CPL） | G | 麦科金代尔（Mccorkindale） |
| 二等兵（PTES） | J | 威廉姆森（Williamson） |
| | A | 梅尔（Mayle） |
| | R | 查尔顿（Charlton） |
| | W | 福勒（Fowler） |
| | W | 穆尔库（Mcculloce） |
| | S | 哈弗克罗夫特（Havercroft） |
| 中士（SJT） | G | 克里顿（Crichton） |
| 下士（CPL） | J | 沃克（Walker） |
| 二等兵（PTES） | C | 麦克德莫特（Mcdermott） |
| | C | 麦克弗森（Mcpherson） |
| | R | 摩尔（Moore） |
| | R | 蒙罗（Munro） |
| 中士（SJT） | EF | 麦卡菲（Mccapthy） |
| 士（CPL） | J | 斯库利（Scully） |
| 二等兵（PTES） | A | 辛克莱（Sinclair） |
| | D | 斯科特（Scott） |
| 一等兵（L/CPL） | G | 邓洛普（Dunlop） |
| 二等兵（PTES） | G | 斯波尔丁（Spalding） |
| | N | 斯图尔特（Stewart） |
| | C | 帕夫洛（Pavlou） |
| 二等兵（PTES） | R | 克拉珀顿（Clapperton） |
| 一等兵（L/CPL） | A | 华莱士（Wallace） |

ORQMS：orderly room quartermaster sergeant

| | | |
|---|---|---|
| 二等兵（PTES） | D | （Pltmer） |
| | H | 莱利（Riley） |
| | P | 罗杰斯（Rodgers） |
| 一等兵（L/CPLS） | H | 吉普森（Gibson） |
| | J | 墨菲（Murphy） |
| 二等兵（PTES） | A | 斯蒂彭斯（Stepenns） |
| | D | 史蒂文斯（Stevens） |
| | F | 斯图尔特（Stewart） |
| 一等兵（L/CPL） | D | 哈林顿（Harrington） |
| 信号兵（SIGN） | W | 皮彻（Pitcher） |
| 要塞军士长（GSM） | J | 巴伦（Barron） |
| 中士（SJT） | C | 贝克（Barker） |
| 勤务室军需士官（ORQMS） | A | 科德森（Codson） |
| 中士（SJT） | T | 库帕尔（Coupar） |
| 一等兵（L/CPL） | R | 吉普森（Gibson） |
| 二等兵（PTES） | H | 马歇尔（Marshall） |
| | J | 博格（Borg） |
| | J | 布赖恩特（Bryant） |
| | H | 波义耳（Boyle） |
| | J | 科伊尔（Coyle） |
| | J | 克罗宁（Cronin） |
| | J | 克拉珀顿（Clapperton） |
| | H | 斯莱特（Slayter） |
| 一等兵（L/CPL） | A | 克雷格（Craig） |
| 二等兵（PTES） | A | 查尔默斯（Chalmers） |
| | D | 邓肯（Duncan） |
| | W | 恩布尔顿（Embleton） |
| 中士（SJT） | G | 杜里（Durie） |
| 二等兵（PTES） | W | 戈登（Gordon） |
| | C | 戈尔迪（Goldie） |
| | A | 戈弗雷（Godfrey） |
| 一等兵（L/CPL） | W | 莫罗（Morrow） |

续表

| | | |
|---|---|---|
| 二等兵（PTES） | J | 戈夫（Gow） |
| | A | 加德纳（Gardner） |
| | A | 高夫（Gough） |
| 一等兵（L/CPL） | W | 鲍威尔（Powell） |
| 信号兵（SIGMN） | W | 莱斯特（Lester） |
| 二等兵（PTES） | A | 亨特（Hunter） |
| | F | 亨德森（Henderson） |
| | K | 霍金森（Hodkinson） |
| | L | 霍尔（Hall） |
| | W | 詹姆斯（James） |
| 一等兵（L/CPL） | J | 库克（Cook） |
| 二等兵（PTES） | J | 詹金斯（Jenkins） |
| | C | 肯尼迪（Kennedy） |
| | R | 肯尼迪（Kennedy） |
| 一等兵（L/CPL） | N | 坎贝尔（Campbell） |
| | A | 劳斯（Laws） |
| | J | 迈尔斯（Myles） |
| | J | 马丁（Martin） |
| 信号兵（SIGMNS） | A | 坦普尔（Temple） |
| | C | 沃伦（Warren） |
| 一等兵（L/CPL） | A | 拉塞尔（Russell） |
| 二等兵（PTES） | A | 米勒（Millar） |
| | J | 帕克曼（Packman） |
| | D | 帕图尔（Pattull） |
| 一等兵（L/CPLS） | R | 威尔逊（Wilson） |
| | P | 罗斯（Ross） |
| 步兵连军需士官（CQMS） | D | 雷基尼（Renkine） |
| 高级二级准尉（CSM） | J | 米德（Mead） |
| 步兵连军需士官（CQMS） | J | 斯科特（Scott） |
| 中士（SJT） | R | 理查兹（Richards） |
| 下士（CPL） | R | 理查兹（Richards） |
| 二等兵（PTES） | R | 阿奇博尔德（Archibald） |

续表

| | | |
|---|---|---|
| | E | 巴特菲尔德（Butterfield） |
| | G | 迪克逊（Dickson） |
| | J | 迪夫（Duff） |
| | J | 福斯（Fosyth） |
| | J | 福斯特（Foster） |
| 一等兵（L/CPL） | J | 莱尔德（Laird） |
| 二等兵（PTES） | L | 哈维（Harvey） |
| | J | 哈奇森（Hutchison） |
| | R | 约翰斯顿（Johnston） |
| | J | 约翰斯顿（Johnston） |
| | A | 杰弗里（Jeffrey） |
| | M | 凯利（Kelly） |
| | J | 劳里（Lourie） |
| 下士（CPL） | J | 汤姆林森（Tomlinson） |
| 二等兵（PTES） | J | 利文斯顿（Livingston） |
| | J | 麦克米坎（Mcmeechan） |
| | T | 麦金托什（Mcintosh） |
| | W | 默里（Murray） |
| | A | 莫里斯（Morris） |
| 下士（CPL） | P | 加思（Garth） |
| 二等兵（PTES） | D | 米勒（Millar） |
| | J | 马丁（Martin） |
| 一等兵（L/CPL） | F | 威利斯（Willis） |
| 二等兵（PTES） | R | 纳史密斯（Naysmith） |
| | T | 里奇（Ritchie） |
| | R | 里奇（Ritchie） |
| | A | 斯科特（Scott） |
| | W | 怀利（Wyllie） |
| | T | 马歇尔（Marshall） |
| | S | 霍尔（Hall） |
| 一等兵（L/CPL） | H | 哈洛（Harlow） |
| 二等兵（PTES） | W | 哈奇森（Hutchison） |

续表

| | | |
|---|---|---|
| | R | 英格利斯（Inglis） |
| | G | 凯克尔（Kekl） |
| 下士（CPL） | M | 罗伯森（Robertson） |
| 一等兵（L/CPL） | J | 麦克韦恩（McVean） |
| 二等兵（PTES） | R | 麦克巴斯（Mc ‘bath） |
| | J | 麦吉利夫雷（Mc ‘gillivray） |
| | W | 麦克唐纳（Mc ‘donagh） |
| | S | 麦克哈蒂（Mc ‘hattie） |
| 下士（CPL） | J | 格雷西（Gracie） |
| 二等兵（PTES） | H | 莫耶德（Moyed） |
| | A | 伯内特（Burnett） |
| 一等兵（L/CPL） | J | 奥米斯托（Ormisto） |

停止

以下所有为医疗队

| | | |
|---|---|---|
| 陆军上士（S/SJT） | HJG | 罗斯（Ross） |
| 中士（SJTS） | FW | 理查兹（Richards） |
| | GF | （没有印刷出来） |
| | 没有印刷出来 | |
| | AJ | 弗林（Flynn） |
| 下士（CPLS） | JW | 莫里斯（Morris） |
| | G | 艾伦（Allan） |
| | FE | 佛罗伦斯（Florence） |
| | WC | 霍奇金森（Hodgkinson） |
| 二等兵（PTES） | HH | 贝奇（Bache） |
| | RW | 贝尔斯托（Bairstow） |
| | W | 布罗克雷（Brockley） |
| | A | 布坎南（Buchanan） |
| | E | 吉斯比（Gisby） |
| | R | 麦克尼（Mcnay） |
| | TA | 穆尼（Mooney） |

续表

| | | |
|---|---|---|
| | RWH | 伍德（Wood） |
| | DP | 克罗斯（Cross） |
| | HCMJ | 达西（Darcy） |
| | RJ | 科登（Cordon） |
| | F | 冈森（Gunson） |
| | EG | 沃德利（Wordley） |

停止

以下所有为皇家苏格兰军团

| | | |
|---|---|---|
| 高级二级准尉（CSM） | D | 马西森（Mathieson） |
| 中士（SJTS） | J | 费格斯（Fergus） |
| | T | 艾伦（Allan） |
| 二等兵（PTES） | G | 泰勒（Taylor） |
| | H | 艾伦（Allan） |
| | J | 戴利（Daly） |
| | G | 高尔德（Gauld） |
| 下士（CPL） | M | 邓肯（Duncan） |
| 二等兵（PTES） | G | 休姆（Hume） |
| | R | 莫里斯（Morris） |
| | G | 克里斯蒂（Christie） |
| | A | 费尔比恩（Fairbirn） |
| 下士（CPL） | J | 斯金纳（Skinner） |
| 二等兵（PTES） | J | 迪克逊（Dickson） |
| | T | 戈尔曼（Gorman） |
| | M | 凯利（Kelly） |
| 一等兵（L/CPL） | J | 蒙罗（Munro） |
| 二等兵（PTES） | J | 豪厄特（Howatt） |
| | N | 奥科诺（Oconnor） |
| 下士（CPL） | W | 霍兰德（Holland） |
| 二等兵（PTE） | W | 阿奇博尔德（Archibald） |
| 一等兵（L/CPL） | C | 威尔森（Willson） |

续表

| | | |
|---|---|---|
| 二等兵（PTE） | A | 哈里伯顿（Hallyburton） |
| 信号兵（SIGMN） | D | 威克斯（Weeks） |
| 二等兵（PTE） | H | 库克（Cook） |
| 信号兵（SIGMN） | J | 麦甘（Mcgann） |
| 一等兵（L/CPL） | J | 科克布恩（Cockburn） |
| 二等兵（PTES） | G | 埃尔文（Elvin） |
| | T | 哈米尔（Hamill） |
| | W | （Spconer） |
| 下士（CPL） | G | 唐尼（Downie） |
| 二等兵（PTES） | J | 里斯（Rees） |
| | J | 鲍斯（Bowes） |
| | A | 库克（Cook） |
| 下士（CPL） | A | 麦肯齐（Mackenzie） |
| 二等兵（PTES） | J | 格罗夫斯（Groves） |
| | P | 奥内尔（O ‘nell） |
| | R | 怀特（White） |
| | T | 贝尔（Bell） |
| 一等兵（L/CPL） | J | 贝恩（Bain） |
| 二等兵（PTES） | P | 科尔曼（Colman） |
| | J | 多布森（Dobson） |
| | H | 格雷（Gray） |
| | T | 莱特福德（Letford） |
| 一等兵（L/CPL） | F | 麦克里迪（Mccready） |
| 信号兵（SIGMN） | G | 卡特赖特（Cartwright） |
| 二等兵（PTES） | A | 汤姆森（Thomson） |
| | D | 贝尔（Bell） |
| | A | 劳森（Lawson） |
| 步兵连军需士官（CQMS） | D | 亨德森（Hendrson） |
| 中士（SJTS） | J | 史蒂文森（Stevenson） |
| | T | 黑尔（Hell） |
| 下士（CPLS） | A | 佩弗（Peffers） |
| | E | 赫斯本德（Husband） |

续表

| | | |
|---|---|---|
| | A | 库姆（Combe） |
| | P | 史密斯（Smith） |
| | W | 柯克帕特里克（Kirkpatrick） |
| 一等兵（L/CPLS） | A | 罗布森（Robson） |
| | J | 唐纳利（Donnelly） |
| | R | 奈尔斯（Nyles） |
| | G | 查尔默斯（Chalmers） |
| | R | 利索（Lithauer） |
| | J | 莫罗（Morrow） |
| | G | 法默（Farmer） |
| | F | 贝特曼（Bateman） |
| | P | 罗伯逊（Robertson） |
| 二等兵（PTES） | T | 斯蒂德曼（Steedman） |
| | R | 斯科特（Scott） |
| | G | 贝恩（Bain） |
| | T | 贝里（Berry） |
| | A | 布莱克（Black） |
| | J | 克拉克（Clark） |
| | T | 克莱兰（Clelland） |
| | C | 达西（Duthie） |
| | A | 麦克林（Mclean） |
| | J | 米勒（Miller） |
| | H | 帕特森（Paterson） |
| | C | 史密斯（Smith） |
| | G | 福特（Ford） |
| | J | 斯旺（Swan） |
| | G | 克赖顿（Crichton） |
| | P | 麦克雪利（McSherry） |
| | J | 拉姆塞（Ramsay） |
| | A | 汤姆森（Thomson） |
| | G | 威尔金森（Wilkinson） |
| | F | 迈尔斯（Myles） |

续表

| | | |
|---|---|---|
| | F | 奥罗克（Orourke） |
| | W | 普罗文（Provan） |
| | G | 隆彭（Rompen） |
| | J | 罗斯（Ross） |
| | A | 斯坦纳（Stanners） |
| | A | 斯坦豪斯（Stenhouse） |
| | D | 汤姆森（Thomson） |
| | T | 富勒顿（Fullerton） |
| | J | 斯图尔特（Stuart） |
| 信号兵（SIGMNS） | J | 阿莫特（Amott） |
| | H | 克拉克（Clarke） |
| 中士（SJT） | R | 法里什（Farish） |

里斯本丸/3 继续

所有英国皇家通信兵部队

| | | |
|---|---|---|
| 步兵连军需士官（CQMS） | J | 罗杰斯（Rogers） |
| 中士（SJTS） | H | 奥利恩（Oreen） |
| | H | 皮尔逊（Pearson） |
| | C | 佩奇（Page） |
| | H | 肯纳德（Kennard） |
| 下士（CPLS） | H | 布拉肯贝里（Brakenberry） |
| | J | 斯托特（Stott） |
| | WR | 霍奇（Hodge） |
| | J | 瓦特（Watts） |
| | W | 格里夫斯（Greaves） |
| | J | 惠特查德（Whitchead） |
| | D | 霍尔（Hall） |
| | W | 麦克唐纳（Mcdonald） |
| | S | 丹南（Dannan） |
| | N | 格鲁夫（Grove） |
| | E | 阿特金森（Atkinson） |
| 信号兵（SIGMNS） | E | 休尔（Hewer） |

续表

| | | |
|---|---|---|
| 二等兵（PTES） | A | 汉南（Hannam） |
| | E | 霍斯肯（Hosken） |
| | F | 沃特金斯（Watkins） |
| | W | 纽博尔德（Newbold） |
| | A | 艾伦（Allen） |
| | G | 费里（Ferrie） |
| | G | 雷德芬（Redfern） |
| | J | 罗宾逊（Robinson） |
| | H | 洛德（Lord） |
| | B | 普里斯（Preece） |
| | J | 米尔罗斯（Millrose） |
| | S | 弗洛德豪斯（Floldhouse） |
| | H | 福克斯（Fox） |
| | A | 亨特（Hunt） |
| | S | 奥利里（O’ Leary） |
| | R | 苏吉特（Suggitt） |
| | L | 皮克斯顿（Pickston） |
| | T | 谢泼德（Shepherd） |
| | W | 库克（Cook） |
| | P | 库克（Cook） |
| | G | 巴斯比（Busby） |
| | A | 劳顿（Lawton） |
| | P | 莫德罗尔（Moddroll） |
| | H | 罗尔奇（Roellch） |
| | K | 惠特纳姆（Whittenham） |
| | S | 邦尼特（Bonnett） |
| | A | 克莱吉特（Cleggett） |
| | H | 戈迭（Goudie） |
| | C | 兰斯福德（Ransford） |
| | D | 哈尼伯恩（Honeybourne） |
| | W | 麦考密克（Mccormick） |
| | V | 斯莱特（Sleight） |

续表

| | | |
|---|---|---|
| 高级二级准尉（CSM） | W | 威泽尔（Wigzell） |
| 中士（SJTS） | W | 沃森（Wathen） |
| | C | 怀特菲尔德（Whitefield） |
| | C | 邦迪（Bundy） |
| | J | 科尔曼（Corman） |
| | C | 兰利（Langley） |
| 下士（CPLS） | W | 史密斯（Smith） |
| | F | 文纳（Venner） |
| | D | 史琶尔（Spare） |
| | E | 特拉斯科特（Truscott） |
| | A | 帕森斯（Parsons） |
| 一等兵（L/CPL） | W | 戈尔丁（Golding） |
| | E | 拉姆福德（Rumford） |
| | W | 泰勒（Taylor） |
| | D | 吉尔伯特（Gilbert） |
| | K | 洛夫（Love） |
| | J | 迪格曼（Digman） |
| | R | 比格斯（Biggs） |
| | F | 约翰逊（Johnson） |
| 信号兵（SIGMNS） | L | 赫奇斯（Hedges） |
| | H | 威廉（William） |
| | A | 威尔金斯（Wilkins） |
| | T | 赖特（Wright） |
| | J | 帕里斯（Paris） |
| | J | 菲普斯（Phipps） |
| | W | 巴特勒（Butler） |
| | V | 托克斯（Talks） |
| | J | 霍根（Hogan） |
| | A | 斯温（Swaine） |
| | A | 路易斯（Lewis） |
| | J | 霍奇（Hodge） |
| | H | 霍奇斯（Hodges） |

续表

| | | |
|---|---|---|
| | F | 克劳利（Crawley） |
| | N | 斯金纳（Skinner） |
| | J | 伊顿（Eden） |
| | G | 希尔（Hill） |
| | A | 埃维特（Eventett） |
| | G | 卡罗尔（Carroll） |
| | B | 阿林（Allin） |
| | H | 沃尔沃克（Wallwork） |
| | E | 兰德（Lander） |
| | J | 麦克尼尼（Mceneaney） |
| | A | 利思（Leith） |
| | A | 托普里夫（Topliff） |
| | E | 霍奇森（Hodgson） |
| | E | 科茨（Coates） |
| | W | 贝文（Beven） |
| | J | 波特（Potter） |

终止

以下所有为皇家海军船坞防卫部队

| | | |
|---|---|---|
| 准尉军官（WO） | WF | 米尔（Mill） |
| 高级二级准尉（CSM） | A | 布拉泽斯顿（Brotherston） |
| 中士（SJTS） | GA | 科尔斯（Coles） |
| | JD | 尼科尔（Nicol） |
| | R | 巴特顿（Butterton） |
| | H | 戈尔曼（Gorman） |
| | W | 坎贝尔（Campbell） |
| | F | 伍德黑德（Woodhead） |
| 上士（S/SJTS） | J | 希尔（Hill） |
| | RH | 洛克林（Loughlin） |
| 中士（SJTS） | J | 坎贝尔（Campbell） |
| | RH | 杜德里奇（Duddridge） |

续表

| | | |
|---|---|---|
| | K | 格兰特（Grant） |
| | CT | 德雷珀（Draper） |
| | B | 克莱顿（Clayton） |
| | WB | 诺明顿（Normington） |
| | EJ | 托德（Todd） |
| | LJ | 科尔伯特（Colbert） |
| | MC | 艾钦（Aichin） |
| | AJ | 拉班（Laban） |

终止

以下所有为军官

| | | |
|---|---|---|
| 少校（MAJOR） | WNJ | 皮特（Pitt） |
| 海军上尉（LIEUTS） | FW | 希尔顿（Hilton） |
| | JT | 波洛克（Pollock） |
| | H | 比维斯（Beavis） |

# 附 图

这是最后一次“里斯本丸”生还者聚会，当天只有6名生还者参加。不包括两位健在的生还者莫利及贝南菲尔德（Beningfield），摄于2007年10月2日，“里斯本丸”遇难65周年，地点为英国伦敦贝尔法斯特号巡洋舰（博物馆）

莫利先生现年100岁，2018年10月26日系99岁生日，现居于英国中部史特劳德镇。

梁庆全（中）与莫利先生及其女儿

1920 年出生的威廉 · 贝南菲尔德（William Beningfield），现居加拿大魁斯内尔镇。

贝南菲尔德年青时的照片

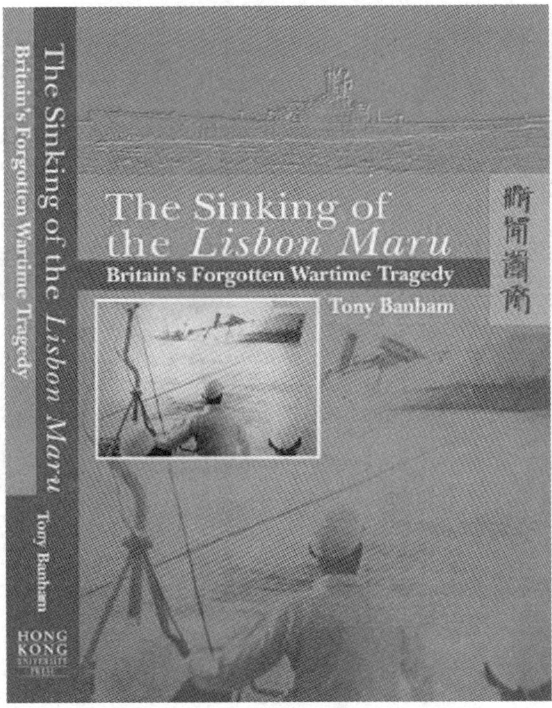


香港大学出版社出版英国学者托尼专著

2005年6月，亲自营救过盟军战俘的浙江舟山东极的5位老渔民访问香港。

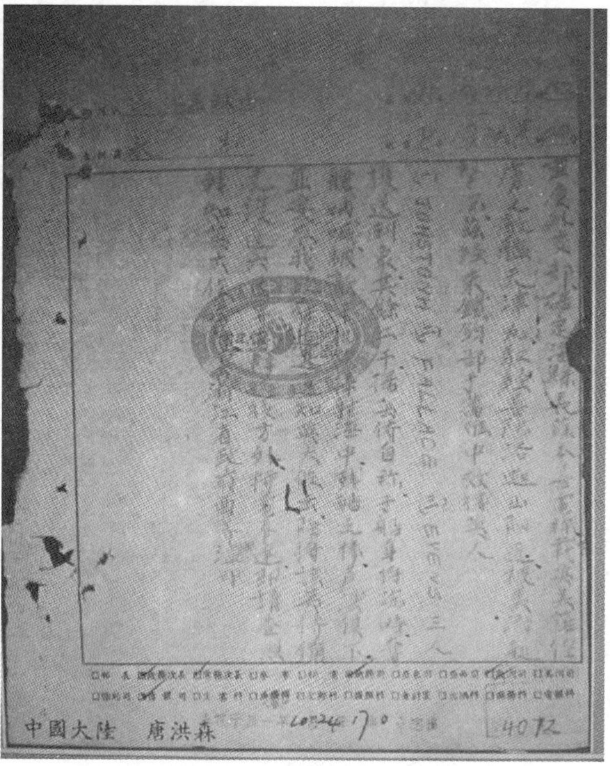
中國大陸　唐洪森

1942年10月22日，浙江省政府致外交部电。

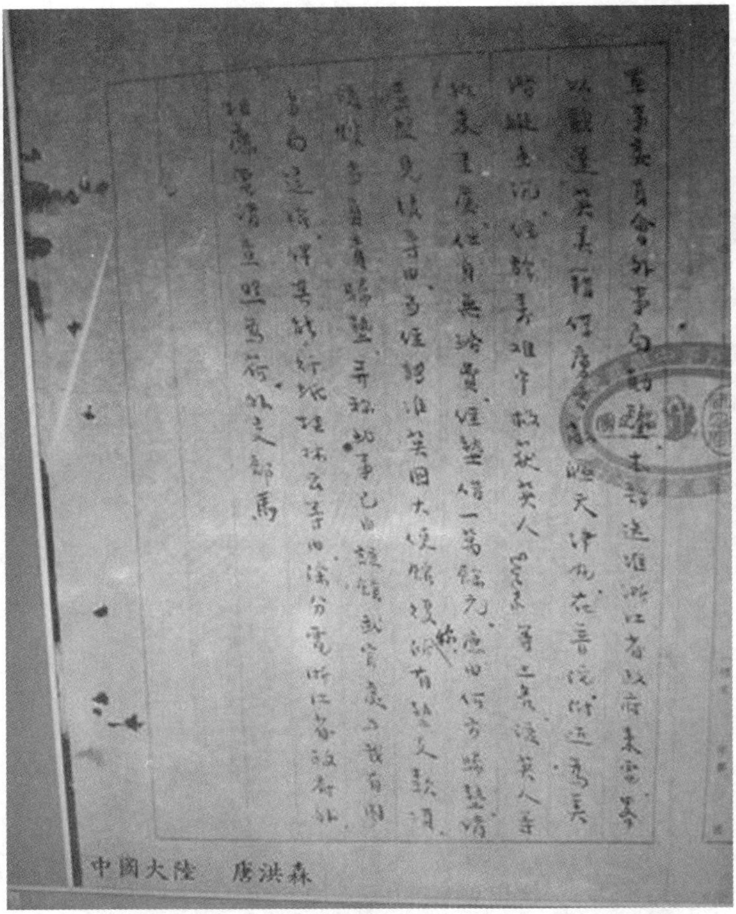


1942 年 11 月 21 日，外交部致函军委会外事局。

“里斯本丸”甲板上战俘

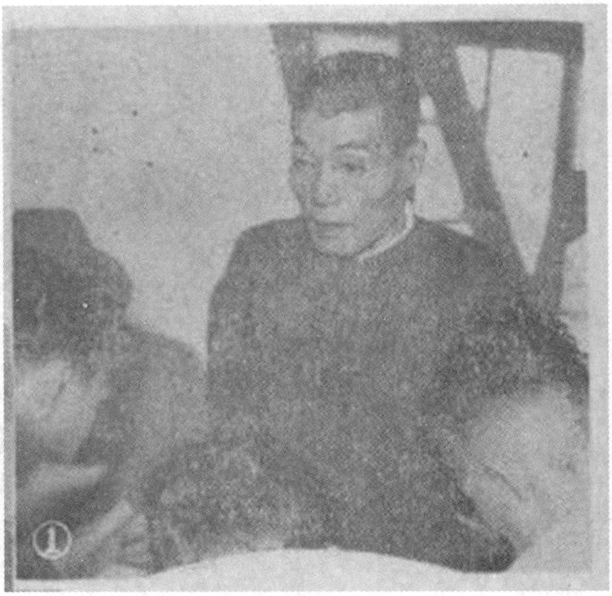

经田茂船长

和田秀男少尉

战俘从门司乘坐火车分赴日本各地工厂

英军战俘中的军官

日军牙医治疗战俘

在门司登陆的幸存战俘

幸存战俘被迫写道“亲爱的英国同胞啊，美国潜艇让我们失去了很多朋友。”

“里斯本丸”炮手

新森源一郎（中间坐者）接受法官盘问

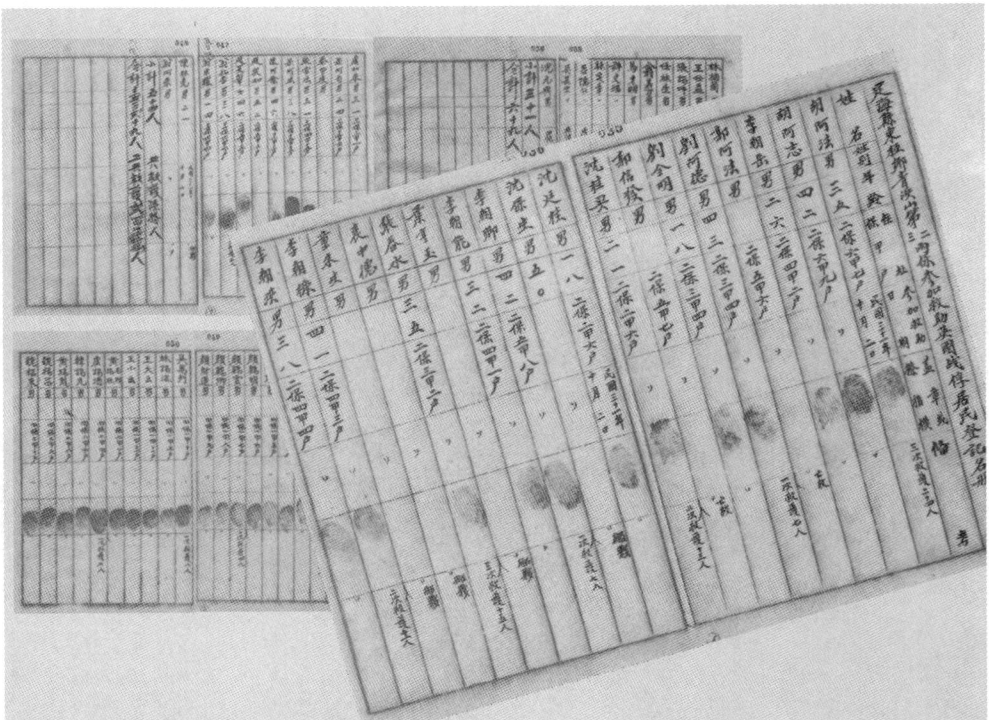

参加营救英军战俘的定海居民名册。1948 年 5 月定海县东极乡乡公所呈报

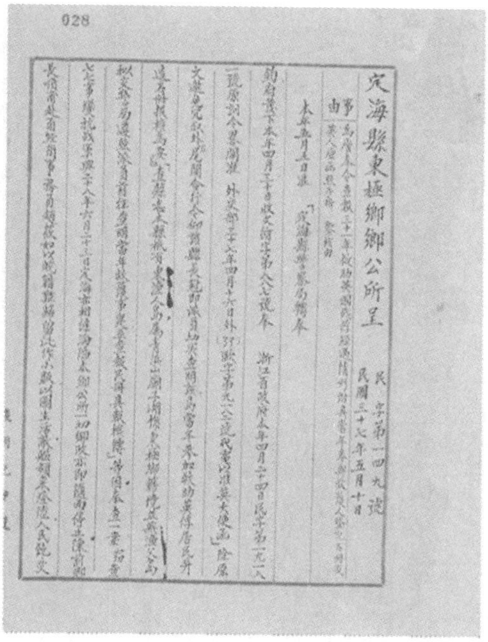

028

定海縣東極鄉鄉公所呈

民 字第一四九號

民國三十七年五月十日

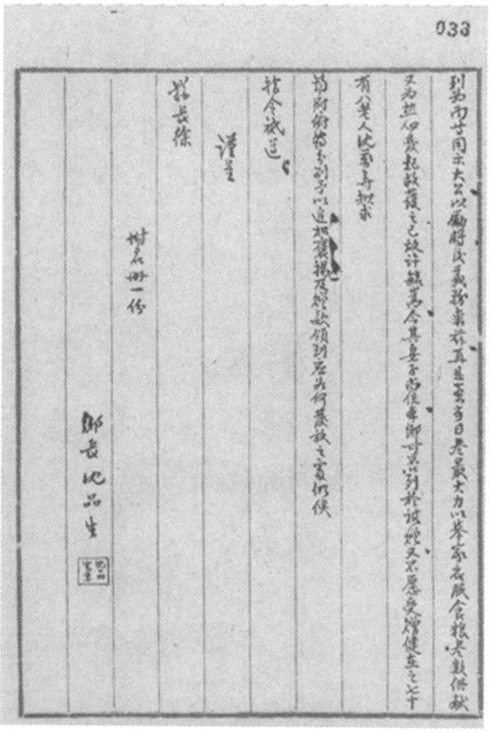

033

1948 年 5 月，定海县东极乡乡公所给定海县政府的关于“里斯本丸”事件调查情况的呈文。

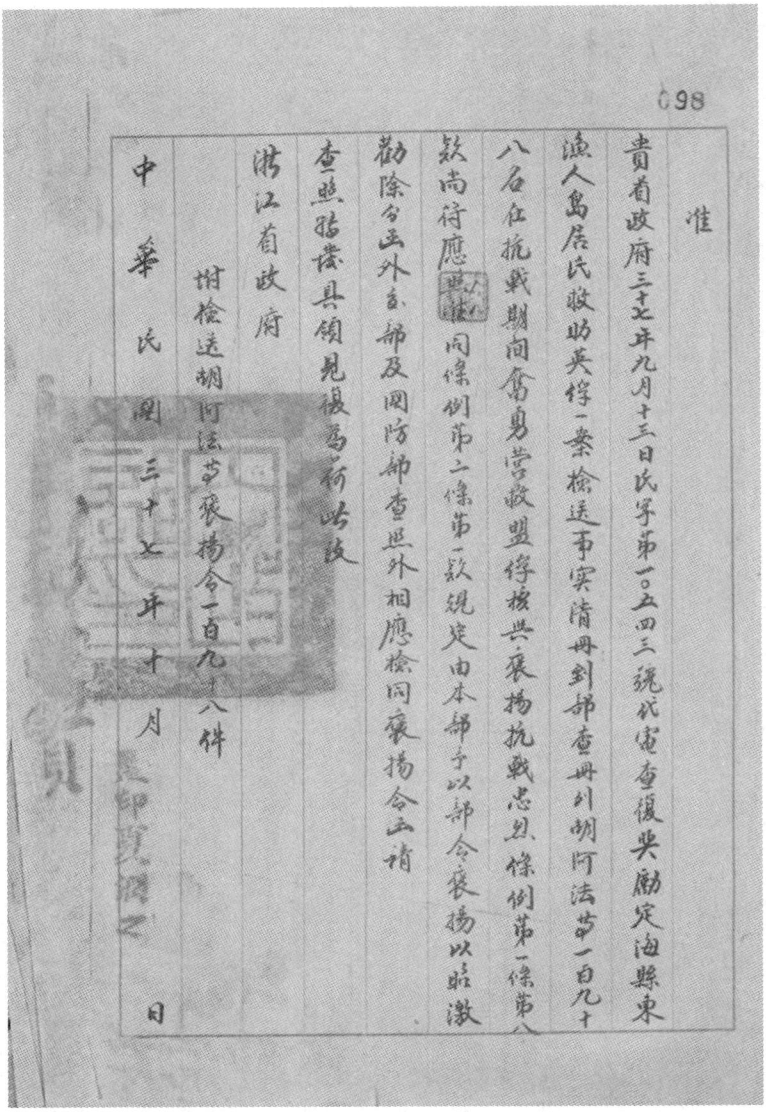

098

准

貴省政府三十七年九月十三日民字第一〇五四三號代電查復獎勵定海縣東

漁人島居民救助英俘一案檢送事實清冊到部查冊列胡阿法等一百九十

八名在抗戰期間奮勇營救盟俘核與褒揚抗戰忠烈條例第一條第八

款尚符應照同條例第二條第一款規定由本部予以部令褒揚以昭激

勸除分函外交部及國防部查照外相應檢同褒揚令函請

查照轉發具領見復為荷此致

浙江省政府

附檢送胡阿法等褒揚令一百九十八件

中華民國三十七年十月　日

1948 年 10 月，国民政府内政部颁布的对参与营救英军战俘人员的褒扬令。

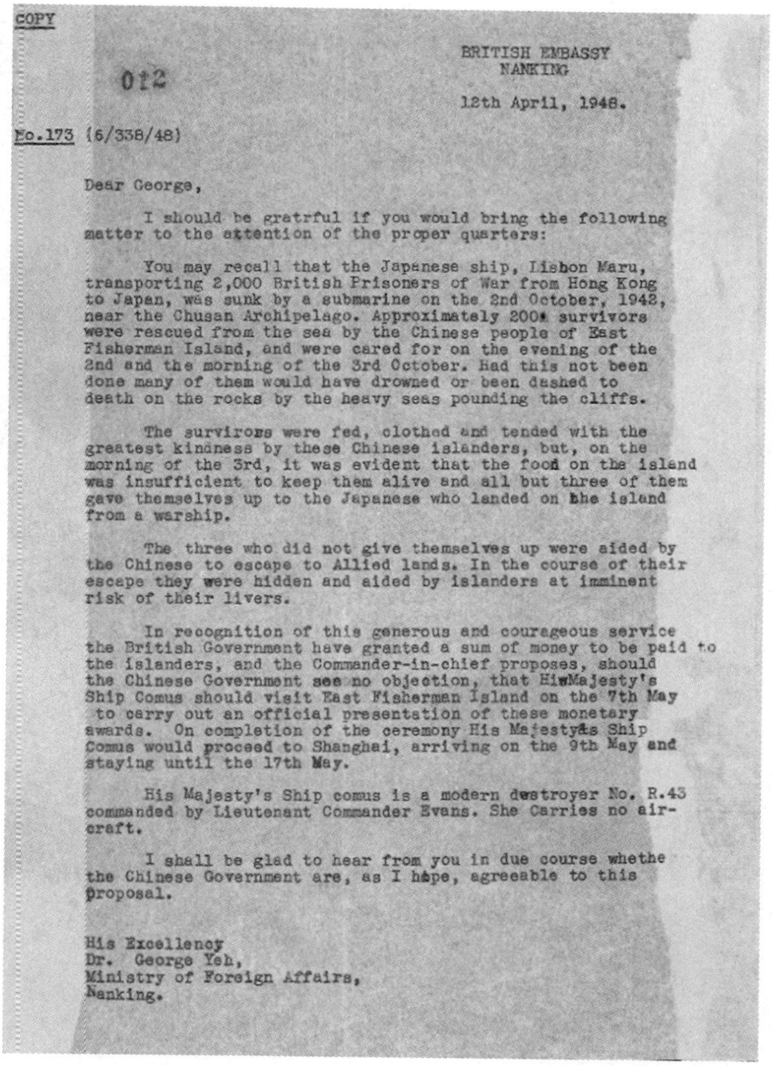

COPY

BRITISH EMBASSY
NANKING

012

12th April, 1948.

No.173 (6/338/48)

Dear George,

I should be gratrful if you would bring the following matter to the attention of the proper quarters:

You may recall that the Japanese ship, Lisbon Maru, transporting 2,000 British Prisoners of War from Hong Kong to Japan, was sunk by a submarine on the 2nd October, 1942, near the Chusan Archipelago. Approximately 200* survivors were rescued from the sea by the Chinese people of East Fisherman Island, and were cared for on the evening of the 2nd and the morning of the 3rd October. Had this not been done many of them would have drowned or been dashed to death on the rocks by the heavy seas pounding the cliffs.

The survivors were fed, clothed and tended with the greatest kindness by these Chinese islanders, but, on the morning of the 3rd, it was evident that the food on the island was insufficient to keep them alive and all but three of them gave themselves up to the Japanese who landed on the island from a warship.

The three who did not give themselves up were aided by the Chinese to escape to Allied lands. In the course of their escape they were hidden and aided by islanders at imminent risk of their livers.

In recognition of this generous and courageous service the British Government have granted a sum of money to be paid to the islanders, and the Commander-in-chief proposes, should the Chinese Government see no objection, that HisMajesty's Ship Comus should visit East Fisherman Island on the 7th May to carry out an official presentation of these monetary awards. On completion of the ceremony His Majesty's Ship Comus would proceed to Shanghai, arriving on the 9th May and staying until the 17th May.

His Majesty's Ship comus is a modern destroyer No. R.43 commanded by Lieutenant Commander Evans. She Carries no air-craft.

I shall be glad to hear from you in due course whethe the Chinese Government are, as I hope, agreeable to this proposal.

His Excellency
Dr. George Yeh,
Ministry of Foreign Affairs,
Nanking.

1948年4月12日，英国驻华使馆为了解中国渔民营救英军战俘一事致中国外交部次长叶公超的信函。

大公報

Ta-Kung-Pao

重現中英戰時盟誼 皇后碼頭港督贈船

葛量洪講述英戰俘被救經過 胡棟材代表接受海安號漁船

冒着危險 收容盟友

白林德今晨到港

1949 年 2 月 18 日，香港报纸《大公报》对港英政府酬谢“里斯本丸”事件相关人员的报道。

冒險救助英戰俘

舟山島居民獲英贈漁輪

〔英國新聞處香港十八日電〕此間昨日紀念一九四二年十月二日兩千英籍戰俘乘日船「里斯本丸」喪生之慘劇，英國政府並授獎予舟山羣島中東漁島之居民，俾答報彼等勇於救難之工作。該「里斯本丸」係載運英國戰俘自香港開往日本者，於途經舟山羣島時，爲一潛艇擊沉，孫東漁島居民救起生還者約二百人，並將彼等隱藏。島上食糧不足活命，所有生存者，除三人外，卽於翌日向日艦投降，此三人則由島上居民冒極大危險，予以協助而得脫逃。英政府爲酬此項英勇人道工作表示感謝起見，特由港督葛量洪爵士以價值一萬六千港幣之馬達漁輪一艘，贈與該島居民。馬達漁輪係在香港製造完成者，藍島上人民大多依漁業爲生，英方深感此種物不獨爲島上居民所賞識，且能有益於多數居民。

寗波將設城防部

師管區司令蔣超雄兼任指揮官

筑渝班機將恢復

蘇省揚州中學遷移蘇州復課

1949 年 2 月 19 日，上海《申报》对港英政府酬谢“里斯本丸”事件相关人员的报道。

定海民報　中華民國卅八年二月廿五日

# 島民深明大義的報應

## 英人贈摩託漁船一艘

### 港督在皇后碼頭鄭重交割

### 吳東林代表接收未悉就裏

（本報訊）中華民國卅一年十月，本縣青浜住民唐日常等救獲英人五名，當時在日人控制之下，對於盟國英美僑民，非常危險，而唐日常等認明英美是我友邦，百計掩護，一切供應，均由唐担負，英人感激之餘，同攝一影，並聲言假使有回國一日定必有以報之，唐等初以不在其意，無非發揮我國古有道德之惻隱之心而已，厥後日本投降展開勝利，在前年秋天，忽有一千五百萬法幣，由上海[illegible]公司[illegible]通知唐君其領，同時囑其赴滬一遊，唐君此時已知被救英人，一爲香港總督衙門高級職員，一爲[illegible]公司（即滬中興公司）大班，未幾唐君赴滬前往備受優待，[illegible]唐欲作何生意，唐答捕魚人目不識丁，遑論作文，實在無事可做，英人思之再三，[illegible]年十二時到下午五時[illegible]停止開放。查吳東林，[illegible]何以此次代表前往接收，[illegible]當時爲青浜之保長，[illegible]容記者探個明白再行詳誌。

昨本報接香港通信，青浜島的中國漁民吳東林等十七日下午得到他們數人的報酬，港督下午三時在皇后碼頭以摩托漁船一艘贈給他們，以酬答他們十月初拯救英軍的功績。

在一九四二年九月廿七日，日本船里斯本丸載着一千八百名英軍戰俘從香港開日本，十月一日里斯本丸在青浜島附近中了魚雷，船上的日軍把俘虜關在船內[illegible]

## 本縣文獻委員會

# 聘定諮詢採訪委員

# 開始本縣修志工作

（定海社訊）本縣文獻委員會，於日前（二十）下午，假縣府大禮堂召開首次會議一節，已誌昨報，茲悉是日出[illegible]函請省通志館抄寄參考資料，完成年限自本會成立日起，採訪期間爲一年，整理期間八個月，編寫期間八個月，共二[illegible]

1949年2月25日，《定海民报》对港英政府酬谢“里斯本丸”事件相关人员的报道。

夕刊

朝日新聞

英俘虜千八百の乗船

米潜水艦盲襲撃沈す

東支那海で りすぼん丸遭難

1942 年 10 月 8 日，日本报纸《朝日新闻》对“里斯本丸”事件的报道。

香港英军战俘被赶往集中营

美国海军“鲈鱼”号潜艇

日本邮船“里斯本丸”

伊文思等3人藏密的洞穴

# 后　记

这是一个传颂了近80年感天动地的悲壮故事，发生在抗日战争年代，主角是一群勇敢的中国渔民和千余落难的英联邦军队战俘：1942年10月2日，一艘满载1 816名英联邦军队战俘的日本运输船“里斯本丸”在中街山列岛（东极）的青浜岛外海沉没。当时青浜、庙子湖、西福山等几个岛的渔民群众奋不顾身，自发地摇船下海，在波涛汹涌的洋面上救起了417名英军战俘，虽然其中大部分又重新被日军掳去，但他们冒着生命危险藏匿下了伊文思、约翰斯通、法勒斯，并辗转护送这3位英国人抵达中国抗日安全区域。此一壮举，从而使“里斯本丸”其他幸存者免遭日军进一步迫害。据史料考证，这些在香港防守战中被俘的英军战俘，实际还含有澳大利亚籍、新西兰籍、加拿大籍官兵。即是说，此事件涉及日本的运输船，装载英联邦军队多国籍的战俘，被美国潜艇击伤沉没，又被中国渔民奋勇拯救，乃是十足的国际化事件。纵观中国抗日战争史，大面积救助盟军战俘行动，唯仅此一例，而且还是由地方群众自发地成功实施行动。

尤其值得一提的是，这个故事发生的100年前，英军挑起鸦片战争曾经两次攻占舟山之定海，无数舟山同胞倒在血泊中，牺牲在侵略者的枪口下。100年后，是中国人在英军战俘遭难的最为关键时刻能够以德报怨，这是中国人的善良友好表现，中国人的高尚品格具体反映，这才是真正的中国精神，也是最让人感动的突出事例，其历史价值永恒。

在“里斯本丸”沉船事件发生77周年前夕，为了使这个悲壮感人的故事传遍舟山—中国—世界，为了赞赏舟山群岛的东极渔民——中国人的真诚与善良，为了弘扬中华民族精神，我们把这本书奉献给大家，也是我们对救援者表示虔诚的敬仰，对遇难者表示深切的哀悼。其实，国外学者对“里斯本丸”沉船事件早已开展了研究工作，欠缺的是来自中国方面的文献档案资料和实证研究成果，包括当事人口述史料，能与大量外文资料有机融合，提升研究质量和应用价值。作为事件的发生地，至今这艘船仍然静悄悄地躺在海底，许多谜团有待于人们去破解，这也是中国学者义不容辞的责任。

这本书的完成，是我们数年的心血，也凝聚了无数“里斯本丸”沉船事件历史研究人员、有关领导、有关部门、尚健在的事件参与者和知情人的心血。例如，舟山市离休老干部毛德传前辈，1994年即刊文关注此事，多次在一块探讨新发现、新观点，亲赠资料予吾辈。对他们的关心和给予的无私帮助，在此表示衷心的感谢。

需要说明的是，早在2006年，笔者即与舟山市社科联副主席田庆华先生和浙江海洋学院社科部教师欧阳城旺携手合作，共同申请了浙江省首批历史文化工程课题。2007年，此课题研究成果由人民出版社正式出版，是为大陆出版的第一部学术研究著作，迄今也是唯一的一部专门研究性著作。田庆华先生思维缜密，办事严谨，乐善于人，是非常靠谱的老朋友，本书引用的口述史资料也是他当年亲自参与调研时的笔录。欧阳城旺乃北京大学历史学硕士，思想活跃，擅长世界近现代史领域思辨。能与这两位老少朋友合作解析"里斯本丸"沉船事件，的确是笔者的荣幸，也一直怀念共事的时光。本书即是在前述基础之上，主要依据这些年来新发现的中外文资料，深入进行重新梳理，很多重要地方带有"颠覆性"研究结果。借此，诚挚地向田庆华、欧阳城旺两位老少朋友致谢！

这一晃12年过去了，特别是中国国家主席习近平访问英国时，出席英国女王伊丽莎白二世举行的欢迎晚宴。习近平主席当面向满座高朋讲述了中国舟山渔民勇敢地救助了数百名英军战俘的故事，引起了巨大的国际反响。自那以后，人们对这一历史事件的关注度持续升温，包括自媒体在内，刊发了大量专题节目、现场采访、网友评论等，显然极其有利于相关研究工作的开展。在下虽然始终跟踪这一"坐标"，并且陆续在《民国档案》《军事历史研究》等杂志上发表新的研究成果，然而一直未能有较大的突破点，手头多年累积的史料不足以构成完整的实证链条，直到结识香港学者沈健先生，才使事情得到了根本转机。沈先生一方面专注于研究第二次世界大战时期的香港历史，可谓著作等身；另一方面兼职香港"里斯本丸"协会工作，熟知海内外研究动态和人脉资源，同时还热心于社会公益事业，英文水平当然很棒。说起来我俩还是因"里斯本丸"结缘的，从中搭桥者乃是舟山的胡牧老弟，都是一帮极度关注"里斯本丸"的民间志愿者，经常在一块儿切磋灵感心得，所谓的志同道合吧。其实，经历了这么多年来的变故，始终关注这件事的群体基本稳定在舟山地域，当中既有政府官员、离退休老干部、宗教界人士、企业老板，也有史志研究工作者、大学学者和党校教师，更多的是一群民间志愿人士，能够坚持到现在还不放弃实属不易。

表面看起来，作为重大历史事件发生地，作为舟山人的确理应担当起这份沉甸甸的重任，亦必须具备舍我其谁耶的格局意识。实则不然，最根本的是朴实的渔民群众敢于迎着侵略者的枪声，勇闯密集的舰队群，一趟趟往返大海救助落水挣扎的英军战俘，迫使日军软化立场，暂停杀戮行动，谱写了一曲战时国际悲歌，这才是最最能够吸引人的灵魂所在。而随着时空的位移扩展，认知这件事的不同种族、不同肤色、不同语言的群体愈益扩散，凝聚在其内的人性核心价值观，必将构成人类命运共同体组成部分。

不管别人怎么看，也不在乎别人的眼光，自2005年起，舟山民间志愿者便开始自发地组织起主题纪念活动，全程简朴却不失为隆重，包括致祭词、和尚诵经、大学生诗朗诵、集体向大海献花祭拜亡灵，以及组织座谈会等，形式样样齐全，每次都引得周围群众驻足参与。个中主力，难忘浙江海洋学院（现更名为浙江海洋大学）高建平教授担当主持，华海坤、佘红艳等青年教师忙碌的身影，难忘离休老干部毛德传、舟山市史志办主任包江雁一次次站场助力的情形。可以说，每一次社会活动，都离不开这些志愿者辛苦付出，全凭自觉自愿，心无丝毫杂念。也就是自那时起，香港“里斯本丸”协会干事沈健先生基本都专程来舟山参加祭拜活动，且自掏腰包。更让人惊喜的是，这位仁兄事先就联系好英国方面，包括乘坐“里斯本丸”的英军老部队后代等官方、半官方单位，特意从大西洋那边寄来了一大堆感谢信、塑料罂粟花环等物件，委托他亲手递交给我们。这就足以说明英国方面并没有忘记这场战争海难，感动于中国人的淳朴善良，执着于默默守望海底那数百冤魂，这才是世界真正的大爱。

2015年11月，来自北京挂职舟山市副市长的康华平先生，第一次听闻此事，即找来拙著研读，并应邀出席民间研讨兼纪念活动。他在从北京返回舟山的飞机上，专门为此创作了一首长篇诗作，现场朗读令人激情澎湃，也给众人莫大的鼓舞。试想，一名外地来舟山挂职的干部都能短时间激活第六感官，那么长久生活此地的人们焉能无动于衷？

2017年10月2日前后，时值海难发生75周年之际，多年苦守终于等来了中央电视台（含央视网）全面深度报道，且破天荒地以浙江海洋大学校园为主场背景，直接连线英国伦敦方面同时举办的纪念活动，让世人了解该历史磨难的同时，亦以新的视角诠释了中国人民的善良秉性，这在当下国际复杂环境中注入了中国元素的世界话语权，中国人民和中国政府有资格让历史说话。当然，这场由民间志愿者发起的中英互动文化交流，双方均能找到一个非常恰当的切入点，现场效果和后期影响力极佳，自是离不开有识之士鼎力相助，如舟山离休老干部毛德传先生、民间志愿者胡牧先生、北京电影人方励先生、浙江海洋大学人文学院院长王颖教授、浙江海洋大学党委宣传部副部长王利明和宣传科长陈位权、中共舟山市委党校青年教师胡似真、民革普陀区支部等倾力援手，无私奉献。

也就是在这个时候，我与香港学者沈健先生结下了互信友谊，交流各自研究成果相得益彰。承蒙沈先生信任与厚爱，毫不吝啬地提供了大量新史料，主要是日文、英文档案资料，并阐述了个人研究所得主要观点和见解，由此开启我们精诚合作“重出江湖”的愿景。这既是学者间相互信任，又是出于共同理念，期望能够通过自身努力达成良好的梦想。环顾当今大势，人类文化水乳交融乃是最直接、最有效的沟通方式，期望凭借地利之便，为中外文化交流提供点益处。像这么大的海难事件，涉及的人员国籍众多，仅战俘即涵盖英国、加拿大、澳大利亚、新西兰等国。既使是日本方面，也牵涉战时的陆军省、海军省、外务省、驻香港总督，甚至远东国际军事法庭（香港）审判等。应当指出，晚清以降百余年来，英国除了更多地向中国索取，极少主动真情回谢，而答谢中国政府和渔民群众拯救“里斯本丸”战俘事件则是例外。这一事例所产生的深远影响，毕竟构成中英文化思想交流的一座不简单的平台，期以折射出全人类所共同拥有的至善本性和心底良知。

偶然间向浙江省社会科学院科研处长黄宇先生提及回头看“里斯本丸”，拟重新梳理近年来新史料，尤其借鉴外文资料，在原有研究基础上进一步全方位、立体式研判其真面貌，力图呈献给世人一副更加完整的历史画卷，当即得到黄宇先生的赞同，不能不说到他所具有的敏锐观察力。黄宇先生研究领域是政治学，做过政治学所负责人、《观察与思考》政治理论性杂志主编，视野开阔，因之判断此事价值高下几乎立马就在这一瞬间，并给予作者极大鼓励。

特别值得一提的是，浙江海洋大学分管科研工作的副校长徐汉祥教授认真听取了我的汇报和打算，敏锐地意识到这是一项极好的题材，亦被其丰富的学术文化传播价值所吸引，也就是在这电光火石间，便应声拍板决定采取课题立项形式，予以特事特例特办。虽没感到特别意外，因其一向重情、重义、重责任，眼光与思维独特，具备判断客观事物的穿透力，仍心生敬佩，由衷地谢意满满。由此可见，这一特殊研究领域指向，大受人们的厚爱，亦是吾辈的幸运。正是在徐汉祥先生的亲自协调之下，有关课题研究工作才得以顺利进行，借此机会向徐汉祥先生致以由衷的感谢。遇上这么一位颇具格局的智慧型领导，的确是笔者三生三世的福运。

此外，课题立项单位浙江省海洋科学与技术学会，其秘书长刘定山先生（原浙江海洋大学党委组织部部长兼统战部部长）乃是交往 20 年的挚友，受领协调工作，二话不说，于短时间内即高效率走完全部程序。浙江海洋大学张继军博士，精通英语，不论何时，总是第一时间帮助翻译外文，解疑答惑，实乃贤弟也。浙江海洋大学科研处长桂福坤教授安排落实出版经费，具体指导出版事宜。在此，谨向定山兄、继军贤弟、桂福坤教授表示诚挚的谢意。

还需致谢舟山市文联秘书长洪晓明先生，毫无保留地交给我诸多收集到的“里斯本丸”历史图片，这也是一位多年挚友。

拙著杀青最后时刻，曾当面向浙江省舟山市社会科学界联合会主席韩建成、副主席王文涛汇报，得到两位领导的充分肯定和大力支持，予以立项资助出版。因之，拙书能够顺利公开问世，亦仰仗本地社科联领导慧眼识珠，不失为该领域研究成果的一大福音。借此机会，躬谢韩主席建成先生和王主席文涛女士，向您们致敬！

本项研究成果离不开外文翻译，浙江海洋大学外国语学院刘雅儿副教授（英译）、经济管理学院楼筱环副教授（日译）、东海科技学院外国语系主任张继军博士（英译），以及泉州信息工程学院外语教师谭茜（日译）、王幼钦（英译）、许端端（英译）、高宏艳（英译），等等，这些专家学者为本课题研究工作暨最终成果完成，付出了实实在在的心血。特此感谢他（她）们的友情出场，倾力奉献。

海洋出版社资深编辑白燕先生为促成本书出版，给予了各种各样的帮助，从内容结构合理调整、细微考证、语言逻辑关系等多方面，提出了不少有价值的建议和意见，为拙著增辉添彩。今次又将其提升到具有对外文化交流价值的高度，虽然心中忐忑不安，恐负众望，仍对海洋出版社领导和白燕先生独具慧眼，鼎力鼓励与支持，表达我们深深的敬意，谢意！

其实，本项研究成果的背后，乃站着一大群舟山志愿者团队，正是他们的长期不懈的努力发掘问题，才成全了这部研究性成果。特向台前幕后的朋友们的无私奉献，致以诚挚的敬礼，亦谢谢大家的友情出场！

岁月无情，“里斯本丸”战俘幸存老兵仅剩下两名健在，一在英国，一在加拿大，均为百岁老人家。在英国的丹尼斯·莫利先生获悉拙书出版计划，即通过女儿亲自撰写序言，话不在多少，却似千斤重担促我行，精神备受鼓舞。

英军退役少校费因祺先生，曾服役于密德萨斯军团第 1 营，聆听了许多前辈讲述“里斯本丸”苦难经历，熟知所在部队战史，便一直关注世界各地相关研究活动动态，长期与香港“里斯本丸”协会保持密切联系，经常提供资料。这次专为本书作序，纵贯东西，囊括南北，语言周翔，极尽情谊。看得出，但凡事关“里斯本丸”点滴，费因祺先生都予以倾力关注与支持。远的不说费因祺先生屡屡从万里之遥的英国为舟山民间纪念活动寄送特制花环等，近则为本项研究提供珍贵资料和信息，深得吾辈感动。

澳门的葡萄牙裔高英氏，2005 年在港接待来访的舟山东极老渔民宴会上，应沈健先生力邀，曾经深情发表答谢演讲，现将这篇讲词收录拙书，以观香港社会关注之浓度。

梁庆全先生系皇家英国退伍军人会中国及香港分会干事委员，接触与“里斯本丸”的人和事较多，亲赴英国探望受人尊敬的莫利先生，特意为拙著贡献最新专访序言，表达对死难的及幸存下来的战俘们的敬意。

上列诸位重量级人物一一作序，乃是本书荣幸之至，也是沈健先生的人脉广泛，遂使蓬荜生辉。谨向前辈们的深情厚谊，致谢！

一路走来确实不易，幸亏有诸多良师益友和老少爷们、姐妹们的提携相助，方能坚持到现阶段，所谓大恩不言谢，当永远铭记。笔者深知该项研究领域永无止境，日后随着发现新史料、形成新见解，人们的新视野会更加宽广。我们也会一如既往地持续跟踪研究“里斯本丸”沉船事件，以各种形式发表浅见，接受社会各界的严格挑剔。

主要囿于资料和研究水平局限，本书错漏在所难免，诚恳地希望读者朋友斧正，并向您的辛苦阅读与细腻挑错致敬！

作　　者

2019 年 6 月 10 日